傅秉常傳

從香港大學到莫斯科中國大使館

黃振威 著

中華書局

目　錄

傅錡華博士序 / 61

Preface by Dr. Yee Wah Foo / 67

自　序 / 74

第一章　　**旭日初升**　　　　　　　　　　　　　　　　　　　91

　　家世、早年生活與嗜好 / 93
　　涉足官場 / 104

第二章　　**嶄露頭角**　　　　　　　　　　　　　　　　　　　109

　　關餘之爭 / 111
　　炮打總統府與孫中山返粵 / 117
　　太子派的形成 / 122
　　粵海關監督 / 140
　　孫中山逝世以後 / 154
　　傅秉常的好友們 / 157
　　立法之一章 / 161
　　「一・二八」事變前後與廣東政局 / 169
　　政海波瀾 / 194
　　奪取海關稅收的構想和討論 / 201
　　反蔣運動之延續 / 204
　　與南京和解 / 216

漫遊書海 / 221

重返立法院 / 231

兩訪蘇俄 / 236

回歸壇坫 / 239

第三章　　**駐節蘇俄**　　► **247**

遠大旅程 / 249

使館人員 / 258

走馬上任 / 260

《四國宣言》的中方簽字人 / 264

第二戰場的開展 / 270

崎嶇滿途的中蘇關係 / 273

提升駐蘇大使館的形象 / 280

戰事之進展 / 283

中蘇談判及其餘波 / 292

戰爭中的讀書生活 / 301

戰後世界 / 311

返國之行 / 313

神秘女子 / 319

破滅的先兆 / 322

中蘇交惡 / 325

陰霾滿佈 / 330

「不眠憂戰伐，無力正乾坤」/ 341

第四章　　**寄寓法國**　　　　　　　　　　　　　　　► 359

　　異鄉新客 / 361
　　韓戰的延續、餘波與國共 / 371
　　孫科來居 / 378
　　困頓歲月 / 381
　　政治的旁觀者 / 387

第五章　　**寶島餘暉**　　　　　　　　　　　　　　　► 393

　　定居台灣 / 395
　　對蔣介石和陳誠的觀察 / 397
　　老病纏身 / 405
　　傷逝 / 408
　　出訪秘魯和墨西哥和預立遺囑 / 415
　　一去仙台 / 424
　　結語 / 425

　　參考文獻 / 428

年輕時的傅秉常與
何燕芳（年份不詳）

Fu Bingchang
Collection. Image
courtesy of C.H.
Foo, Y.W. Foo and
Historical Photographs
of China, University of
Bristol.

年輕時穿西裝的傅秉常（年份不詳）

Fu Bingchang Collection. Image courtesy of C.H. Foo, Y.W. Foo and Historical Photographs of China, University of Bristol.

年輕時穿唐裝衫的傅秉常（年份不詳）

Fu Bingchang Collection. Image courtesy of C.H. Foo, Y.W. Foo and Historical Photographs of China, University of Bristol.

1901 年 7 月 4 日伍廷芳在賓夕法尼亞州費城
獨立紀念館前演講留影，上為正面，下為背
面。撰文者盛讚伍廷芳英語純正（約 1901 年）
筆者藏。

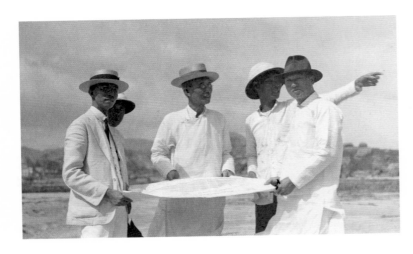

正中者為伍廷芳
（年份不詳）

Fu Bingchang
Collection. Image
courtesy of C.H.
Foo, Y.W. Foo
and Historical
Photographs of
China, University of
Bristol.

正中者為伍廷芳
（年份不詳）

Fu Bingchang
Collection. Image
courtesy of C.H.
Foo, Y.W. Foo
and Historical
Photographs of
China, University
of Bristol.

傅秉常遊日照片，當時他與伍廷芳同行（1920 年）

Fu Bingchang Collection. Image courtesy of C.H. Foo, Y.W. Foo and Historical Photographs of China, University of Bristol.

左為傅秉常，右為孫科（年份不詳）

伍朝樞（年份不詳）

左一譚延闓，左二鄭洪年，左三葉恭綽，右三胡漢民，右一孫科，站
在孫科之後者為張繼（年份不詳）

Fu Bingchang Collection. Image courtesy of C.H. Foo, Y.W. Foo and
Historical Photographs of China, University of Bristol.

最左應為吳鐵城，架墨鏡者為伍朝樞，穿長衫者為戴季陶
（年份不詳）

汪精衞在演講，
他素以能言
善道見稱
（年份不詳）

*Fu Bingchang
Collection. Image
courtesy of C.H.
Foo, Y.W. Foo
and Historical
Photographs of
China, University
of Bristol.*

最左為唐紹儀，最右為孫科（年份不詳）

Fu Bingchang Collection. Image courtesy of C.H.Foo, Y.W. Foo and Historical Photographs of China, University of Bristol.

左為陳友仁，右為宋子文（年份不詳）

孫科（年份不詳）

Fu Bingchang Collection. Image courtesy of C.H. Foo, Y.W. Foo and Historical Photographs of China, University of Bristol.

前左一疑為陳策。前左二起為鄧澤如、伍朝樞、吳鐵城、郭泰祺、王寵惠
（年份不詳）

中為孫中山，旁穿長衫者為廖仲愷（年份不詳）

後左一為李文範；
前左二起為譚延闓、汪精衛、伍朝樞、胡漢民、廖仲愷、林森（年份不詳）

左為馬坤，
右為鮑羅廷
（年份不詳）

左為胡漢民，中為伍朝樞，右為孫科（約 1928 年）

Fu Bingchang Collection. Image courtesy of C.H. Foo, Y.W. Foo and Historical
Photographs of China, University of Bristol.

右起胡漢民、吳尚鷹，照片應在埃及拍攝（約 1928 年）

左為胡漢民，在埃及留影（約 1928 年）

Fu Bingchang Collection. Image courtesy of C.H. Foo, Y.W. Foo and Historical Photographs of China, University of Bristol.

胡漢民與女兒胡木蘭合照，照片應在埃及拍攝（約 1928 年）

王寵惠在法國巴黎贈傳秉常之照片（1928 年）

後左起李文範、張繼、鄒魯、陳銘樞、陳友仁、孫科；
前左起伍朝樞、汪精衞、蔡元培、張靜江（年份不詳）

Fu Bingchang Collection. Image courtesy of C.H. Foo, Y.W. Foo
and Historical Photographs of China, University of Bristol.

前左一起為蔡元培、孫科、伍朝樞，右二為王寵惠
（年份不詳）

胡漢民，吳鐵城在其後（年份不詳）

Fu Bingchang Collection. Image courtesy of C.H.
Foo, Y.W. Foo and Historical Photographs of
China, University of Bristol.

蔣介石（年份不詳）

Fu Bingchang Collection. Image courtesy of C.H. Foo, Y.W. Foo and Historical Photographs of China, University of Bristol.

傅秉常與兩女子之合照（年份不詳）

Fu Bingchang Collection. Image courtesy of C.H. Foo, Y.W. Foo and Historical Photographs of China, University of Bristol.

女子照片，傅秉常攝（年份不詳）

女子照片，傅秉常攝（年份不詳）

Fu Bingchang Collection. Image courtesy of C.H. Foo, Y.W. Foo and Historical Photographs of China, University of Bristol.

女子照片，
傅秉常攝
（年份不詳）

Fu Bingchang
Collection. Image
courtesy of C.H.
Foo, Y.W. Foo
and Historical
Photographs of
China, University
of Bristol.

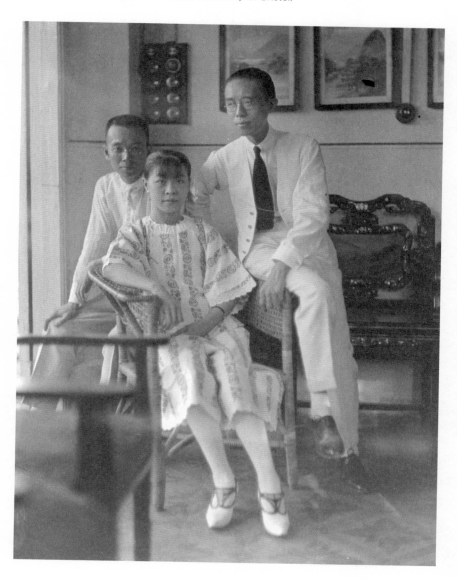

合照，傅秉常攝（年份不詳）

Fu Bingchang Collection. Image courtesy of C.H. Foo, Y.W. Foo
and Historical Photographs of China, University of Bristol.

穿泳衣的女人坐在石上，傅秉常攝（年份不詳）

Paul Lowe 將之收入 *1001 Photographs You Must See Before You Die*(2017) 一書中。

孫科、傅秉常等在歐洲留影（1938 年）

"For hvert Bombardment styrkes Kina Forsvarsvilje, siger Dr. Sun Fo", *Berlingske Tidende*,

楊永安博士藏品。

中年傅秉常（一）
（年份不詳）

Fu Bingchang Collection.
Image courtesy of C.H. Foo,
Y.W. Foo and Historical
Photographs of China,
University of Bristol.

中年傅秉常（一）
（年份不詳）

Fu Bingchang Collection.
Image courtesy of C.H. Foo,
Y.W. Foo and Historical
Photographs of China,
University of Bristol.

傅秉常妻子何燕芳（年份不詳）

Fu Bingchang Collection. Image courtesy of C.H. Foo, Y.W. Foo and Historical Photographs of China, University of Bristol.

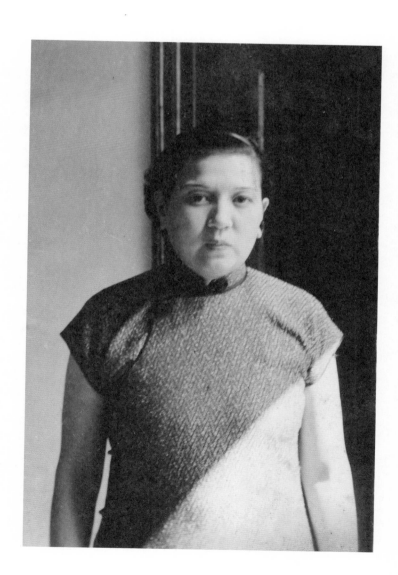

左起孫科、藍妮（年份不詳）

Fu Bingchang Collection. Image courtesy of C.H. Foo, Y.W. Foo and Historical Photographs of China, University of Bristol.

江芳苓（年份不詳）

江芳荃泳衣照（年份不詳）

Fu Bingchang Collection. Image courtesy of C.H. Foo, Y.W. Foo
and Historical Photographs of China, University of Bristol.

江芳苓與女友人（年份不詳）

Fu Bingchang Collection. Image courtesy of C.H. Foo, Y.W. Foo
and Historical Photographs of China, University of Bristol.

傅秉常與劉澤榮在蘇聯合照（年份不詳）

傅秉常禮服照，時為國民政府駐蘇大使（年份不詳）

傅秉常簽署《四國宣言》。右起莫洛托夫、赫爾、劉澤榮、
傅秉常、哈里曼（1943 年 10 月 30 日）

Fu Bingchang Collection. Image courtesy of C.H. Foo, Y.W. Foo
and Historical Photographs of China, University of Bristol.

中年傅秉常（年份不詳）

傅秉常與加里寧（年份不詳）

左為宋子文，中為莫洛托夫（1945 年）

Fu Bingchang Collection. Image courtesy of C.H.
Foo, Y.W. Foo and Historical Photographs of
China, University of Bristol.

前右起傅秉常、宋子文、莫洛托夫（1945 年）

俄人慶祝戰爭勝利（年份不詳）

Fu Bingchang Collection. Image courtesy of C.H. Foo, Y.W. Foo and
Historical Photographs of China, University of Bristol.

傅秉常（左）、蔣經國（右）在蘇聯留影（1945－1946 年間）

傅秉常與蘇聯友人合照，相中最右之中國女子為胡濟邦（年份不詳）

Fu Bingchang Collection. Image courtesy of C.H. Foo, Y.W. Foo and
Historical Photographs of China, University of Bristol.

胡濟邦（年份不詳）

Fu Bingchang Collection. Image courtesy of C.H. Foo, Y.W. Foo and Historical Photographs of China, University of Bristol.

傅秉常與胡濟邦合照（年份不詳）

Fu Bingchang Collection. Image courtesy of C.H. Foo, Y.W. Foo and Historical Photographs of China, University of Bristol.

中年傅秉常
（年份不詳）

Fu Bingchang
Collection. Image
courtesy of C.H.
Foo, Y.W. Foo
and Historical
Photographs of
China, University of
Bristol.

中年傅秉常（年份不詳）

Fu Bingchang Collection. Image courtesy of C.H. Foo, Y.W. Foo and Historical Photographs of China, University of Bristol.

傅秉常在法國 Sartrouville 的故居
（2017 年）
Bettina Chin 提供。

老年傅秉常（年份不詳）
Image courtesy of C.H. Foo, Y.W. Foo.

傅秉常晚年生活照片，左上角一張
1964年攝於美國，相中最右兩人為女
婿司徒灼輝和女兒傅慧明（傅錡華博士
協助辨認相中人物，特此鳴謝）

Image courtesy of C.H. Foo, Y.W. Foo.

老年傅秉常與孫科，攝於美國（1964 年 12 月）

Image courtesy of C.H. Foo, Y.W. Foo.

傅仲熊、傅仲熊太太 Jeannie、傅錡華、傅錡春、傅錡珊
（1989 年）

Image courtesy of Y.W. Foo.

鄭斌與傅錦培在中文大學之合照（1978 年）

傅德楨先生藏品。

傅仲熊近照
（2018 年）

Image courtesy of
Y.W. Foo.

傅錡華與孫中山簽贈傅秉常照片之合照（2017 年）

Image courtesy of Y.W. Foo.

傅錡華博士序

　　2005 年，劍橋歷史學家 Professor Hans van de Ven 方德萬教授向我介紹他指導的學生黃振威。他稱這位年青人是劍橋大學中國近代史的碩士，寫了一篇有關太子派的優等論文。他問我是否有興趣一讀。太子派是以孫中山之哲嗣和繼承者孫科為首的政治網絡，而我祖父曾是太子派的一位活躍成員。我熱切地接受了方德萬教授之邀請，且沒有令我失望。黃振威的論文真如預期一樣，絕對是資料性與趣味性兼備。

　　因此，我很榮幸，獲黃振威之邀請，為這本有關傅秉常的書——他是攝影家、日記作者、外交官、我祖父——撰寫序文。我那本有關祖父的書 *Chiang Kaishek's Last Ambassador to Moscow：The Wartime Diaries of Fu Bingchang*（2011），探討祖父在二次大戰時任駐莫斯科大使的活動，聚焦在他那幾年的生活。我特別高興，因為黃振威這本令人欣喜的新作，涵蓋了祖父一生的政治生涯——上起年青時代，當時他是粵省一個年輕、有朝氣的革命份子；下迄晚晴歲月，當時他是台灣國民黨管治下一位年高德劭之政治家，備受尊重。

　　黃振威具有獨一無二的資格，寫我祖父的故事。原因有幾方面。首先，一如預期，他有關中華民國時期之嚴謹學術研究已經進行許多年了。第二，他用心專注，發掘出許多有用的相關資料。我記得，當黃振威告訴我，他其中一個最大的興趣是到舊貨攤和二手書店訪尋昔日遺珍時，我感到很驚喜。通過這些渠道，

他成功找到一些非常有趣的東西，包括一本屬於祖父兒女姻親的簽名本！最後，且也是最重要的是，黃振威透過翻譯祖父的日記，對他有透徹的了解。

2015 年夏天，我邀請黃振威與我合作一個項目，將祖父之日記及其個人文書翻譯為英文。日記始於 1939 年，並隨着祖父在 1965 年逝世而終結。全部加起來有二十八冊日記，有待翻譯，其中六冊，每本逾二百五十頁。由於涉及大量的工作，這是一個龐大的項目。黃振威用了兩年時間，心無旁騖地完成它。要認識一個人，有甚麼方法比得上直接由他所寫的東西去了解和明白他呢？這番努力的結果，就是黃振威成功在書中刻劃我祖父的真實性情、氣質的方方面面。祖父是一個敏感、具睿智且有良好幽默感的外交官。他明白到他身邊的人和事的重要性，他亦想仔細而詳盡地把這些東西記錄下來。他的日記，是記錄了他一生中所經歷的一切之寶庫，包括他個人與社會情況，以至他在動盪歲月如中國抗日戰爭、二次大戰、中國內戰、冷戰之崛起，以及最後，國民黨在台管治中之獨特角色。

作為項目的一部分，黃振威亦研讀了我祖父的官方文書。它們包括極為重要的電報，仔細分門別類存放在文件夾的蔣介石、宋子文、王世杰等之信函和指令。在談到傅秉常在戰時的那一章，黃振威進一步利用我祖父日記中的「是日新聞」。這亦是獨一無二的、未刊的檔案。當祖父駐莫時，他在收音機收聽廣播，且將重要的新聞頭條記下來。這些記載或中或英，視乎廣播的語言而定。他每日收聽的電台包括倫敦的英國廣播公司、柏林電台、全印廣播電台新德里廣播，以及重慶的中央廣播。祖父在 1944 至 1949 年間記錄的「是日新聞」是一連串

新聞的記錄，十分有用，在二次大戰和中國內戰時，有很多人收聽。

　　祖父逝世前數年，接受了沈雲龍的訪問。沈替中央研究院近代史研究所工作。祖父那一本書就是一系列國民黨要人口述歷史的其中一本。有關祖父的一冊是《中央研究院近代史研究所口述歷史叢書》第四十五冊，記錄者是謝文孫。在那些訪談中，作者只能依靠與我祖父之談話，因為他的筆記都存放在巴黎陳定先生家中。陳定在中國莫斯科大使館時，是在祖父之下做事的參贊。因為現實原因，我祖父不能將所有家當，特別是厚重圖書，運到台灣去。這意味着，雖然祖父能為口述歷史計劃提供大量優質的資料，但該作者無法進一步利用他漫長政治生涯中留下來的、記載極端詳細的個人日記及文書。本書的優勢是它利用了這些記錄。有關祖父生平的另一本重要著作是羅香林的先驅之作《傅秉常與近代中國》。它是第一本用中文寫的、完整的傅秉常傳記。自 1973 年出版以後，直至現在，它是唯一一本重要著作，涵蓋祖父整個政治生涯的各個重要方面。它有一章，專談祖父上溯至 1920 年代的漫長外交生涯，惟除了引用 1949 年日記的一些片段外，羅香林之著作不是根據祖父的日記。四十五年後，黃振威能夠填補這方面的不足，提供一個完整的論述。

　　祖父在形塑中國戰時外交和國家在戰後世界之地位方面，有着重要的貢獻。從年青時代，他已努力學習外交事業所需的重要技能。他在香港接受教育，受訓成為一個土木工程師。祖父是香港大學第一個獲一級榮譽的學生。當他畢業之時，他英語流利，對於外國文化有健全的知識和了解，而且學會了優秀的談判技巧。他是一個真正的愛國者，與孫逸仙醫生站在同一陣線，和他

通力合作，為國民黨之事業籌募經費，與及擔任談判者。黃振威對祖父的年青時代有詳細的描述，令我們明白那些早期的革命份子的性格、識見以及真實生活是怎麼樣的。黃振威亦利用了祖父在 1932 年走遍大江南北的日記，讓他可以重構祖父在國民政府另一關鍵時期的生平和活動。這時是在蔣介石將軍管治之下，將會演化為抗日戰爭的開端。

對於我來說，祖父在歷史之地位一定是他在 1943 年確保中國能在《四國宣言》簽署時所擔當的角色。這一方面我寫過了。讓中國可在宣言的四強簽字中謀得一個席位，是中國外交勝利的里程碑，令中國成為聯合國的創會會員，且在安理會擁有否決權。這為中國在戰後國際秩序中崛起而為大國，奠下堅實的基礎。這是至今猶存的政治遺產。祖父在台度過晚年，那是從 1957 至 1965 年 7 月逝世為止。之前他在海外旅居十四載。他被遠派至莫斯科逾六年，然後在巴黎作為異鄉客又度過了另外八年。實際上他赴台是尋回他的根。日記反映他與老友重聚，與文化和精神的家園接近，心中有舒泰之感。雖然祖父半退休，但仍然活躍。蔣介石將軍任命他為司法院副院長，且他也是國民黨中央評議委員。惟他當時在台灣已退下前線了。

近年，作為業餘攝影家，祖父的作品廣為人所熟悉，差不多與其政治成就比肩齊名。我為祖父感到驕傲。無疑，祖父是一個有天分的攝影家，對美和形式有敏銳的觸角。最近這個事實被 Paul Lowe 所承認──在其鴻篇大著 *1001 Photographs You Must See Before You Die* (2017) 中，選錄了祖父一張題

為「穿泳衣的女人坐在石上」的照片。[1] 1923 年，當祖父為交涉員時，他與兩位志同道合之友劉體志和潘達微，創辦了名為「景社」的攝影會。十年以後的 1933 年，祖父為劉體志所出版的影集寫序。在序中，祖父愉快地回憶，他時常與景社的社友在廣州拍照。[2] 祖父在生時所拍下的許多照片，經已收入布里斯托大學畢可思教授 Professor Robert Bickers 主持的網站 *Historical Photographs of China*（https://www.hpcbristol.net/），讀者們可以在這本書中看到一些十分好的照片，其中包括我為本書選的一張照片，那是我最喜歡的照片之一。相中祖父坐在扶手椅的扶手上，與漂亮的祖母何燕芳合照。兩人當時還是二十出頭。

當我回憶祖父的身影時，那是從一個小孩的視角和高度。我知道我的名字是他起的，而且有一年左右的時間我是睡在祖父母牀之下側。對傅家來說，我們很幸運，在 1949 年之後我的祖父母和父親能搬到歐洲居住。這令他們有機會住在一起，儘管只是幾年的時間。他們在 Sartrouville 買了一幢別墅，那是一個在巴黎郊區的小城鎮。祖父赴台以後沒有與我們失聯。在祖母的鼓勵下，我會寫信給他。作為獎勵，他總會給我回信。一如所料，他會將我們的通訊記在他的日記中。[3] 當祖父逝世時，我十二歲。

1　Paul Lowe (ed), *1001 Photographs You Must See Before You Die* (London：Cassell, 2017), p. 245.

2　引自羅香林：《傅秉常與近代中國》（香港：中國學社，1973 年），頁 118。該社還有其他成員，但以這兩人最著名。

3　例如《稿本日記》，1962 年 8 月 7 日，「函復錡華及寄我之照片一張」。

　　這本書以精彩的描述，勾勒我祖父作為一位盡心盡力、長期在國民政府服務的成員之輝煌生涯，是他一生卓越的證言。此書寫得很好，而且研究細緻，是一本輕鬆易讀的書。最近，在2017年10月，我在香港逗留了一會，與黃振威一起從事研究。在晚飯時，我們也同意方德萬教授逾十二年前的及時介紹，是一個很好的兆頭。由那時開始，我可以頗自豪的說，我們已經成為好朋友和好同工了。

　　　　　　　　　　　　　　　　　　　傅錡華博士
　　　　　　　　　　　　　　　　　　　2018年在林肯大學
　　　　　　　　　　　　　　　　　　　黃振威翻譯

Preface by Dr. Yee Wah Foo

In 2005, the Cambridge historian, Professor Hans van de Ven, introduced me to his tutee Wong Chun Wai. He explained that this young man was a Master of Philosophy in Modern Chinese History at Cambridge University and had written a first-rate thesis about the Prince's Clique and he wondered if I would be interested in reading it. The Prince's Clique was a political network headed by Sun Ke, the son and heir of Sun Yat-sen, and my grandfather had been an active member. I eagerly accepted Professor van de Ven's invitation and was not disappointed. Indeed, Wong Chun Wai's thesis was every bit as informative and interesting as promised.

I am honoured, therefore, to have been invited by Wong Chun Wai to write the preface for this book about Fu Bingchang, the diplomat, diarist, photographer and my grandfather. My own book about Fu Bingchang, *Chiang Kaishek's Last Ambassador to Moscow: The Wartime Diaries of Fu Bingchang* (2011), is an exploration of his years during his time as ambassador to Moscow during the Second World War and is focused on these years of his life. Therefore I am especially pleased that in this exciting new work, Wong Chun Wai has been able to cover the entire story of my grandfather's political life spanning from his early days, as a young and dashing revolutionary in Guangdong Province, to his final years as an elderly and respected statesman under Nationalist rule in Taiwan.

Wong Chun Wai is uniquely qualified to write my grandfather's story for several reasons. Firstly, as expected, through his meticulous academic research of China's Republican period conducted over many years. Secondly, his dedicated ingenuity in discovering more practical and pertinent sources of reference. I recall being intrigued when he told me that one of his greatest pleasures was browsing antiquity stalls and second-hand book shops for treasures of the past. In this way, he had successfully found a few very interesting items, including a signed book that had belonged to a close relative of Fu Bingchang! Finally and most importantly, though, through the particular insight he gained from translating the Fu Bingchang diaries.

In the summer of 2015, I invited Wong Chun Wai to work with me on a project to translate Fu Bingchang's diaries and personal records into English. The diary started in 1939, and ended with Fu's death in 1965. Altogether there were twenty-eight volumes to translate, of which six contained over 250 pages of text. A huge volume of work, it was an enormous undertaking which took Wong Chun Wai two dedicated years to complete. Could there be any better way of getting to know and understand a person than straight from his own hand? The result of that effort is that Wong Chun Wai has been able to draw out something of my grandfather's true personality and temperament in this book. Fu Bingchang was a sensitive and intelligent diplomat with a good sense of humour. He understood the significance of the people and events around him, and wanted to record them with accuracy and detail. His diaries are a treasure trove that recorded everything he went through in his lifetime, ranging from his personal and social circumstances to the unique role that he played throughout the difficult upheavals of China's anti-Japanese war, the Second

World War, China's civil war, the emergence of the Cold War, and then finally, Nationalist rule in Taiwan.

As part of that project, Wong Chun Wai also examined my grandfather's official correspondence. This included telegrams of state importance, and file folders containing highly classified letters and instructions from Chiang Kai-shek, T.V. Soong, Wang Shijie, and others. For his chapter on Fu Bingchang's wartime years, Wong Chun Wai had further access to my grandfather's *"News of the Day"* in his diaries. This is another unique and unpublished archive. Whilst stationed in Moscow Fu Bingchang would listen to the radio and jot down the important news headlines in Chinese, or in English, depending on the language of broadcast. Radio stations that he tuned into each day included London's BBC, Berlin Radio, New Delhi Radio, and China News from Chongqing. Recorded from 1944-49, *"News of the Day"* is a very useful record of the continual thread of news being listened to by a great many people during the Second World War and China's civil war.

Several years before his death Fu Bingchang was interviewed by Shen Yun-lung. Shen worked for the Institute of Modern History at Academia Sinica. It was for a book that would form one of a series of oral interviews with important Kuomintang personalities. The volume on Fu Bingchang is *Oral History Series* No. 45, and the recorder was Winston Hsieh. At the time of those interviews the author could only rely upon conversations with my grandfather, because his written records were stored far away in Paris at the house of Mr. Chen Ding who had been a counselor under him at the Chinese Embassy in Moscow. For practical reasons my grandfather had not been able to transport all his possessions, especially heavy books, back to Taiwan with him. This meant that although Fu Bingchang was able to impart a wealth of excellent information for the project, the author was unable to draw further upon his extraordinarily detailed collection of personal diaries and papers that he had written throughout his long political career. This book has the advantage of those records. The other important work on Fu Bingchang's life is Lo Hsiang-lin's pioneering study, *Fu Bingchang and Modern China,* which offers a complete Chinese-language biography of Fu Bingchang. Since its publication in 1973 it is the only major work, until now, that covers all major aspects of my grandfather's entire political career. It contains a chapter on his long-standing diplomatic experiences since as early as the 1920s, but except for a few references to some of the 1949 diary entries, Lo's work is not based on Fu Bingchang's diaries. Forty-five years later, Wong Chun Wai has been able to fill those gaps to offer a complete story.

Fu Bingchang was instrumental in helping to shape China's wartime diplomacy and the country's place in the post-war world. From a young age, he had worked hard to learn the key skills that he would need for a career in diplomacy. Educated in Hong Kong and trained as a civil engineer, Fu Bingchang was the first student to obtain first-class honours from the University of Hong Kong. By the time of his graduation he was fluent in English, he had a sound knowledge and understanding of foreign culture, and he had developed excellent negotiating skills. A true patriot, he aligned himself and worked closely under Dr. Sun Yat-sen, raising funds for the Nationalist cause and acting as a negotiator. Wong Chun Wai describes

Fu Bingchang's younger days in great detail, bringing out character and insight as to what life was really like for those early revolutionaries. Access to a diary that Fu Bingchang wrote during his travels around China in 1932 has also enabled Wong Chun Wai to recreate my grandfather's life and movements during another crucial time for the National government; this time under General Chiang Kai-shek at the very inception of what would become the anti-Japanese war.

For me, Fu Bingchang's place in history must be noted for the role that he played in securing a signature for China on the 1943 Moscow Declaration. This is what I wrote about. Getting China's seat as one of the Four-Power signatories to the Declaration was a landmark diplomatic victory which ensured China's position as a founding member of the United Nations with a veto in the Security Council. It helped lay the groundwork for China's emergence as a major power in the post-war international order, a political legacy that still lives on today. My grandfather's final years in Taiwan, from 1957 to his death in July 1965, came after fourteen years of living abroad. He had been posted away in Moscow for over six years, and then in France he had lived as an exile for another eight years. His return to Taiwan was, in effect, a return to his roots. His diaries show that he was comforted to be back again with old friends and closer to his cultural and spiritual home. Although he was in semi-retirement, Fu Bingchang remained active. He was appointed by General Chiang Kai-shek as Vice President of the Judicial Yuan, and he became a member of the Kuomintang Central Advisory Committee. But he was no longer involved at the forefront of events of that period in Taiwan.

I am proud that in recent years, Fu Bingchang has become almost as well-known for his work as an amateur photographer as for his political achievements. There is little doubt that Fu Bingchang was a talented photographer with a good eye for beauty and form. This fact was recently recognised by Paul Lowe (2017) in his magnificent volume, *1001 Photographs You Must See Before You Die,* when he chose to include Fu Bingchang's photograph entitled 'woman in a swimsuit sitting on a rock'.[1] It was while Fu Bingchang was working as Commissioner in 1923 that he and two associates, Liu Tizhi and Pan Dawei, founded *Jingshe,* a photography club. Ten years later in 1933, Fu wrote the preface for a published photograph album by Liu Tizhi. In it, Fu fondly recalled the many moments he had spent in Canton taking pictures with fellow *Jingshe* members.[2] Many photographs that my grandfather snapped in his lifetime have been incorporated into the *Historical Photographs of China* website, https://www.hpcbristol.net/ that is run by Professor Robert Bickers out of the University of Bristol. Readers may see some of those wonderful photographs in this book, including one of my favourites chosen for it. It is of Fu Bingchang, with a stunning Kitty Ho, sitting on the arm of an armchair when they were in their early twenties.

When I remember Fu Bingchang's physical presence it is from the

1   Paul Lowe (ed), *1001 Photographs You Must See Before You Die* (London : Cassell, 2017), p. 245.

2   Quoted in Lo Hsiang-lin, *Fu Ping-Ch'ang and Modern China* (Hong Kong : Institute of Chinese Culture, 1973), p. 118. There were other members in this society, but these two people were most prominent.

perspective and height of a young child. I know that he chose my name, and for a year or so I slept at the bottom of my grandparents' bed. It was fortunate for the family that after 1949 my grandparents and father were able to move to Europe. This gave them a chance, for just a few years, to live a life together. They bought a villa in Sartrouville, a small town on the outskirts of Paris. Fu Bingchang did not lose touch with us after he went to Taiwan. Encouraged by my grandmother, Kitty Ho, I would write to him, and I was always rewarded with a return letter. True to form, he marked our correspondence in his diaries.[3] I was twelve years old when Fu Bingchang passed away.

This book, which outlines in colourful detail my grandfather's outstanding career as a dedicated and long-serving member of Nationalist government, is a superb testament of his life. Well written and researched, it is a joyful and easy read. Recently, in October 2017, I spent some time working with Wong Chun Wai in Hong Kong. During dinner, we both agreed that our timely introduction, through Professor Hans van de Ven over twelve years ago, had been a happy omen. Since that time, I may say with some pride that we have become firm friends and good colleagues.

Yee Wah Foo, Ph.D.

University of Lincoln, 2018.

---

3   For example, *Fu Bingchang's Diary*, 7 August 1962, "replied to Yee Wah and sent her a picture."

自　序

（一）

在香港大學港鐵站的歷史長廊，有兩張傅秉常（1896－1965）的照片。根據相片之描述，第一張攝於 1916 年，是香港大學首屆學位頒授典禮的合照。傅秉常在相片左上方，一派氣宇軒昂、躊躇滿志。第二張則攝於 1930 年代，是香港大學在滬校友之大合照，傅秉常坐在正中央的位置。

傅秉常在香港長大，後來出任國民政府高級官僚。他是香港大學首位一級榮譽工學士，亦是香港大學第一位獲一級榮譽的畢業生。他很早便投身孫中山（1866－1925）領導的革命事業，二十多歲當上瓊海關監督，1923 年更當上粵海關監督。以後長年在國民政府外交和法律方面出謀劃策，多所貢獻，既曾參與《五五憲草》的工作，亦曾長期擔任立法院外交委員會委員長一職。抗戰時期傅秉常任外交部政務次長。1943 至 1949 年間任國民政府駐蘇大使，其間簽署《四國宣言》，大幅提升中國的國際地位。他是國民政府最後的駐蘇大使。1949 年更一度被委任為外交部長，但他最終沒有接受。同年舉家移居法國。1957 年到台灣，先後任國策顧問和司法院副院長。1965 年在台灣逝世。[1]

1　郭廷以校閱，沈雲龍訪問，謝文孫記錄：《傅秉常先生訪問紀錄》（台北：中央研究院近代史研究所，1993 年），〈前言〉，頁 1－2；司法院傅故副院長治喪委員會編：《司法院傅故副院長秉常先生紀念集》（台北：司法院傅故副院長治喪委員會，1965 年），頁 1－2；《傅秉常與近代中國》，頁 18、24、106－107。

傅秉常在中國外交史上，曾有極大的貢獻。

當我還是香港大學本科生時，僅知道傅秉常是早期傑出校友，傅秉常研究是到了劍橋大學才開展的。

2004 年秋，我負笈英倫，在劍橋大學唸碩士，指導老師是方德萬教授。大約是 10 月某個下午，在一次閒聊中，方德萬教授與我談到傅秉常，說他既是我的校友，也在香港長大，且一生成就輝煌，故建議我以傅秉常為研究對象。

11 月尾的一個傍晚，依約前往方德萬教授位於 St. Catharine's College 的辦公室，與他討論畢業論文的題目。我接受他的建議，將題目稍稍擴大為〈香港商人與中國國民黨：太子派與香港商人，1918－1927〉，[2] 以孫科（1891－1973）、伍朝樞（1887－1934）和傅秉常為研究重心，分析他們與香港商人的關係，以及他們如何利用這些關係，增強政治力量。方德萬教授認為這個題目很有趣，同意我以此作為論文題目。

後來，方德萬教授在某次聚會中又提到傅秉常孫女傅錡華博士之前曾在英國 Lincoln University 撰寫有關其祖父之博士論文。他將傅錡華博士的聯絡資料給我。返港之後，我即與傅博士聯繫，以後常有書信往來。那時我剛開始工作，無暇他顧，只能偶爾撰寫一些零星短文。研究一事，早已放在一旁。

光陰荏苒，這一擱便是多年。2015 年暑假，傅博士邀請我參與英譯、注釋和整理 1939 至 1965 年《傅秉常日記》的工作，

---

2   Wong Chun Wai, "Hong Kong Merchants and the Chinese Nationalists - The Prince's Clique and Hong Kong Merchants,1918-1927," Unpublished M.Phil Thesis, University of Cambridge,2005.

我欣然答應。這些日記大部分都是首次公開。《傅秉常日記》卷帙浩瀚，翻譯工作十分艱鉅。為確保譯文信達，逐字斟酌，頗費時日。前後花了兩年，終把日記全部譯完。

細讀這二十多冊《傅秉常日記》逾五千頁手稿以後，對傅秉常有了更深入的了解。因此，筆者打算利用日記所提供的材料，撰寫一部關於傅秉常的傳記，向廣大讀者介紹這位出身香港的著名外交官。本書主要談傅秉常的一生，與他身處的時代，兼及他的家庭、友人和同代人，所談不限於外交方面。筆者希望透過這部傳記，探討傅秉常這位具香港背景的粵籍社會精英，如何參與中國近代化的進程，由此反映香港在中國近代化中所擔當的角色。書名題為《傅秉常傳——從香港大學到莫斯科中國大使館》，是為了突顯傅秉常人生最重要的兩個階段：香港大學是傅秉常的學術發源地，而他在駐蘇大使任內簽署《四國宣言》，蜚聲國際，是傅秉常一生事業的頂峰。

為方便一般讀者，本書行文用字盡量淺白。在論證方面，力求簡化，不斤斤於繁瑣細節。至於注釋方面，亦僅標明資料出處，方便讀者求索。本書主要根據《傅秉常日記》，並參以其他史料，互相比對，以求歷史之真貌。本書較多直接引用《傅秉常日記》原文，理由有二：一，日記內容是真實之憑據。二，筆者希望透過傅秉常自己的話，讓讀者直接了解他的內心世界。筆者論文寫就以後，新資料迭出，且撰文時只談 1918 至 1927 年間太子派的發展，亦未及寓目各冊《傅秉常日記》。現在看來，不足之處甚多，頗覺不安，故在論文原有基礎上，作了大幅度的增補、修訂和擴充。

另外，書中附有數十張人物和文獻照片，許多均為首次發表，彌足珍貴。

（二）

有關傅秉常的研究算不上很多。羅香林（1906－1978）的
《傅秉常與近代中國》是有關傅秉常最早的傳記。作者編撰該書
時，研究條件受到很大局限，《傅秉常先生訪問紀錄》當時尚未
出版，而且許多資料仍未對外開放。作者僅能利用傅秉常家屬提
供之史料如 1949 年日記（此日記上起 1949 年 3 月 17 日，下迄
10 月 12 日）[3] 及其他存放在香港柏道 8 號傅宅的文件，參以若
干家族成員的口述材料，輔以其他相關資料而成《傅秉常與近代
中國》一書。該書是傅秉常研究的創始之作，保存了許多原始資
料，可惜錯訛之處甚多，如誤將傅秉常岳父何啟（1859－1914）
卒年作 1917 年、傅秉常髮妻何燕芳（1898－1963）的卒年作
1964 年。部分相片的解說也有明顯錯誤。[4] 然而該書最大的問題
是內容單薄，許多有關傅秉常的重要課題尚未觸及。羅香林以撰
寫墓誌銘的態度寫《傅秉常與近代中國》，有過分美化之嫌，頗
予人「辭出溢其真」之感。而且因為作者之政治傾向，敘事未夠
真正客觀，某些方面刻意略而不談，未能真實反映傅秉常複雜而

3　《傅秉常與近代中國》，頁 133。

4　《傅秉常與近代中國》，頁 30、145。如頁 187 傅秉常、孫科和何東（Sir Robert Ho
　　Tung，1862－1956）之合照，羅香林稱該相片拍於 1926 年省港大罷工後。筆者曾
　　細閱該相片多次，相中傅秉常與孫科均稍有發福，何東亦略顯蒼老，故一直懷疑這幀
　　相片的真實年份。直至看到 1937 年第 5 卷第 3 期《前途》圖片部分，才知道該相
　　片是 1937 年拍下的。

多姿多采的一生。其他學者如尤淑君[5]等亦有文章研究傅秉常，主要着眼點為傅秉常在外交方面的工作。可是迄今為止，他們僅可看到和引用 1943 至 1946 年已公開之日記[6]，以及《傅秉常先生訪問紀錄》等。在資料局限的情況下，實難作通盤考察，所列史實難免有誤。論者亦甚少談到傅秉常與香港的種種關係，而這一部分卻是傅秉常研究的重要一環。本書嘗試根據各種原始資料，填補這一缺門。

傅秉常一向有寫日記的習慣，惟不清楚始自何時。1959 至 1960 年期間，他接受中央研究院近代史研究所口述歷史計劃訪問，曾提到在 1922 年時有香港富商願意出錢資助孫中山，傅秉常說在日記中記錄了這事，但實際數目記不清楚，需翻查日記才可肯定，不巧日記留在巴黎。[7]可見他在 1922 年時已有寫日

5　如尤淑君：〈傅秉常日記裏的民國外交〉《中華讀書報》（2017 年 9 月 20 日 9 版）在描述傅秉常個人背景時，錯誤甚多。又說傅秉常在 1957 年 5 月始往台灣。事實上他在 1957 年 4 月或之前已在台灣。這個錯誤可能沿襲自《傅秉常與近代中國》，頁 140。有關其抵台時間，詳參《稿本日記》，1957 年 4 月 21 日。石源華亦謂傅秉常在 1957 年 5 月去台灣。詳見石源華：〈傅秉常：執掌蔣介石私章的外交部次長〉，《世界知識》，2008 年第 12 期，頁 58–59。該文基本上只參考了《傅秉常先生訪問紀錄》一書。

6　1943 至 1946 年的日記已整理出版。詳見傅秉常著，傅錡華、張力校註：《傅秉常日記：民國三十二年（1943）》（台北：中央研究院近代史研究所，2012 年）、《傅秉常日記：民國三十三年（1944）》（台北：中央研究院近代史研究所，2014 年）、《傅秉常日記：民國三十四年（1945）》（台北：中央研究院近代史研究所，2014 年）、《傅秉常日記：民國三十五年（1946）》（台北：中央研究院近代史研究所，2016 年）。以下稱已整理的為《傅秉常日記》（《日記》），未整理出版的為《稿本傅秉常日記》（《稿本日記》）。《稿本日記》標點為筆者所加。為統一格式起見，《日記》和《稿本日記》引文只列出年、月、日。另傅錡華博士告知《傅秉常日記：民國三十六年（1947）》（台北：中央研究院近代史研究所，2018 年）剛在本年 3 月出版。

7　《傅秉常先生訪問紀錄》，頁 31。

記。現存最早的《傅秉常日記》是 1932 年，始於 1 月 1 日，用英文撰寫，尚有待整理，本書首次披露其內容。中間有若干年日記未見，或已散佚。最後一本日記是 1965 年，最後一日的紀事是 1965 年 7 月 14 日，即傅秉常逝世前十五日。[8] 粗略估計，現存《傅秉常日記》逾一百二十萬字。傅秉常寫日記的態度相當認真，字體相當清晰，難辨之字甚少，且紀事持之有恆，相當詳盡，有時一天記載逾兩千字。[9]《傅秉常日記》且時有收錄信函和電報等之全文，保留了許多珍貴史料。

從日記行文用字所見，傅秉常的中、英文造詣均佳，文筆清雅，用字講究，紀事精確。他主要用中文撰寫日記，其語言夾雜文言文、白話文及粵語。廣東人、香港人讀之，份外有親切感。要充分理解《傅秉常日記》的內容，懂廣東話是有優勢的。另外有幾本日記是以英文撰寫的。傅秉常的日記行文有一特色：「似」字出現頻率極高。[10] 一方面傅秉常長期受儒家經典薰陶，喜歡以中庸之道來看問題，另一方面亦應與他長期研讀政治、法律書籍有關。傅秉常交遊廣闊，政圈朋友眾多，故《傅秉常日記》記載了許多政海秘辛，讀者可以從中窺見國民政府一眾高端人物鮮為人知的一面。

可以肯定的是，《傅秉常日記》是一座重要的史料寶庫，相信全面公開後定能引起廣泛討論和關注。[11]《傅秉常日記》的英

8　《稿本日記》，1965 年 7 月 14 日。

9　如《日記》，1945 年 12 月 30 日。

10　如《日記》，1943 年 5 月 9 日及 20 日等。

11　《傅秉常日記》現在亦有簡體版。詳見傅秉常著，傅錡華、張力校註：《傅秉常日記（1943–1945）》（北京：社會科學文獻出版社，2017 年）。

文譯文會在不久的將來上載至永久網址，歡迎各位讀者日後前往瀏覽。

（三）

通讀這二十多年的日記，筆者有一個印象，即傅秉常生前早已意識到，日後會有人以他作為研究對象。他是刻意為後人留下如此豐瞻的記載。故一方面在重要的情節處，着墨尤多，但在一些關鍵時刻，卻不留任何痕跡。當然，前者比後者為多。[12]

日記作為研究材料，其重要性自是無庸置疑。就中國的各種日記而論，可以概括分為以下類型。一，事務日記。是為了記錄每日行程、政務、所見所聞等而寫，甚少或完全沒有觸及私事，完成之後便付梓，全然是公開性質。載振（1876－1947）的《英軺日記》便屬這一類。[13] 二，讀書兼事務日記。主要記載讀書內容、詩酒唱和，對書本內容的批判和反思，同時也觸及私事和時事。鄭孝胥（1860－1938）的《鄭孝胥日記》屬這一類。[14] 三，個人日記。是個人的私記錄，記自己的生活、所思所想、人物之臧否、經歷和工作等。《傅秉常日記》正屬這一類。

在個人日記當中，因涉及許多隱私，故作者理應假設自己是唯一的讀者。傅秉常在日記中談到自己對寫日記的看法及方法。

12　後者如《稿本日記》，1965 年 12 月 4 日至 10 日。在這七天中的其中三天，傅秉常在美國曾與孫科見面，但沒留下任何日記。兩人見面之情況，可參《稿本日記》，1964 年 12 月 17 日及 1965 年 2 月 4 日。

13　載振：《英軺日記》（上海：上海古籍山版社，2002 年）。

14　中國歷史博物館編，勞祖德整理：《鄭孝胥日記》（北京：中華書局，2005 年）。

他謂「桂裕教授來談，言彼因我所言伍老博士所主張寫日記。彼
決定今年起寫。年雖六十，開始尚不為遲。我甚贊同，並告以我
所用體裁，示以我所寫每日記事外，對於時事之記載及批評」，
「彼甚感興趣。我又告以讀書所紀錄」。[15] 傅秉常寫日記或受伍廷
芳（1842－1922）的啟發。傅秉常亦曾說過，自己欠下伍廷芳一
筆感情債。原來伍廷芳留下自己的《觀渡廬日記》六十冊給傅秉
常，以備傅秉常日後為他作傳之用。可惜這些日記留在上海觀渡
廬，而觀渡廬最後又被日軍燬滅，化為灰燼，令傅秉常畢生留下
無可彌補的遺憾。[16]

由是觀之，《傅秉常日記》不就是撰寫傅秉常傳記的最佳材
料嗎？

中國人重視歷史，尤其常常談到百年之後的評價。傅秉常
是深受儒家文化薰陶的知識份子，不會對此一無所知。1945 年
初，他說自己連日閱讀鄭毓秀（1891－1959）的自傳，稱鄭毓秀
「彼人確有精神，惟未免過於自誇。古人對人，主隱惡而揚善，
今人則自己為之，似於古禮教不符」。[17] 可見他甚重視評價這回
事。然而，傅秉常一生感情生活多姿多采，對這方面亦甚坦白，
所以在日記裏偶爾夾雜一些較突兀的描述。[18] 不過這都是小枝小
節，無損日記的重要價值。

胡適（1891－1962）曾勸傅秉常寫回憶錄，他謂「我仍以為

15　《稿本日記》，1962 年 1 月 12 日。
16　《傅秉常先生訪問紀錄》，頁 27。
17　《日記》，1945 年 1 月 14 日。
18　如《日記》，1943 年 2 月 23 日。

不能寫」。[19] 不過最後還是留下了回憶錄——他是接受中研院近史所口述歷史計劃訪問之第一人。[20] 觀《傅秉常日記》，可以知道傅秉常是一心思極度細密之人，每做一事，定必從多方面考慮。因此，我們可以肯定的說，傅秉常生前特意留下這些記載，以為我們日後研究之資。

（四）

《傅秉常傳——從香港大學到莫斯科中國大使館》除序言外，分為五章。第一章談傅秉常的家世、早年生活、嗜好、其與髮妻何燕芳之結合，與何啟、伍廷芳等之戚誼。

第二章的主旨是 1920 至 1943 年間傅秉常的經歷和事業。傅秉常因伍廷芳等之關係，很早便投身外交事業。瓊海關監督和粵海關監督兩職，表面上是掌管財政收入，實際上亦具外交性質，皆因當時的中國海關由英國勢力所操縱。傅秉常在粵海關監督任內，同時亦為廣東交涉員，負責外交事宜。廣東與香港近在咫尺，兩地交往自然頻繁，而當時香港是英國殖民地，所以廣東交涉員即無異中國外交官。而且當時孫中山的中華民國陸海軍大元帥大本營財政基礎薄弱，粵海關所得稅收來得特別重要。故粵海關監督乃廣州政府一重要職位。傅秉常能在二十七歲之齡擔當此要職，除家世背景外，個人深具才幹也是關鍵原因。本章談傅秉常和伍朝樞之關係，以及他與孫科之訂交等。傅秉常在 1920 年

19　《稿本日記》，1959 年 2 月 2 日。

20　《傅秉常先生訪問紀錄》，前言，頁 1。

代初被視為「太子派」之重要一員。所謂「太子派」，並非一個實體的政治組織，而是一個以孫中山兒子孫科、伍廷芳兒子伍朝樞及傅秉常為首的政治網絡。[21] 在這個網絡下，集結了許多曾放洋留學或有外國生活經驗的年輕粵籍菁英。而在這些人當中，有許多與傅秉常維持了大半生的友誼。傅秉常的政治生涯，或多或少都與太子派有所關連。太子派代表國民黨初期的新興力量，在政治上與胡漢民（1879－1936）等為首的「元老派」相角力。本章將會以較多篇幅，深入剖析太子派的組成和蛻變。以後蔣介石（1887－1975）冒起，國民黨政治均衡起了實質變化。在國民黨當中原屬較有力量的粵籍人物，一變而為退居二三線。傅秉常等以後漸與胡漢民等親近。傅秉常在這時的日記中，經常流露對蔣介石的不滿情緒。[22] 1930 年代以後，具太子派背景的人多聚集在孫科領導的立法院之下。1943 年前，傅秉常長時間在立法院和外交界服務。傅秉常與伍朝樞、孫科關係尤深，一生仕途起伏進退，亦多與兩人有關，故本書討論伍朝樞和孫科亦較詳細。

第三章主要談國民政府駐蘇大使任內之傅秉常。他是國民政府最後的駐蘇大使。傅秉常在中蘇關係史上的正確地位，有待深入探討。《傅秉常日記》提供了豐富的材料。

傅秉常因與宋子文（1894－1971）不睦，以及個人經濟問題，再加上國難當前，故在 1943 年接替邵力子（1882－

21　"Hong Kong Merchants and the Chinese Nationalists - The Prince's Clique and Hong Kong Merchants, 1918-1927."

22　《稿本日記》，1932 年 1 月 19 日及 1 月 20 日。

1967）而為駐蘇大使。[23] 傅秉常在抗戰後期出使蘇聯，正值中國處於危急存亡之際，蘇聯的取態對中國抗戰前途舉足輕重，因此對蘇外交至為重要。駐蘇任內，是傅秉常一生事業的頂峰。從 1943 年及 1944 年的日記看，傅秉常在艱苦的環境下努力經營館務。因戰爭關係，傅秉常初上任時，中國大使館在古比雪夫（Kuybyshev）。[24] 稍後才遷回莫斯科。[25] 這兩年，傅秉常工作努力不懈。1943 年中國能在莫斯科有份簽署《四國宣言》，傅秉常居功至偉。[26] 他亦視此為其一生之得意傑作。在芸芸眾多日記之中，1944 年那一本最厚，記載有好有壞。整體來說，這一年他鬥志高昂，對未來充滿盼望。隨着戰事漸漸向中國一方有利邁進，傅秉常 1945 至 1946 年初的日記語調甚為樂觀。1946 年他首次離蘇赴英出席聯合國大會和返國開會，稍後又到法國出席會議。但從 1946 年聯合國大會蘇聯等之表現，可以預見日後美、蘇陣營之對壘。而且中國內戰的陰霾始終揮之不去，1946 至 1948 年的日記提到內戰的次數越來越多，傅秉常的樂觀一去不復返。[27] 1948 年的日記更瀰漫着幽暗的情緒，在西曆大除夕更談到自己在迎接新年派對中「強為歡笑」。[28] 1949 年情況更差，傅秉常終於離開蘇聯，結束六年駐蘇大使生涯。傅秉常見證了中蘇

23　《稿本日記》，1940 年 1 月 1 日；《日記》，1943 年 1 月 1 日；吳述彭（約 1892－？）：〈我所知道的傅秉常〉，載林亞杰主編：《廣東文史資料存稿選編》，第 5 卷（廣州：廣東人民出版社，2005 年），頁 74－77。

24　《日記》，1943 年 2 月 24 日。

25　《日記》，1943 年 8 月 12 日。

26　《日記》，1943 年 10 月 30 日。

27　如《稿本日記》，1947 年 5 月 19 日。

28　《稿本日記》，1948 年 12 月 31 日。

關係的高山低谷。實在蘇聯並不十分重視與中國的邦交。傅秉常在蘇聯六年，鮮有獲史太林（Joseph Stalin，1878－1953）單獨接見。即獲接見，都只是陪同他人前往而已。[29] 傅秉常在任內一直致力於中蘇親善，更因此被標籤為「親蘇派」。[30] 他常因在蘇聯工作不順而感到沮喪。[31]

　　1949 年中國經歷巨變。傅秉常臨危受命，被委任為外交部長。當時情況至為惡劣，他亦覺無可作為，遂決心辭職。後傅秉常定居法國，過着海外寓公的生活。這亦是第四章的主要內容。

　　對傅秉常來說，海外生涯是鬱悶的。一方面源自經濟壓力，一方面來自家庭生活不美滿，一方面也因報國之志未遂。平時勤於寫日記的他，在每年第一天的日記定會作回顧與展望。1950年的第一天，他的日記只有寥寥數語謂：「鄧秉坤、張柱南等在申江樓請晚飯，慧明（按，傅慧明）唱粵曲。同席人頗多，菜則不豐。」[32] 這一年的日記極簡短，只到 4 月為止，且中間很多天沒有任何內容，可見他是有一日沒一日地寫。在 1951 年第一天，他說：「我個人方面，在一年中，無善可述。法文雖稍有進步，但事事多不如願。」[33] 在 1952 年第一天，他說：「回顧去年一年，所經公私均甚不利。私人上所受痛苦尤多，祇望今年運轉而已。」[34] 1955 年，傅秉常抱怨「在飯館下層地爐〔牢〕安裝一

29　《日記》，1945 年 12 月 30 日。

30　〈傅秉常的外交路線〉，《中外新聞》，1949 年 4 卷 4 期，頁 4。

31　《稿本日記》，1948 年 2 月 7 日、2 月 10 日、2 月 23 日、9 月 25 日；《稿本日記》，1949 年 1 月 1 日。

32　《稿本日記》，1950 年 1 月 1 日。

33　《稿本日記》，1951 年 1 月 1 日。

34　《稿本日記》，1952 年 1 月 1 日。

大書架，以放置我在 Sartrouville 搬出之書。我若與我國內之朋友言，我在巴黎街邊咖啡館讀杜詩，在廚房底下置圖書樓，彼等必笑我狂〔誑〕謊。實則並非虛言。苟非燕妹（按，何燕芳）種種，我對於此種生活亦可不改其樂者也」。[35] 聖誕前夕，練習英語一事又喚起他負面之情緒。他謂：「早起自習英語。我之環境如此，精神上萬分痛苦。」[36]

1956 年歲首之日記，語調更淒涼，反映傅秉常身處「留固難走亦不易」的兩難境地，「回顧我去年情況，無日不在痛苦之中。經濟上異常艱難，燕妹之病日深」，「家庭上無日不發生爭吵，夜不能有一夕能安睡」，「我數次欲離家返台北，明知國府已無可為，蔣對我又未必極端信任。回去亦係受精神上之苦悶，但無論如何，總較在此過地獄之生活為佳」。[37] 傅秉常在赴台與否一事上，掙扎了很久。

這時期的傅秉常仍未能忘懷外交之事，日記仍常有記載世界大事。為了生活，他過着極為撙節之生活，[38] 同時經營餐館，以維持生計。日記常談到餐館的生意。[39] 傅秉常工作相當辛苦，以前是縱橫於列國，現在是與客人周旋。傅秉常的經歷也是 1949 年留居海外國民黨官員的寫照。這一章亦會談到他們當中一些人的遭遇。

第五章述其在台灣的最後歲月。1957 年，傅秉常毅然赴台。當中原因很多，經濟考慮應為最要。在台灣，他擔任的都

---

35 《稿本日記》，1955 年 11 月 22 日。
36 《稿本日記》，1955 年 12 月 22 日。
37 《稿本日記》，1956 年 1 月 1 日。
38 《稿本日記》，1951 年 1 月 13 日。
39 《稿本日記》，1956 年 1 月 2 日及 1 月 10 日。

是有位無權的職位。先是被委任為國策顧問。[40] 然後是司法院副院長，又負責公務員懲戒委員會的工作。這些都是閒職，沒有實權。以傅秉常的才幹而言，無疑是大材小用。傅秉常在台灣重新開始固定而有系統地寫日記，其中談到蔣介石和陳誠（1898－1965）之處不少，也談及許多赴台國民黨官員的工作和生活狀況。他有許多甚為深刻的觀察。

1962 年，傅秉常身體明顯轉差。[41] 1963 年，他的三位至親接連離世，對他打擊很大。傅秉常在 6 月 27 日接其髮妻在倫敦病危之消息，在日記云：「金弟（按，傅金城）昨日死，今又接此消息，真使我六神無主也。」[42]

此後一段時間，傅秉常心情都很惡劣，一則工作不稱心，二則經常為一家生計及兩個新近到台灣的女兒將來無依無靠而發愁，心中更感鬱結。[43] 直至 1964 年 10 月尾至 12 月初，他奉政府命出席智利和墨西哥的總統就職典禮，得以乘出使之便，在美國與各摯友如劉鍇（1907－1991）等見面，心情大為好轉。[44] 可惜，這也是他人生中最後的外訪。1965 年 7 月 29 日，傅秉常心臟病猝發，就此長離人間。

本書側重傅秉常在 1949 年或之前的政海生涯。1949 年之前，傅秉常直接參與中國的高端政治。去國以後，傅秉常雖然仍關心政治，但他畢竟只是一個旁觀者——當時為維持生計，在

40　《稿本日記》，1957 年 4 月 29 日。

41　參《稿本日記》1962 年 8 月 15 日至 9 月 8 日。

42　《稿本日記》，1963 年 6 月 27 日。

43　《稿本日記》，1964 年 3 月 21 日及 3 月 26 日。

44　詳見《稿本日記》，1964 年 10 月 27 日至 12 月 11 日。

巴黎經營餐館。1957 年傅秉常重返國門，在台八年，出任有位無權的閒職，遠離政治核心，所得之政治資訊，難免隔閡。所以筆者認為，傅秉常的政治生命是在 1949 年完結的，故本書之第二、三章較詳，佔全書篇幅一半以上，往後兩章則較略。

我的傅秉常研究前後延續了十多年，慶幸得到不少人的幫助。方德萬教授始終鼓勵，勸我不要放棄中國近代史研究。與傅錡華博士通訊多年，透過她的引介，得識她的父親、傅秉常哲嗣傅仲熊先生及她的叔叔傅德楨先生、傅德霖先生。2017 年10 月終有機會在港與傅錡華博士一見。傅錡華博士聞悉我有撰寫她祖父傳記之意，大表贊同，除欣然允許我使用其家藏之《傅秉常日記》撰文外，並表示會提供一切協助。在此感謝傅仲熊先生、傅德燊先生和傅德楨先生通覽全書，提供意見。傅錡華博士在百忙之中為本書賜序，及協助翻譯若干法文資料。馬幼垣教授定居檀島，經常遠洋貽書，為我解答許多學術疑難。馮錦榮博士是我在香港大學碩士和博士論文導師，對我的研究深有啟發。他使我注意使用日本方面的史料。何漢威博士是多年老友，每次過港，定必邀約相聚，盛情可感。因何漢威博士之介紹，得識何冠環博士。何博士是宋史名家，與我無所不談，至為投契，在談話中帶給我不少寫作的靈感。傅仲熊先生、傅錡華博士提供傅秉常所拍攝和收藏的照片，傅德楨先生慨借傅秉常家族照片，楊永安博士惠借多年珍藏傅秉常文獻，Bettina Chin 所攝之傅秉常在法故居之照片，均令本書生色不少。另外，這些年來，王敬安先生、王頌威醫生、何阿三先生、吳健暉先生、李家明先生、李銳清博士、招天欣醫生、明柔佑博士、林軒亮先生、林學忠博士、張寧博士、戚道興先生、莊旭輝先生、許楨博士、郭鵬飛教授、

陳福霖教授、陳韶韻先生、陸國燊博士、黃海濤先生、楊康婷博士、趙令揚教授、蕭敬偉博士、謝榮滾先生、羅子桓先生、羅淑華小姐、羅徵遠醫生、譚小圓小姐、Dr. Felix Boecking 博思源博士、Jamie Carstairs 先生、Dr. Peter Cunich、D. J. Lewis 路正明先生、Dr. Kerrie L. MacPherson 程愷禮博士與 Professor Victor H. Mair 梅維恆教授等曾予以種種協助，至深感銘。方寬烈先生和甘豐穗先生兩位前輩雖早登極樂，未及見到此書的出版，但人間情常在，二人之音容永留心中。

在此也要感謝我的祖母、父母和兄長，在漫長而崎嶇的學術路上，給我無窮的支持和鼓勵。

最後，衷心多謝中華書局（香港）有限公司黎耀強先生接納書稿出版，以及本書編輯吳黎純小姐細心校閱。

書海無涯，筆者學殖所限，錯誤自是難免，還望讀者不吝賜正。來郵請寄：wongchunwai25@yahoo.com.hk。

記得十多年前在英唸書時，差不多每天都在大學圖書館的東亞閱覽室讀書和寫文。劍橋大學圖書館藏書弘富，是學術研究的好地方。現在回想起來，那是最好的時光。這本書，正好是英倫求學之旅的一個總結！

黃振威謹識

二〇一八年四月十日

第一章

旭日初升

回憶我一生最大之幸福，係得最理想之雙親。余父親為一最慈愛、具有最高舊道德之人，余每與弟妹談及，均以我等稍有成就，莫非父母之福蔭。父親不幸早故，母親對我等愛護，尤使我等刻刻不忘。吾輩雖有不是之處，其容忍之程度，非萬分愛護我輩者不能為之。……我出外任事二十餘年，在家奉養之日極少，彼亦極以立身揚名斯為大孝以勉。

《日記》，1943 年 11 月 29 日。[1]

1　　傅秉常 1943 至 1946 年的日記已整理出版。詳見傅秉常著，傅錡華、張力校註：《傅秉常日記：民國三十二年（1943）》（台北：中央研究院近代史研究所，2012 年）、《傅秉常日記：民國三十三年（1944）》（台北：中央研究院近代史研究所，2014 年）、《傅秉常日記：民國三十四年（1945）》（台北：中央研究院近代史研究所，2014 年）、《傅秉常日記：民國三十五年（1946）》（台北：中央研究院近代史研究所，2016 年）。以下稱已整理的為《傅秉常日記》（《日記》），未整理出版的為《稿本傅秉常日記》（《稿本日記》）。《稿本日記》標點為筆者所加。為統一格式起見，《日記》和《稿本日記》引文只列出年、月、日。

家世、早年生活與嗜好

　　在中國近代史上，廣東的地位至為重要。維新派的領袖康有為（1858－1927）和梁啟超（1873－1929）、革命派的領袖孫中山（1866－1925），以及南北議和兩方的代表伍廷芳（1842－1922）和唐紹儀（1861－1938）均為廣東人。可見廣東在中國近代進程中，起着關鍵作用。在中西文化交流中，廣東得風氣之先，故在各種近代化事業當中，多有廣東人之參與。南海是廣東人才輩出之地，孕育了許多傑出人物。傅秉常（1896－1965）便是其中之一。

　　1896 年 2 月 16 日傅秉常生於廣東南海縣佛山鎮，屬猴，原名傅裦裳。[2] 有說他生於 1895 年，不確。[3] 他是廣東南海人，祖籍廣東興寧。祖父傅秀巖在廣東佛山經商，遂在佛山定居。傅秀巖有兩個兒子，長子傅翼鵬（傅慶錫或傅錫，1860－1936）年青時赴港謀生，後在港開設元利建築公司，承辦各項工程，獲利致富。傅秉常父親傅慶兆（1864－1911）為傅秀巖幼子，屢應科舉，惟均以失敗告終，後以任教私塾為生。傅翼鵬赴港發展業務穩定後，招其弟到港，互為照應。傅秉常十二歲時始到香港上

2　羅香林：《傅秉常與近代中國》（香港：中國學社，1973 年），頁 17；郭廷以校閱，沈雲龍訪問，謝文孫記錄：《傅秉常先生訪問紀錄》（台北：中央研究院近代史研究所，1993 年），頁 5。

3　橋川時雄編：《中國文化界人物總鑑》（北京：中華法令編印館，1940 年），頁 536。

學，十五歲時其父去世，傅秉常一家人生活遂由傅翼鵬照料。[4] 傅秉常一家長年居於香港西半山柏道 8 號，即香港大學附近。

傅秉常母親麥氏（1870－1943），中山小欖人，精於繪事。[5] 傅秉常日後對照相和藝術的興趣，或與其母有關。傅秉常兄弟姊妹眾多，惟當中除他之外，只有四個能長大成人。五姊傅娍才（1890－約1940），享年五十，丈夫姓鄧。[6] 傅秉常在日記提到夢「及娍姊，醒而思念」[7]，又提到「我自問對於諸甥無力多予幫忙，深覺對娍姊不起，彼臨終時曾託我照料其子女，我本立意盡力照料，而母親生前亦每以彼等前途為念。」由此可知傅秉常與五姊感情甚深。[8] 六弟傅秉坤（1898－1963）亦出身聖士提反書院（St. Stephen's College），歷任廣東政府電話所所長、瓊海關監督、國民政府外交部駐港簽證貨單專員等職。[9] 他信奉密宗，1923 年曾在日本高野山（Kōyasan）參東密一年。[10] 在輓祖母聯中，傅秉

4　〈港紳傅翼鵬昨晨逝世〉，《香港工商日報》，1936 年 9 月 18 日；〈港紳傅翼鵬逝世〉，《香港華字日報》，1936 年 9 月 18 日；《日記》，1943 年 2 月 5 日；《稿本日記》，1963 年 6 月 27 日；〈我所知道的傅秉常〉；《傅秉常與近代中國》，頁 17；《傅秉常先生訪問紀錄》，頁 3－8。傅翼鵬和傅慶兆生年根據《佛山傅氏族譜》（缺出版資料），無頁數。

5　《傅秉常與近代中國》，頁 17；麥氏生年根據《佛山傅氏族譜》，無頁數；卒年根據《日記》，1943 年 11 月 29 日。。

6　《傅秉常先生訪問紀錄》，頁 5。

7　《日記》，1944 年 1 月 21 日；傅娍才生年根據《佛山傅氏族譜》，「才」寫作「財」，無頁數。。

8　《日記》，1944 年 10 月 22 日。

9　〈令委任傅秉坤任電話所所長由〉，《廣州市市政公報》，1925 年第 199 期，頁 559－560；〈簽證貨單〉，《香港工商日報》，1947 年 5 月 21 日；《稿本日記》，1959 年 6 月 16 日、1959 年 7 月 12 日；孫修福編譯：《中國近代海關高級職員年表》（北京：中國海關出版社，2004 年），頁 812。

10　此據傅德楨先生言。

坤謂「念庸質虔參瀛島」，可為確證。[11] 傅秉坤英文程度甚高，能翻譯法律條文。[12] 傅秉常與之最親近。九弟傅秉彝（1905－1959）曾任公務員，亦曾經營農場，[13] 他兩個兒子 1949 年後在北京生活。[14] 十妹傅娀才（約 1910－？），丈夫為龍達善。[15] 傅秉常之上尚有一兄，早故。[16] 因其父、兄早逝，而他是家中教育程度最高之一人，又曾任中國政府高級官員，所以在許多家族事情上，傅秉常都充當了決策的角色。

傅秉常有一子四女。兒子為傅仲熊（Johnny），女兒則為傅慧明（已歿）、傅錦培（Katharine）、傅錦涂（Rosemary）及傅錦煊（Helen）。[17]

傅翼鵬有二子，一為傅金城，另一為傅金源。[18] 傅金城與傅秉常感情甚篤，日後常提供各種協助。傅秉彝的執葬費用由傅金城全數支付。[19] 傅秉常謂：「且我與他（按，傅金城），自從我十二歲到香港，即與之相處。數十年來，情逾親生骨肉，互相敬愛、相知之深，亦無與比。」[20]

11　《傅母李太夫人哀思錄》（香港：缺出版社，1929 年），頁 23 上。

12　傅秉坤：〈在摩洛哥法國人及外國人私法上地位法（一九一三年八月十二日公佈）〉，《中華法學雜誌》，1930 年第 1 卷第 2 期，頁 103－105。

13　《日記》，1946 年 7 月 2 日；《稿本日記》，1959 年 11 月 4 日。傅秉彝生年根據《佛山傅氏族譜》，無頁數。

14　《稿本日記》，1956 年 2 月 11 日。

15　《稿本日記》，1959 年 11 月 4 日；《傅秉常先生訪問紀錄》，頁 5。

16　《傅秉常先生訪問紀錄》，頁 8。

17　此據傅錡華博士所言。

18　此據傅德楨先生言。

19　《稿本日記》，1959 年 11 月 4 日。

20　同上，1963 年 6 月 27 日。

　　傅秉常年幼時接受私塾教育，十二歲始學習英文，先後在育才書社（Ellis Kadoorie School For Boys）和聖士提反書院唸書。他謂：「余先後就讀各校，成績似亦從未落為第二名。」[21] 傅秉常顯達之後，仍與聖士提反書院之校長和教師有所聯繫，謂：「彼等道德學問均佳，對余尤好。余對彼等亦時刻未嘗忘者也。」[22]

　　傅秉常在 1912 年投考剛創辦的香港大學，成功獲得取錄。[23] 香港大學以英語為授課語言，對學生英文水平自是要求極高，而傅秉常由初學英語至投考香港大學僅用了四五年時間，可見其天資敏悟，為一讀書種子。另外，傅秉常投考的是工科，證明他的理科成績相當優異。傅秉常在聖士提反書院和香港大學唸書成績極佳，在倫敦大學考試中更獲 distinction 的佳績。傅秉常的教育經費由傅翼鵬一力承擔。[24] 傅翼鵬對本地教育發展相當熱心，在香港大學籌辦時曾捐贈五百元以作支持。[25] 有論者認為傅秉常在民國外交史發揮的作用有限，其中一個原因是「傅秉常由香港大學工科畢業，既無國際政治，亦無國際法的留洋經歷」。[26] 該論者對香港大學早期歷史，似欠充分認識，蓋當時能夠進入香港大學唸書的人，不是學問非凡，就是富室子弟，總之都

21　《傅秉常先生訪問紀錄》，頁 7。

22　《日記》，1945 年 1 月 8 日。

23　《傅秉常先生訪問紀錄》，頁 7。

24　"Our Commissioner of Foreign Affairs," *The Canton Gazette*, 9 May 1924，楊永安博士藏品。Distinction 可解作「優等」或「優異」等。

25　*List of Subscription to the Endowment Fund* (Hong Kong: Noronha, 1911), p. 5.

26　左雙文：〈傅秉常外交活動及外交思想述論〉，《華南師範大學學報（社會科學版）》，2012 年 12 月，第 6 期，頁 109－119。

不是尋常學子。

　　傅秉常是香港大學首位一級榮譽工學士。[27] C. A. Middleton Smith 教授是他在大學唸書時其中一位老師，1912 至 1919 年期間擔任工學院的院長（Dean）。[28] 1946 年初，時為國民政府駐蘇大使的傅秉常因公訪英之便，曾與 C. A. Middleton Smith 在倫敦見面。傅秉常謂：「彼已呈老態，久別重敘甚歡。」[29] 傅秉常的英文水平固高，中文水平和舊學根柢亦十分深厚。皆因他父親是「舊學君子」，對子女學業要求嚴格，當他讀中學時，父親舉家搬到學校附近。每天起牀後傅秉常先讀一小時中文才上課，下午放學之後，父親亦要求他先讀一小時中文。每天兩小時就是讀四書五經、《史記》和《昭明文選》等。另外，在香港大學唸書期間，他與太史賴際熙（1865－1937）和區大典（1877－1937）相約，每星期到兩位老師家中請益。[30]

　　以後他和賴家仍有聯繫。在 1927 年，他曾向伍朝樞（1887－1934）推薦賴汋昌進外交部，稱：「賴際熙之子賴汋昌去年畢業於香港大學，得 B.A.（按，文學士）學位，中、英文皆頗好。如弟留部，可否在部俾以一差，如科長之類？彼人甚誠實可靠、甚勤學，可靠之材也。」[31] 1948 年，賴汋昌子賴鶴年寫信給傅秉常，謂父母雙亡，只餘下他和幼弟相依為命，請求援助。傅秉常

27　《傅秉常與近代中國》，頁 7。

28　University of Hong Kong, *The University of Hong Kong, 1912-1933: A Souvenir* (Hong Kong: Newspaper Enterprise Ltd., 1933), p. 32.

29　《日記》，1946 年 1 月 22 日。

30　《傅秉常先生訪問紀錄》，頁 8。

31　傅秉常致伍朝樞函，1927 年 5 月 30 日，見陸軍編選：〈傅秉常致伍朝樞函一組〉（1927 年 5 月 20 日－5 月 31 日），《民國檔案》，〈檔案史料〉，頁 4－8。

遂「函錦培，酌予救濟」。[32] 1929 年傅秉常祖母逝世，賴際熙率子孫致祭帳曰「璿閨懿範」。[33]

　　早年能入讀香港大學的人都是來自較富裕的家庭。傅秉常在日記偶爾提及大學同學。他曾提到汪精衛（1883－1944）之妻弟陳耀祖（1892－1944），「陳耀祖來。我們談到往昔在香港大學快樂的日子，又談到攝影」。[34] 後來陳耀祖在汪精衛政權下做事，死於非命。傅秉常稱：「BBC 廣播謂，陳耀祖在廣州被刺而死。余與彼同學多年，渠人本不錯，惜環境不佳，隨其姊丈同充漢奸，致有此結果，深為渠惜也。」[35] 他又提到港大同班同學黃維熊（約 1889－？）。黃維熊是泰國華僑，其父為柚木商人，「生意甚大」。傅秉常謂：「我與他 1912 年同學，係在五十一年前。」黃維熊在泰國頗有地位，任廣肇會館主席多年。[36] 證明港大學生當中有不少華僑子弟。當然香港大學也有許多本地學生。與傅秉常同屆的凌文禮，出身皇仁書院（Queen's College），1922 年在上海工作。[37]

　　傅秉常與香港大學的關係維持了數十年。1929 年，香港大學南京分會成立，他任主席。[38] 1931 年獲頒香港大學榮譽博

32　《稿本日記》，1948 年 2 月 25 日。

33　《傅母李太夫人哀思錄》，頁 25 上。

34　《稿本日記》，1932 年 10 月 15 日。引文為筆者翻譯。

35　《日記》，1944 年 4 月 8 日。

36　《稿本日記》，1963 年 10 月 14 日。

37　*The Yellow Dragon*, No. 6, March 1922, Vol. XXIII, pp. 125；《傅秉常與近代中國》，頁 18；郭大江：《百年檔案藏一代風流：香港大學早年工學士的故事》（香港：牛津大學出版社，2012 年），頁 24。

38　Peter Cunich, *A History of the University of Hong Kong. Volume 1, 1911-1945* (Hong Kong: Hong Kong University Press, 2012), p. 379.

圖 1-1　*The University of Hong Kong, 1912-1933: A Souvenir* 之封面
（香港大學為傅秉常之母校）（1933 年）。
筆者藏。

士。1943 年 1 月，香港大學同學在重慶中英文化協會開會，傅秉常任主席，會上通過總會章程，並選他為會長。[39] 1960 年 4 月，傅秉常在台灣與港大同學宴請香港大學教育系代理主任 Simpson。[40] 1963 年 12 月，傅秉常在台灣與當時的香港大學校長見面。他謂：「接香港大學副校長[41] Dr.Lindsay Ride（按，即賴廉士，1898－1977）來電話，我即約他於午後六時往圓山飯店晤談。我準時到達。彼夫婦均在，與談香港故舊，甚歡。彼從事寫一香港歷史名人。我告以我先岳何啟之事蹟甚多，至七時始回家。」[42]

攝影、閱讀和旅行是傅秉常一生最大的嗜好，特別是攝影。傅秉常「自己搞沖曬」，「對好的照相機不惜重價搜購」。[43] 這都是實話。他對相機非常講究。1918 年曾以港幣四百五十元從香港的昭隆泰購買落簾方形照相機一部。當時昭隆泰來貨兩部，一部歸他所有，另一部由其友人黃強（1887－1974）購得。[44] 黃強字莫京，廣東龍川人，是近代著名軍人，早年入廣州聖心書院，習法文，又曾在保定陸軍速成學校就讀，後留學法國，在加羅中學和昂德農校肄業，故法文程度甚佳。他的嗜好有三：一為犬馬，二為打獵，三為攝影。攝影為兩人共同嗜好，故兩人相當投

39　《日記》，1943 年 1 月 24 日。

40　《稿本日記》，1960 年 4 月 19 日。

41　傅秉常可能是弄錯了 Lindsay Ride 的身份。Lindsay Ride 是校長而非副校長。因為香港大學校長的稱謂是 "Vice Chancellor"，直譯便是副校長。另外，他的身份應該是教授。

42　《稿本日記》，1963 年 12 月 27 日。

43　〈我所知道的傅秉常〉。

44　《稿本日記》，1963 年 8 月 18 日。

緣，直至傅秉常赴台之後，仍有書信來往。[45]

　　在莫斯科時，儘管生活條件相當艱苦，傅秉常仍花錢購下 Leica 相機一部，還說價錢不算昂貴。[46] 歐戰結束後，傅秉常可多花時間在攝影上。他謂：「連日再事照相工作，因振叔兄（按，謝維麟，1896－？）已代購寄來一放大機，余又購得一舊 Contax。」[47] 他又曾購一舊 Contaflex 相機贈孫科（1891－1973）。[48] 在台灣時他擁有相機如 Olympus Pen 等，當時他的經濟不算寬裕。[49] 1948 年春，他與友人到訪捷克一處以風景聞名的地方，慨嘆「惜余祇帶小電影機」，「不能盡得其美而返矣」，[50] 10 月在瑞典購入 Bell & Howell 16mm 小型電影機一部，[51] 可見他是個不折不扣的攝影「發燒友」，難怪胡漢民（1879－1936）以「美術中人傅秉常」稱之。[52] 傅秉常一生拍下極多照片，保存狀況良好。[53] 傅秉常經常到處旅行，日記中亦有詳細記錄。[54] 他對生活細節亦很講究，1946 赴英出席會議時，曾專程往 Jaeger 購買毛

45　黃強：〈黃莫京將軍自述〉（1），《大成》，1979 年 6 月，第 67 期，頁 2－6；〈黃莫京將軍自述〉（2），《大成》，1979 年 7 月，第 68 期，頁 75－80。「莫京」源自成語「莫可與京」，即所向無敵之意。

46　《日記》，1946 年 11 月 21 日。

47　《日記》，1945 年 8 月 1 日。謝維麟，字振叔，江蘇松江人，是東吳大學學士和巴黎大學碩士。謝維麟生平詳參〈政院昨通過謝維麟出使厄瓜多爾〉，《香港工商日報》，1957 年 6 月 28 日。

48　《日記》，1946 年 5 月 4 日。

49　《稿本日記》，1962 年 4 月 10 日。

50　同上，1948 年 4 月 29 日。

51　同上，1948 年 10 月 19 日。

52　《日記》，1946 年 3 月 27 日。

53　此據傅錡華博士所言。

54　如《稿本日記》，1939 年 12 月 4 日、1948 年 6 月 9 日。

衣；同年又以美金一千元購買 Patek Philippe 柏德菲臘手錶一隻
自用。[55]

　　傅秉常很喜歡閱讀。讀的主要是政治、經濟、法律，文學、
歷史等書，在上海時，他就購了一套《四史》。[56] 他很喜歡到舊書
店訪書。他是上海別發書店（Kelly & Walsh Ltd.）的常客，曾
月花約港幣三百元購買洋書，可惜藏書都在上海淪陷時四散。[57]
他也到香港的別發書店訪書。[58] 在重慶時，他常單獨或與朋友到舊
書店和舊書攤。[59] 在蘇聯當大使時，他也常逛舊書店。[60] 在英國出
席聯合國大會時，傅秉常到 Foyles 書店看書，訪尋有關中國方
面之書籍。[61] 即使在留居巴黎、經濟最拮据之時，逛書店的興致
仍不減當年。[62] 到台灣後，當然更常到舊書攤訪書。[63] 傅秉常說自
己喜歡讀書是受伍廷芳、孫中山和唐紹儀等影響，說唐紹儀十分
好學，在上海和香港時，常與他往書店訪書。[64]《傅秉常日記》有
很多購書和讀書的記錄。他很喜歡閱讀報章和雜誌，中、英文也
有，並作仔細筆記，[65] 可見他有旺盛的求知慾。

55　《日記》，1946 年 1 月 16 日；《稿本日記》，1965 年 6 月 2 日。

56　《稿本日記》，1932 年 11 月 6 日。

57　〈我所知道的傅秉常〉；《稿本日記》，1932 年 10 月 13 日。

58　《稿本日記》，1932 年 7 月 6 日。

59　《稿本日記》，1940 年 1 月 30 日及 3 月 29 日；《日記》，1943 年 1 月 31 日。

60　《稿本日記》，1947 年 12 月 11 日。

61　同上，1946 年 1 月 23 日。

62　同上，1952 年 3 月 5 日。

63　同上，1959 年 11 月 20 日。

64　《傅秉常先生訪問紀錄》，頁 23。

65　如《稿本日記》，1965 年 7 月 14 日。

　　他也很喜愛聽音樂和看電影，中西皆然。在傅秉常的遺物中，有一個名為「粵曲」的文件夾，存放了不少歌詞，封面貼紙亦由他所寫。[66] 這些歌詞是原唱片附送的，也有個別是手抄，惟似非傅秉常之筆跡，其中有白駒榮（1892－1974）、馬師曾（1900－1964）、薛覺先（1904－1956）、張月兒（1907－1981）、小明星（鄧曼薇，1912－1942）、新馬師曾（鄧永祥，1916－1997）、徐柳仙（1917－1985）、張蕙芳等，小明星的佔較多，[67] 他應該是小明星的歌迷。文件夾中也有流行曲之歌詞，如周璇（1920－1957）《銀花飛》和吳鶯音（1922－2009）《玫瑰我為你陶醉》等，也有京劇歌詞如程硯秋（1904－1958）《鎖麟囊》等。[68] 1946 年在印度旅次，傅秉常「在印人所開設之唱片店購得廣東唱片不少」。[69] 他與許多伶人認識，薛覺先妻子唐雪卿（1908－1955）便是他的好友。[70] 唐雪卿與傅秉坤及傅母麥氏亦相熟，她是麥氏的契女。[71] 日記中有很多傅看粵劇的記錄，1963 年，他往看《碧海狂僧》後，在日記寫道：「何非凡飾伍小鵬，鄭國［幗］寶飾葉飄紅，兩人唱做均佳。」[72] 另外，他也常看歌劇。[73]

　　可以說，傅秉常的興趣十分廣泛。

66　《傅錡華藏傅秉常檔案》，〈粵曲檔〉。

67　同上。

68　同上。

69　《日記》，1946 年 4 月 6 日。

70　《稿本日記》，1932 年 10 月 10 日及 1932 年 10 月 12 日。

71　此據傅德禎先生言。

72　同上，1963 年 10 月 11 日

73　《日記》，1943 年 3 月 12 日。

涉足官場

　　二十世紀初，香港經濟尚未十分發達，大學畢業生在香港發展機會有限，故傅秉常選擇北上就業。1916 年他自香港大學畢業後，即赴北平，因伍朝樞推薦他進北洋政府交通部當主事。居京一月，未有進交通部工作。未幾南下，在滬杭甬、滬寧兩路局當甲種學習員，為鐵路測量隊隊長。後為滬杭甬鐵路工程師副主任。在杭州居住至 1916 年底。1917 年舊曆正月，傅秉常在上海伍廷芳公館與何燕芳（1898 – 1963）結婚。[74] 何燕芳為傅秉常誕下兒子傅仲熊。[75]

　　傅秉常通過何燕芳之兄、中學和大學同學何永乾之介，得以認識何燕芳。何燕芳又名何瑞錫，洋名 Kitty，父親是香港聞人何啟（1859 – 1914），母黎玉卿，是何啟第二任妻子。據說黎玉卿有美國血統，生父曾在香港美國大使館工作，姓氏或為 Knight，故以黎為姓。[76] 傅秉常與何家來往時，何家兄弟中已有數人去世。[77] 何啟也是廣東南海人。傅秉常妾為宋瓊芳，是廣東花縣人，在香港出生和求學。[78]

　　何啟二姐何妙齡（1847 – 1937）的丈夫是伍廷芳。伍廷芳納

74　《中國文化界人物總鑑》，頁 536；《傅秉常先生訪問紀錄》，頁 11。

75　此據傅錡華博士所言。

76　同上。

77　《傅秉常先生訪問紀錄》，頁 9。

78　《傅秉常與近代中國》，頁 24。

有一妾，傅秉常稱之為「伍少奶奶」。[79] 伍廷芳喜研鬼神之學，其
子伍朝樞稱「先嚴輒謂，余年逾七十，研究靈學，為最樂事」，
「先嚴生時，素主張火葬，以為人死惟靈魂不滅，所遺者為塊然
無知覺之形骸，其日久終歸朽敗」。[80] 據說他可以看見鬼魂，且能
通靈，[81] 即有所謂的「陰陽眼」。

　　電影人關文清（1894－1995）在一次午餐中與傅秉常和伍
朝樞同席。他如實記下傅秉常與伍朝樞當席討論伍廷芳信仰之
對話：

　　　　後來談話又轉到伍廷芳晚年靈魂學的研究。傅秉常問
　　　伍朝樞：「喂，朝樞，你係伍廷芳嘅仔，你信唔信有鬼？」
　　　伍朝樞用肯定的口吻答：「當然有啦！」[82]

　　可見伍朝樞對鬼神之說的看法，似乎也受到伍廷芳影響。
　　伍朝樞妻為何啟之第二女，傅秉常之妻則為第六女。[83] 伍廷
芳和何啟與香港有很深的淵源，也是中國近代化的先鋒。在孫中
山的政治事業上，兩人均予以相當助力。傅秉常通過與何燕芳結
婚，得以和香港兩個具政治名望的家族連繫上，以後對他晉身南
方政壇，幫助甚大。

79　《傅秉常先生訪問紀錄》，頁127。按，伍朝樞非由何妙齡所出。

80　不著撰人：《伍秩庸博士哀思錄》（缺出版地及出版社，1923年），〈哀啟〉，頁1－4。

81　鄭逸梅（1895－1992）：《逸梅小品續集》（上海：中孚書局，1934年），頁
　　96－97。

82　關文清：《中國銀壇外史》（香港：廣角鏡出版社有限公司，1976年），頁118。

83　《傅秉常先生訪問紀錄》，頁10。

伍廷芳與傅秉常格外投緣，皆因兩人均在香港長大，有共同的文化背景。1917 年，傅秉常在鐵路局上班，每天很早便下班，故常往伍廷芳的觀渡廬，與伍廷芳下棋。伍廷芳原有中文秘書和英文秘書各一。後英文女秘書結婚請辭，伍廷芳請傅秉常接替工作。[84] 可見伍廷芳對他的英文程度相當有信心，傅秉常亦稱「平日伍先生對余所擬英文稿件甚少更動」。[85]

傅秉常經常借閱伍家藏書，以便在上下班途中閱讀，又常請伍廷芳指點為學之道。後中文秘書亦辭職，傅秉常也兼任之，每天下班後即趕往伍家，在觀渡廬晚餐，直至晚上九時始回家。傅秉常回憶說，伍廷芳講解法律問題，十分詳盡，往往達二三小時。[86]

伍廷芳對傅秉常影響相當大。傅秉常從未唸過法律學位，以後能從事法律條文之起草，除刻苦自學外，伍廷芳的指導亦相當重要。傅秉常謂：「伍先生並曾指定有關國際公法等類之若干課本，囑令閱讀，並加考問。」[87] 伍廷芳又囑傅秉常細閱來往之外交文書，着他整理和分類，同時學習文書平行、上呈、下達的格式，信首如何開端、信尾如何收束之不同方法。[88] 傅秉常得受伍廷芳親炙，為日後的事業奠下堅實的基礎。

1917 年傅秉常加入國民黨。[89] 1917 年底至 1918 年初在母校聖士提反書院任教，當時表現較突出的學生有劉鍇（1907–

84　同上，頁 11。

85　同上，頁 23。

86　同上，頁 11–12。

87　同上，頁 25。

88　同上，頁 24–25。

89　同上，頁 15。

1991）和周錫年（1903－1985）等。[90] 劉鍇是國民政府外交官，對傅秉常關懷備至，常予以各種幫助。[91] 傅秉常謂：「余對渠愛護有逾骨肉，彼對余亦如事父兄。」[92] 周錫年來自香港望族，是廣東東莞人，1923 年畢業於香港大學，與傅秉常有校友之誼，後來擔任行政與立法兩局議員，曾任香港華人銀行董事長兼總裁等職。[93]

1918 年 8 月廣州軍政府改組，伍廷芳任七總裁之一。伍朝樞為外交部次長兼軍政府總務廳長。傅秉常則任廣州軍政府總務廳印鑄科長，負責管理關防和勳章等，同時兼任外交部秘書。[94] 此職是傅秉常涉足外交之始。

1918 年 12 月，傅秉常隨伍朝樞等在香港出發，赴歐出席巴黎和會（Paris Peace Conference）。傅秉常是中國代表團秘書之一。而這個代表團是由南、北政府組成的。南方的代表是王正廷（1882－1961）和伍朝樞，北方則為陸徵祥（1871－1949）、顧維鈞（1888－1985）和施肇基（1877－1958）。北方代表團藉口伍朝樞遲到，故改以魏宸組（1885－1942）代替，廣州軍政府為此對王正廷不滿。郭泰祺（1888－1952）和陳友仁（Eugene Chen，1878－1944）則為南方之顧問。[95] 當時南、北雙方因位次和排名發生意見，「以致陸子欣（按，陸徵祥）謂彼將跳樓自

90　同上，頁 12。

91　如傅秉常替其弟傅秉坤在港謀職事。見〈劉次長來電〉，1946 年 6 月 29 日發，《傅錡華藏傅秉常檔案》，〈電報文件檔〉。

92　《日記》，1946 年 3 月 29 日。

93　〈本港知名人士周錫年病逝長期臥病終年八十二歲〉，《大公報》，1985 年 12 月 1 日

94　《傅秉常先生訪問紀錄》，頁 12。

95　同上，頁 13。

殺」。[96] 在巴黎和會中，有關山東問題的取態，北方政府主妥協，而南方則主強硬應對。孫中山和伍廷芳均發電予出席巴黎和會的代表，勸他們拒絕簽字。南方則恐怕陸徵祥偷往簽字。[97] 傅秉常謂陸徵祥在「巴黎和會時，彼任北京政府外交部長，是以巴黎中國代表團，彼任總代表。當時余等以其態度稍軟，對之不滿。此係其一生稍可批評之事」，[98] 可為佐證。巴黎和會完結後，傅秉常等在 1919 年 7 月離開法國返國，途經英國和美國，並在同年秋抵廣州。[99]

96　《日記》，1946 年 9 月 5 日。

97　《傅秉常先生訪問紀錄》，頁 13－14。

98　《稿本日記》，1949 年 1 月 26 日。

99　《傅秉常先生訪問紀錄》，頁 14。

第二章

嶄露頭角

伍先生亦愛談如何做外交官。伍先生以為外交官之道德品格最重要，外交官應切記其職務與尋常官吏迴異。尋常官吏如犯錯誤，只有少數人受害，外交官如稍有錯失，往往舉國受害，故外交官應極其謹慎小心。外交官更切忌與人爭功爭能。因一方成功，即為另一方失敗。如已獲寔利，猶誇耀成功，徒增對方憤恨報復之心理。如果某事係雙方合作成功，能將功勞歸諸對方，則對方必能長久感激。做外交官非一朝一夕之事，須有長遠眼光，不必爭一時之鋒頭。外交官個人功高名重，未必對國家有利。……伍先生常謂，第一等外交官能於問題未發生前設法消解，弭巨變於無形。第二等外交官是事件發生後能設法解決。至於既不能防患於未然，又不能補救於事後，則為末等外交官。

傅秉常回憶伍廷芳生前教誨，
《傅秉常先生訪問紀錄》，頁 26。

關餘之爭

　　孫中山的軍事力量一向薄弱，常要仰賴客軍之助；而客軍又只看糧餉，難言忠誠。軍政府之根據地為桂軍所佔據，自己的軍隊又遠在漳州，孫中山有壯志難伸之感。當時因伍廷芳為財政部長，負責分配關餘，[1] 故孫中山希望伍廷芳等在關餘的分配上，能惠及粵軍。所謂「關餘」，是指關稅扣除支付賠款之後的餘款，而廣東應得之關餘甚可觀。之前廣東方面成功取回鹽餘，令伍廷芳擔任軍政府外交部長時，得以藉此作為爭回關餘的理據。總稅務司得到外交團允許後，開始付給關餘。計自 1919 年 7 月至 1920 年 3 月，南方軍政府共獲撥給關餘六次，共逾港幣三百九十萬元。扣除軍費和政費開支，截至伍廷芳離開廣東為止，尚餘下逾港幣一百八十三萬三千元，這一筆錢以伍廷芳的名義存放於銀行。[2]

　　後來孫中山認為無法再與桂軍合作，故派人勸說伍廷芳離開，並一同辭去政務總裁一職。伍廷芳也覺桂軍不可靠，退意甚濃。伍廷芳離去後，廣州政府分別向上海和香港的英國法庭控告伍廷芳等，銀行存款即時被凍結。伍廷芳和伍朝樞留在香港處理官司，傅秉常則負責上海方面的訟事。香港方面敗訴，上海方面雖然官司輸了，但款項猶存，最後更成功提款。[3] 伍廷芳曾將港幣

1　《傅秉常先生訪問紀錄》，頁 15。

2　呂芳上：〈廣東革命政府的關餘交涉（一九一八～一九二四）〉，載呂芳上：《民國史論》（台北：台灣商務印書館股份有限公司，2013 年），頁 716–752。

3　《傅秉常先生訪問紀錄》，頁 15。

三十萬元關餘交先施公司董事王國璇，寄存於該公司。惟岑春煊
（1861–1933）等以武力壓迫先施公司，強行奪去。[4]

伍廷芳因法院判決，不能居於租界，先往杭州，後與傅秉常
同遊日本。[5]傅秉常一篇題為 "Visit to Shimonoseki"（〈馬關之
遊〉）的英文手稿，記載了當時訪日的一些片段，是有關傅秉常
最早的文獻之一。[6]原文不長，且為首次披露的歷史原件，十分珍
貴，現全譯如下：

〈馬關之遊〉

中國的政治鬥爭、廣州最近的種種情況，驅使伍廷芳
博士離粵，再加上港滬兩地關餘之官司，差不多把這位中
國老政治家弄得筋疲力盡。他真的很需要休息一下，故決
定與我同遊日本，稍事靜養。

在赴橫濱之途中，我們所乘搭之船 Monteagle 在馬關
停泊，補充煤炭。我們有數小時閒暇，參觀這一小港。

我們在 6 月 14 日（星期一）大約十二時左右在海關
碼頭登岸。看過赤間宮之後——這是一所專為那位不幸的
年幼君主安德天皇而建的寺廟。安德天皇與平家藩的命運
一樣，在壇之浦戰役之海戰中絕命——跟着有人引領我們

4　〈先施公司允交關餘〉，《香港華字日報》，1920 年 8 月 18 日；〈關餘問題之消息〉，
　　《香港華字日報》，1920 年 12 月 7 日。

5　《傅秉常先生訪問紀錄》，頁 15。

6　"Visit to Shimonoseki"（手稿），共 5 頁，1920 年 6 月。楊永安博士藏品。此文由
　　筆者翻譯。

到春帆樓，一間在寺廟左側的小旅館。這是一幢兩層的木建築，日本式，有一小花園維繞着。這就是中日馬關條約簽署之地！就是在這個地方，（清政府）給日本二億元，且將台灣這一大島和南滿給予日本！我們赤足步入這所房子——這是日本之習俗——有人引領我們到樓上的大廳。大廳平平無奇，牆上懸掛着幾幀老照片，一張是李鴻章，一張是伊藤（博文），其他則是二十五年前這個大廳以歐洲傢俬作佈置之照片。在地上，有幾個和式軟墊放在席子上，供人坐下。當時伍博士是李鴻章的首席秘書。我看見他指着一個地方，說這是李鴻章以前坐的位置，又指着另一個地方，說這是伊藤當時的位置，那是他當時的位置；又或指着一個房間，說這是伊藤當時坐的位置，以及伊藤告訴他，自己如何藏匿於手推車當中，潛赴英倫等等。我對這些都非常感興趣。我們如日本人之方式坐在軟墊上數分鐘，未久我便覺足踝疼痛，於是提議離去。

下一站我們參觀引接寺。在議約時，李鴻章一眾人等下榻該寺。一個僧人引領我們至一座在廟堂後面的小建築物。該小建築物有數間房，佈置都是日式的。伍博士說，與他上次離日時所見，無甚改變。他又帶我看李鴻章的客廳，與及他在議約時逗留了四十日的房間。我們離開引接寺。回船時差不多是下午五時。不久我們起程往神戶。[7]

7   "Visit to Shimonoseki."

Visit to Shimonoseki

The political struggles in China during the last few years, the recent state of things in Canton, his departure from there, & the law suits in Hongkong & Shanghai over the Customs Surplus funds has almost tired out the old Chinese politician Dr. Wu Ting-fang. He needed a rest badly & decided to go with me to Japan for a rest.

En route to Yokohama, our boat "Monteagle" stopped at Shimonoseki for coal & we had several hours for seeing the small port.

We landed at about 12 a.m. on Monday June 14th at the Customs Jetty. After seeing the Akamagū, a temple dedicated to the unfortunate infant Emperor Antoku-Tennō, who shared the fate of the Taira clan at the fatal sea-fight at Dan-no-ura, we were lead to the Shumpan-rō an inn & restaurant at the left of the temple. It is a small wooden house of two stories built after the Japanese style with a small garden around it. This is where the "Shimonoseki Treaty" between China & Japan was signed! this is the place at where two hundred million dollars, the big island of Taiwan, & South

第

一

章

嶄露頭角

3.

Manchuria were given to Japan!
We entered the house bare-footed,
being Japanese custom, & were
lead upstairs to a great hall.
The hall is a plain one Hanging
on its walls there are several
old photographs, one of Li Hung-chang,
one of Itō and several of the
hall itself when decorated with
European furnitures twenty-five
years ago. On the floor over
the mattings there are several
several Japanese cushions for
sitting. Dr. Wu was the first
secretary to Li Hung-chang at
that time and I was very much

4.

interested to see him pointing to a
place & said that it was the place
where Li Hung-chang used to sit,
and another, Itō and another
himself; or to a room & said
that it was the place where
Itō used to sit & tell him
about the former's going to England
by hiding himself in a barrow
etc. We sat on the floor for
several minutes in the Japanese
style, & soon afterwards I began
to feel pain at my ankles
& proposed to go off.
Our next place of visit was
Enjo-ji Temple where Li Hung-chang
and his party stayed during the

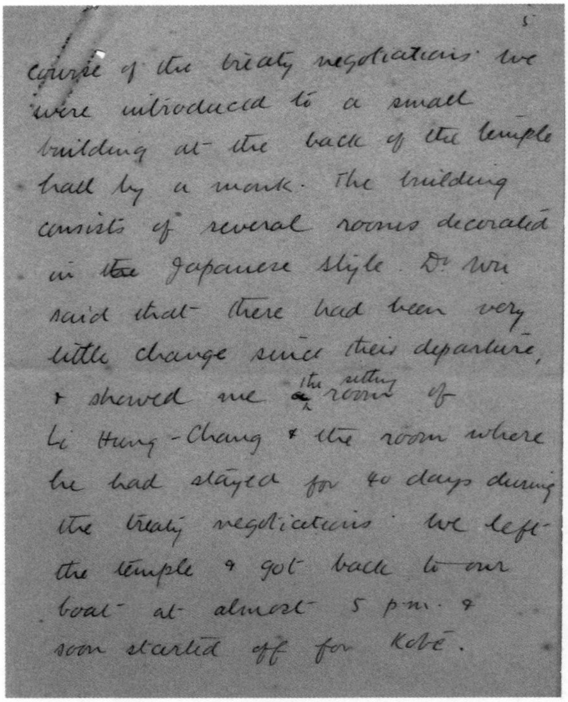

course of the treaty negotiations. We
were introduced to a small
building at the back of the temple
hall by a monk. The building
consists of several rooms decorated
in the Japanese style. Dr Wu
said that there had been very
little change since their departure,
& showed me the sitting room of
Li Hung-Chang & the room where
he had stayed for 40 days during
the treaty negotiations. We left
the temple & got back to our
boat at almost 5 p.m. &
soon started off for Kobe.

圖 2-1　傅秉常〈馬關之遊〉手稿（1920 年）。
楊永安博士藏品。

　　1920 年夏，上海方面發來電報，稱漳州粵軍即將開回廣
東，伍廷芳遂與傅秉常同返中國。到上海未久，孫科從香港發來
電報，促請派代表往香港。伍廷芳隨即派傅秉常代表外交部和財
政部赴香港。傅秉常經常與孫科等在香港的東京酒店開會，討論
事情的進展。粵軍到廣州後，孫中山和伍廷芳等南返，恢復軍政
府。[8] 傅秉常任瓊海關監督，兼管北海關事宜和兼任交涉員。[9] 傅秉
常稱當地「道尹制度取消未久，余兼管全島事務，形同特區長
官，友人笑呼為『海南王』」。他在島上從事普通行政工作。[10]

8　　《傅秉常先生訪問紀錄》，頁 19－20。
9　　《中國近代海關高級職員年表》，頁 812。
10　　《傅秉常先生訪問紀錄》，頁 20。

關餘一事之訴訟，一直沒完沒了。1922 年初，伍朝樞在致北洋政府外交總長顏惠慶（1877－1950）函中謂：「西南關餘在港涉訟一事，原告延緩多時。現敝處囑律師催促審訊，想不日可以開審。」伍朝樞指稅務司早已把關餘交西南政府，他稱「前者家父離粵，岑等不惜損失國體，起訴外國法庭。及粵軍回粵，岑等藉口統一，狼狽投降，並以控爭關餘一案，卸責北京」，而且「靳氏〔按，靳雲鵬（1877－1951）〕當事，甘為傀儡，不啻間接為彼報仇」。伍朝樞批評岑春煊等人只是假託統一之名義，又指「近觀東海〔按，徐世昌（1855－1939）〕江電，斤斤於籌維統一，即此可為不統一之明証」。伍朝樞指出，根據「香港訴訟通例，原告當然負親自到庭對質之責，屆時對簿外庭，果何所取？」故他希望北洋政府不要介入，將問題交回岑春煊自行處理。[11]

炮打總統府與孫中山返粵

1922 年 2 月傅秉常返回廣州，住在伍廷芳家中。伍廷芳稍後任廣東省長。[12] 6 月，陳炯明（1878－1933）炮打觀音山。

陳炯明在政治理念上與孫中山相忤。陳炯明支持省治，但孫中山一心只想統一中國。而且在管治方法和理念上，陳炯明與孫

---

11 《北洋政府外交部》，〈西南關餘事〉，中央研究院近代史研究所檔案館藏，館藏號 03-19-007-04-005。

12 《傅秉常先生訪問紀錄》，頁 20。

中山存在很大分歧。毫無疑問，孫中山深具感召力，不少志士仁人跟隨他從事革命活動，毀家紓難，在所不惜，惟可議之處亦復不少。周德偉（1902－1986）便認為「中山雖超越時流，惟其行動亦不能有百正而無一負」。他舉出一個事例，1917年，孫中山率領海軍南下護法和反對段祺瑞（1865－1936），但在不夠兩年的時間，又與段合作。[13]

在炮打觀音山前兩天，傅秉常乘車赴香港。其友黃強是陳炯明手下的軍人，邀他一同乘車。在車廂中，陳部諸位將領不斷批評孫中山。因為彼此是朋友，黃強着傅秉常在香港多留數天，提醒他不要在兩日內返回廣州。傅秉常到港後，覺事態嚴重，即日趕回廣州，與伍廷芳討論這事。伍廷芳認為不足採信。結果兩日後，陳炯明真的採取行動。[14] 伍廷芳亦在不久之後逝世。[15] 傅秉常致送輓聯云：「秩庸內姑丈大人千古：學術貫天人，是真大名垂宇宙。勳業震中外，豈徒遺愛在西南。外姪婿傅秉常鞠躬敬輓。」[16] 至於孫科，自陳炯明之叛後，他即離任廣州市市長一職。[17]

1922年秋，孫中山為了驅逐陳炯明和返回廣州，再次與客軍為伍。因此孫中山急需大筆款項，以作客軍的糧餉。剛巧香港商人楊西巖（1868－1929）和伍學晃願意提供款項，惟附帶若干

13　周德偉、周德偉先生回憶錄編輯小組編：《落筆驚風雨：我的一生與國民黨的點滴》（台北：遠流出版事業股份有限公司，2011年），頁158。

14　《傅秉常先生訪問紀錄》，頁21。

15　外務省情報部編：《現代中華民國滿洲國人名鑑》（東京：東亞同文會調查編纂部，1932年），頁105。

16　《伍秩庸博士哀思錄》，〈輓聯〉，無頁數。

17　《傅秉常先生訪問紀錄》，頁29。

條件。[18]

　　楊、伍二人均與伍朝樞有所關連。

　　楊西巖字蔚杉，廣東新會人，與伍廷芳是同鄉。楊西巖父親是香港富商。1896 年，楊西巖以附生資格隨伍廷芳出使美國，任使館之參贊。1898 至 1902 年間任檀香山領事，後改行從商。1905 年與同仁成立四邑工商總會，又加入同盟會。1909 年任廣東諮議局議員。辛亥革命後曾任廣東籌餉局主席等職。[19] 伍廷芳逝世後，楊西巖致送輓幛曰「靈魂千古」，自署「門生」。[20] 伍廷芳則稱伍學晃為「本家」，[21] 證明二人或有鄉誼、或有親戚關係。伍朝樞極有可能從中穿針引線，促成這次合作。

　　楊西巖和伍學晃同意提供一筆鉅款予孫中山回廣東，但附有條件。兩人對胡漢民相當厭惡，故提出以徐紹楨（1861−1936）為廣東省長，楊西巖和伍學晃則分別得財政廳長和鹽運使之「肥缺」。這些條件是孫科出面談判的，後得孫中山許可。[22] 據說楊西巖將他祖上遺下的香港三角碼頭抵押了數十萬元，才弄到這筆錢。[23] 太子派與資本家結納，擁護徐紹楨。因大本營財困，太子派控制之財政廳和市政廳需變賣官產，故受到各方批評。[24]

18　同上，頁 31

19　閔傑編著：《晚清七百名人圖鑑》（上海：上海書店出版社，2007 年），頁 645。

20　《伍秩庸博士哀思錄》，〈輓幛〉，無頁數。

21　〈伍學晃歡讌伍廷芳再誌〉，《香港華字日報》，1915 年 2 月 25 日。

22　《傅秉常先生訪問紀錄》，頁 31。

23　沈仲強、吳述彭：〈大元帥大本營時期的財政情況〉，載中國人民政治協商會議全國委員會文史資料委員會編：《文史資料存稿選編》（北京：中國文史出版社，2002 年），〈東征北伐〉，頁 578−580。

24　〈醞釀中之粵省政局〉，《香港華字日報》，1923 年 4 月 9 日。

楊西巖的政治名聲甚一般,時人稱他「官興甚高,識者早已憂之」,任內還經營鴉片。[25] 楊西巖和伍學晃聚斂甚深,楊西巖轄下之財政廳等變賣官產,引起大嘩。[26]

這些官產是指清代以來的地方公益事業,如祠堂、田地和廣州西關一帶的書院等。這些產業向由地方士紳承辦和統理,他們或將之出租,在經手時收取佣金。以後這些官產大部分都落入他們手中,以為漁利之資。冊籍契約亦在他們掌握之中。孫科因政府財絀,決意利用各種方法增加收入,其中一法是變賣這些產業。政府當然無法一一察知官產實際情況,故只能靠地方士紳自動申報。[27] 可以預期,這種方法成效極有限,士紳是既得利益者,豈願讓人分利?故另一方面,財政局僱用地方小混混和流氓,迫令士紳申報。財政局給這些人很多好處,如提供巨額佣金等,這樣的方法當然引來地方士紳之攻擊。[28] 廣州富人更討厭孫中山的政府。他日商團之事起,與此不無關係。

另外,孫中山為了延續自己的革命事業,亦希望得到列強如英國之助。孫中山 1923 年初訪港。傅秉常回憶,胡漢民在未卸任廣東省省長前,推薦他為兩廣交涉員。因孫中山即將訪港,惟香港方面阻止孫中山登陸之禁令仍未解除,是以胡漢民希望傅秉常透過其在香港的人脈關係,能在這事上幫忙。當時港督為司徒拔(Sir Reginald Stubbs,1876-1947)。[29] 周壽臣(1861-

25 〈查辦楊西巖之內幕〉,《香港華字日報》,1924 年 3 月 30 日。
26 〈醞釀中之粵省政局〉,1923 年 4 月 9 日。
27 《傅秉常先生訪問紀錄》,頁 47-48。
28 同上,頁 47-48。
29 同上,頁 35。

1959）及羅旭龢（Sir Robert Kotewall，1880－1949）是傅秉
常的世交。傅翼鵬和羅旭龢是生意合作夥伴，曾合作建築華人
行。[30] 因其伯父的關係，傅秉常認識許多香港名流。透過周、羅二
人之介，傅秉常往訪港督司徒拔。[31]

　　傅秉常向港督謂，香港與廣東有必要合作，否則對香港安定
繁榮有所障礙。聞言後，港督對與國民黨合作持開放態度，因此
不僅取消限制孫中山登陸香港的禁令，更一度擬招待孫中山住在
港督府。[32] 傅秉常這種說法，似難以令人相信。以他當時之地位和
年紀而言，不容易單憑三言二語，便能打動港督。更合理之說法
是，香港經歷過 1922 年之海員大罷工，[33] 經濟受到重創，港英政
府希望與廣東方面打好關係，故對廣東政府採和緩政策。陳福霖
亦指出，在 1922 年和 1923 年之際，孫中山在爭取英國援助和
訪港二事上，一直採取主動。他派出陳友仁與英國駐上海總領事
Sidney Barton 洽談兩次，表達希望在香港得到港督的接待，可
見傅說確有誇大之嫌。[34]

　　伍朝樞和傅秉常都被視為太子派。以下是有關太子派組成之
詳細分析。

30　〈港紳傅翼鵬昨晨逝世〉，《香港工商日報》，1936 年 9 月 18 日。

31　《傅秉常先生訪問紀錄》，頁 35。

32　同上，頁 35－36。

33　〈罷工風潮解決後餘聞港督致謝陸敬科〉，《香港華字日報》，1922 年 3 月 14 日。

34　Gilbert F. L. Chan, "An Alternative to Kuomintang — Communist Collaboration: Sun
　　Yatsen and Hong Kong, January - June 1923," *Modern Asian Studies*, 13:1 (1979),
　　pp. 127-139.

太子派的形成

太子派是一個以孫科為首的政治網絡（political network），[35]
亦稱「孫科系」。[36] 伍朝樞和傅秉常則是太子派的骨幹成員。伍、
傅兩人在政治傾向上，較為親英，[37] 這當然與他們的成長和教育背
景有關。在太子派下，集結了許多有放洋留學或曾在外國居住的
粵籍精英。正如下文所見，以籍貫言，多是香山、台山等，後來
亦有不少非粵籍精英加入。

太子派大約在 1918 至 1919 年左右冒起，[38] 本身並沒有甚麼組
織可言，[39] 其中成員的更替，亦因實際政治環境變化而有所改變。

當時人稱孫科為「太子」，有人認為是具戲謔成分的。孫科
之政治網絡被稱為太子派，一是因為他們當時的年紀比國民黨要
人年青得多，二是孫科和伍朝樞分別是孫中山和伍廷芳的兒子，
三是有公子哥兒之意。[40] 傅秉常也指伍朝樞生活奢華、豪賭，伍公
館有「不夜天」之稱。[41] 孫科當時形象較負面，時人將其「科」拆
去「禾」而為「斗」，故稱他為「阿斗」，把他比擬為蜀漢後主

35　Wong Chun Wai, "Hong Kong Merchants and the Chinese Nationalists — The Prince's Clique and Hong Kong Merchants,1918-1927," p. 22.

36　《現代中華民國滿洲國人名鑑》，1932 年，頁 70；野田豐：《支那！危局下の蔣政権と北支・蒙古の動向》（東京：野田經濟研究所，1935 年），頁 4。

37　"An Alternative to Kuomintang — Communist Collaboration: Sun Yatsen and Hong Kong, January - June 1923," pp. 127-139.

38　〈孫科太子派的成長史〉，《新聞雜誌》，1949 年第 92 期，頁 3 及頁 15。

39　〈太子派的離異與失勢〉，《中國新聞》，1948 年第 1 卷 12 期，頁 7。

40　〈讀者問題：孫科與太子派〉，《現代週刊》，1947 年復版第 54 期，頁 14。

41　《傅秉常先生訪問紀錄》，頁 38。

劉禪（207－271）。[42]陳銘樞（1889－1965）更批評孫科「向來是沒有肩膀的」。[43]這些評價，都難免以偏概全。其實孫科很早已提倡城市規劃。[44]他也熱心辦報和出版事業，曾協助創辦《天下月刊》（*T'ien Hsia Monthly*），該刊集結了許多英文程度優深的中國文人和學者如吳經熊（1899－1986）、温源寧（1899－1984）等。

　　傅秉常 1917 年與孫科認識。孫科曾說：「我兩人三十五年深交。在過去數十年中，彼（按，孫科）確視余有若親兄弟。」[45]傅秉常則說初次認識孫科是在 1917 年初，孫科時為國會參議院秘書。[46]傅秉常與孫科的友誼維持了四十八年，直至傅猝死前大半年，他都一直為孫科四出奔走。當時孫科因投資房地產失敗，欠下巨債，生活相當落魄，但傅秉常對他始終不離不棄。[47]傅秉常與孫科的關係極深。1951 至 1952 年間，孫科夫婦更曾寄居傅秉常法國家中。[48]1950 年代初，傅秉坤在香港亦與孫科有所往來。[49]至於伍朝樞，傅秉常在輓聯中則謂：「二十年憂戚相關，風義憶平生，姻婭（按，即姻婭）還兼知己感。數千里萍蓬再聚，危局期

42　蔣介石在日記中亦稱孫科為「阿斗」。參陳煒舜：《被誤認的老照片》（香港：香港中和出版有限公司，2017 年），頁 185。

43　陳銘樞：《陳銘樞回憶錄》（北京：中國文史出版社，1997 年），頁 89。

44　Michael Tsin, "Canton Remapped," in Joseph Esherick (ed), *Remaking the Chinese City: Modernity and National Identity, 1900-1950* (Honolulu : University of Hawai'i Press, 2000), pp. 19-29.

45　《稿本日記》，1952 年 2 月 28 日。

46　《傅秉常先生訪問紀錄》，頁 28。

47　如《稿本日記》，1964 年 3 月 20 日、1965 年 2 月 21 日。

48　同上，1952 年 2 月 23 日。

49　此據傅德楨先生言。

共挽，彌留獨抱濟時心。」[50] 傅秉常明言兩人是姻親兼知己。傅
翼鵬與傅金城亦有致輓聯謂：「公有棟樑之廈之才，奉使歸來齎
志以歿。我託菟絲附蘿之誼，臨表哀悼痛哭失聲。」[51]

孫科和伍朝樞對傅秉常的仕途曾起相當大的作用，兩者之
中，尤以孫科為要。傅秉常長期在立法院工作，主要是因為孫
科之助。[52] 而傅秉常在 1932 年出任西南政務委員會委員，則出
於伍朝樞之推薦。[53] 伍朝樞 1934 年 1 月在香港逝世。[54] 在伍朝樞
身故以後，傅秉常感念伍朝樞以往的恩情和戚誼，對伍朝樞子
女照顧有加。傅秉常在日記中謂：「慶培（按，伍慶培）派駐芝
加高（按，芝加哥）領館乙種學習員，俾其得赴美留學。二家
姊（按，何燕芳之二姊）電，請我將護照於十五以前辦妥。」[55]
1943 年，當傅秉常仍在外交部時，他安排伍慶培在芝加哥總領
事館任甲種學習員。[56] 在伍慶培出國一事上，傅秉常曾予以幫助。

孫科字哲生，廣東香山人，年青時長時間在夏威夷等地生
活，先在加州大學柏克萊分校（UC Berkeley）畢業，獲學士銜，
後在哥倫比亞大學（Columbia University）得碩士學位。[57] 伍朝
樞字梯雲，廣東新會人，曾留學倫敦大學（London University）

50　陶履謙編：《伍梯雲博士哀思錄》（缺出版地及出版社，1935 年），〈哀啟〉，頁
　　162。

51　《伍梯雲博士哀思錄》，〈哀啟〉，頁 163。

52　《傅秉常先生訪問紀錄》，頁 83−84。

53　《稿本日記》，1932 年 4 月 18 日。

54　〈伍朝樞已逝世〉，《工商晚報》，1934 年 1 月 4 日。

55　《稿本日記》，1941 年 9 月 2 日。

56　《日記》，1944 年 1 月 15 日。

57　天児慧等編：《岩波現代中國事典》（東京：岩波書店，1999 年），頁 669。

習律，在清朝時為二品蔭生。[58] 1931 年密蘇里大學（University of Missouri）曾頒榮譽博士銜予伍朝樞。[59] 伍朝樞的英文造詣極高，有稱「先生寫的英文的風格，更是博得人們的讚美」，「蓋先生的文筆，得一『潔』字，不用艱深的字面，不作假名『委婉』而大兜圈子的句子，即英文學家所謂"purism"之義」。[60] 據與伍朝樞接觸的日本人稱，伍頭腦明晰，有才學，是很有希望的外交家。[61] 有日本學者認為，傅秉常因與伍朝樞為姻親，故自然是太子派之一員。[62] 這一說法強調傅秉常之所以被視為太子派，是因為與伍朝樞之戚誼。

傅秉常稱自己在閱讀方面很受他二人之影響，謂伍朝樞讀書十分認真和深入，範圍很狹窄，只限法律和文學，但讀書讀得很仔細，也喜歡把眉批和分析寫在書上，「此點讀書方法對余影響甚大」。至於孫科，則在閱讀報紙和雜誌方面，他勤於讀報，傅秉常說以後看報不斷及作筆記，均是受孫科之影響。[63] 在傅秉常晚年的日記中，有許多閱讀雜誌的筆記，可證此言不虛。以往有關太子派的研究只言太子派中個別人物，對其他人卻都語焉不詳，[64] 現據當時的記載，重構太子派諸人物之生平如下：

---

58 陶履謙：〈伍梯雲先生行述〉，見陶履謙編：《伍梯雲博士哀思錄》（缺出版地及版社，1935 年），頁 5－9。

59 賈逸君：《民國名人傳》（長沙：嶽麓書社，1993 年），頁 307－308。

60 梁鋆立：〈國民政府外交史的一頁——悼伍梯雲先生〉，《東方雜誌》，1934 第 31 卷，第 3 號，頁 31－35。

61 鈴木一馬：《最近の支那事情》（大阪：大阪實業協會出版部，1925 年），頁 70－71。

62 浜田峰太郎：《現代支那の政治機構とその構成分子》（東京：學藝社，1936 年），頁 286－287。

63 《傅秉常先生訪問紀錄》，頁 27－28。

64 如高華：《多變的孫科》（香港：香港中和出版有限公司，2012 年）。

表 2-1　太子派／孫科系人物一覽表

按名字筆劃序，有＊者表示與傅秉常關係較密切者。

姓名	字	生卒年	籍貫	經歷
王崑崙 （王昆侖）		1902－ 1985	江蘇 無錫人	曾任國民黨第五期候補執行委員。1949年後留在中國。曾在中華人民共和國政府任中央人民政府政務會委員、北京市副市長等職。[65]
王漱芳	藝圃	1900－？	貴州 磐縣人	國立東南大學及黃埔陸軍軍官學校第一期畢業。1926年起任國民革命軍第一軍司令部秘書長。歷任國民黨漢口市黨部整理委員、浙江省黨部黨務指導委員等。1928年任國民政府交通部簡任秘書。後被選為國民黨第五期中央執行委員。[66]
吳尚鷹＊	一飛 （號 基聖）	1892－ 1980	廣東 開平人	早年在加拿大和美國生活。在俄勒岡州立大學（Oregon State University）修讀經濟學。1914年任廣東法政專門學校校長。1917年廣東政治參議院秘書。1924年在廣州市市長孫科下任市政府港務局長兼建設委員會常任委員。後為漢口郵政總局長、煙酒稅局長。1928年為國民政府外交委員兼立法院經濟委員會委員，又兼任中央地政籌備處主任。1931年任廣東國民政府財政部次長。1932年為西南政務委員會常務委員。1949年後在美國定居，在猶他州（State of Utah）卜翰陽大學（Brigham Young University）任教。1980年12月在美國加州逝世。[67]

65　《現代支那の政治機構とその構成分子》，頁287；〈西哈努克親王訪華前夕中柬友好協會已在北京成立〉，《大公報》，1960年12月14日；〈王昆侖昨病逝北京民革中央主席終年八十三歲〉，《大公報》，1985年8月24日。

66　《現代中華民國滿洲國人名鑑》，頁32；《現代支那の政治機構とその構成分子》，頁286。

67　《現代中華民國滿洲國人名鑑》，頁111－112；〈前國府立法院秘書長吳尚鷹在美國病逝〉，《華僑日報》，1981年2月1日。

（續上表）

姓名	字	生卒年	籍貫	經歷
吳衍慈	迺筠	1892－？	廣東番禺人	廣西優等師範學校畢業。歷任廣東省長公署秘書、大本營內政部科長、大總統諮議等。1927 年為國民政府交通部視察員和財政部秘書。1928 年為鐵路部秘書。1931 年辭職。[68]
吳經熊 John C.H.Wu	德生	1899－1986	浙江鄞縣人	中國著名法學家、翻譯家，曾撰 *Four Seasons of Tang Poetry* 等。1920 年上海東吳大學法學院畢業。後留學美國，1921 年以極優等成績自密西根大學（University of Michigan）得法學博士學位。後在法國巴黎大學（Paris University）、德國柏林大學（Berlin University）和美國哈佛大學留學。1924 年歸國，任東吳大學法學院教授。1927 年任同法學院院長。同年任上海公共租界臨時法院民事和刑事法官。1928 年被推舉為國民政府司法部編訂法典審查委員。同年任上海公共租界臨時法院刑事部長。1929 年任上海公共租界臨時法院院長代理。1930 年再任東吳大學法學院院長，並為上海公共租界工部局顧問。曾任國民黨第五期中央候補執行委員。吳經熊曾著《聖詠譯義初稿》。他晚年任總統府資政。1986 年 2 月 6 日去世。[69]

68 《現代中華民國滿洲國人名鑑》，頁 106。

69 《現代中華民國滿洲國人名鑑》，頁 107－108；《現代支那の政治機構とその構成分子》，頁 287；〈吳經熊博士去了留下了人生典範〉，《華僑日報》，1986 年 2 月 14 日。

（續上表）

姓名	字	生卒年	籍貫	經歷
吳鐵城 *		1888－1953	廣東香山人	生於富裕家庭，父親在九江經商致富。吳鐵城曾在日本留學。歷任廣東中山縣縣長、廣州公安局長兼廣東全省警務處長等。曾任上海市市長、國民黨中央執行委員會執行委員、國民黨中央執行委員會組織委員會主任委員、國民黨立法委員等。後與蔣介石接近。1953 年 11 月 19 日在台灣逝世。當時吳鐵城家人居香港北角繼園台。[70]
沈卓五		1887－？	浙江鎮江人	商人出身，曾任記者。1923 年創立中國通信社。1925 年創辦《中國晚報》。1927 年兼任財政部印花稅署長。[71]
胡學源		1893－？	安徽懷寧人	1924 年哈佛大學畢業，曾在芝加哥之銀行等當實習生。1926 年返國，任上海南洋大學教授。1927 年在孫科之武漢政府任交通部秘書，後為國民政府金陵關監督兼南京交涉員。1930 年為國民政府鐵路部秘書。1931 年辭職。[72]

70　吳鐵城：《吳鐵城回憶錄》（台北：三民書局，1971 年），頁 2、8；《現代中華民國滿洲國人名鑑》，頁 114；〈總統府諮政吳鐵城昨晨在台病逝吳夫人今赴台奔喪〉，《華僑日報》，1953 年 11 月 20 日。

71　《現代中華民國滿洲國人名鑑》，頁 254。

72　同上，頁 95。

（續上表）

姓名	字	生卒年	籍貫	經歷
胡繼賢	志道	1891－？	廣東番禺人	密西根大學畢業。歷任廣州嶺南大學教師、香港廣利洋行總經理、廣州市政府土地局長、粵漢鐵路管理局長、國民政府鐵路部財政司長兼滬寧、滬杭甬鐵路局長事務代理等。1931年在廣東國民政府任廣東省政府委員兼建築廳長。1932年辭任建築廳長。[73]
馬超俊 *	星樵	1886－1977	廣東台山人	香港南華學校畢業。後往日本留學。年青時參加孫中山的革命運動。早年曾從商。1923年為廣東兵工廠長。1924年為廣州特別市黨部執行委員會委員兼工人部長。1927年國民政府勞工局長兼勞動法典起草委員會常務委員。1928年廣東特別市黨部指導委員兼宣傳部長，後為廣東省政府委員兼農工廳長，又改任建設廳長。1929年為國民黨第三次中央候補執行委員。歷任國民政府立法院立法委員、中央訓練部秘書兼民眾訓導處主任。1930年國民黨中央黨部訓練部長。1932年任南京市長。1936年任中央勞工部長，又為國大代表。1950年為中央委員會評議委員。後為國策顧問。1977年9月19日在台北榮民總醫院逝世。[74]

73　同上，頁96。

74　〈太子派倒楣之與報復〉；《現代中華民國滿洲國人名鑑》，頁311；〈老革命家馬超俊逝世〉，《華僑日報》，1977年9月20日。

（續上表）

姓名	字	生卒年	籍貫	經歷
張惠長 *	錦威	1899－1980	廣東香山人	張惠長早年在美國的飛行學校畢業。追隨孫中山之後，張惠長協助創立空軍。歷任航空隊隊長、航空署署長和空軍總司令等職。退伍後曾任國民政府駐古巴公使、立法委員和中山縣縣代表等。1980 年 7 月 20 日病逝於台北耕莘醫院。[75]
梁寒操 *	均默	1899－1975	廣東高要人	廣東高等師範畢業。1927 年國民政府財政部參事。1928 年當孫科任鐵路部長時，梁寒操任鐵路部簡任秘書。1929 年由鐵路部參事晉升為鐵路部總務司長。1931 年再任鐵路部參事。1931 年與孫科南下，任廣東中央執監委員、非常會議秘書長。南京政府和廣東政府合作後，與孫科共同進退。當孫科任立法院長時，梁寒操為立法院秘書。1935 年被選為國民黨第五期中央執行委員。後轉投陳果夫（1892－1951）和陳立夫（1900－2001）陣營。在台灣時為總統府國策顧問、國民黨中央評議委員、中國廣播公司常務董事。1975 年 2 月 26 日在台灣逝世。[76]

75　羅翼群：〈西南反蔣的回憶〉，載廣州市政協文史資料研究委員會編：《南天歲月：陳濟棠主粵時期見聞實錄》（廣東：廣東人民出版社，1987 年），頁 80－99；〈革命元老空軍宿耆張惠長病逝台北〉，《香港工商日報》，1980 年 7 月 21 日。

76　《現代支那の政治機構とその構成分子》，頁 284；《稿本日記》，1955 年 12 月 16 日；〈黨國元老梁寒操生平〉，《香港工商日報》，1975 年 3 月 14 日。

（續上表）

姓名	字	生卒年	籍貫	經歷
陳君樸*	兆彬	1897－？	廣東 新會人	北京大學畢業。後進入廣東政府工作。1926年廣東政府交通部秘書、中央黨部青年部秘書。1928年南京《中央日報》總經理，又轉職為鐵路部秘書。1929年兼任鐵路部財政司司長。1930年辭本兼各職。1932年任廣九鐵路管理局長。後居台灣。[77]
陳策*	籌碩	1894－ 1949	廣東 瓊崖人	陳策因事截去一足，故號「獨腳將軍」。黃埔水師學堂畢業。早年加入同盟會。1923年為海軍攻防司令。1927年為海軍正司令、第八路總指揮部艦隊司令。1929年為國民黨第三次中央候補執行委員。1930年兼瓊崖警備司令。1931年在廣東任第一艦隊總司令，又為國民黨第四次中央候補執行委員。後為西南政務委員會常務委員、西南軍事委員會委員、西南執行部常務委員。1941年日軍侵港時，陳策為國民政府駐港代表，曾協助英艇上一批英軍突圍，惟英艇被擊沉，陳策等游水逃命，最後各人成功離開香港。英政府因陳策有功，授予KBE勳銜。陳策曾任廣州市市長、廣州綏署副主任等。1949年8月30日在廣州自宅逝世。[78]

77　《現代中華民國滿洲國人名鑑》，頁261；《稿本日記》，1959年7月28日。

78　《現代中華民國滿洲國人名鑑》，頁265；〈陳策昨晚病逝〉，《香港工商日報》，1949年8月31日；〈陳策遺體今日出殯卜葬穗市海軍墳場一批政要親自主持喪事〉，《香港工商日報》，1949年9月1日；陳策將軍追悼大會撰：《陳策將軍事略》（香港：陳策將軍追悼大會，1949年）。

（續上表）

姓名	字	生卒年	籍貫	經歷
陳劍如＊		1896－1966	廣東台山人	廣州府中學畢業後，十九歲赴北平讀書，進法政大學。時同鄉馬超俊籌組民間飛行學校，陳劍如與馬超俊往來甚多。1920 年陳劍如返廣州任記者，鼓吹革命。1922 年，陳劍如創立覺悟通訊社，在廣東和海外均負盛名。他亦曾參與工運。陳炯明叛亂時，陳劍如在報章大肆批擊陳炯明。1923 年陳劍如任廣州市黨部區委員。廣州商團事起，陳劍如率先在報章聲討商團諸領袖。吳鐵城任廣東公安局局長時，延攬他為公安局政治部主任。大元帥府派孫科赴東北與張作霖會晤，陳劍如任隨行秘書。後為大本營籌餉處長。1924 年孫中山扶病北上，陳劍如為行轅秘書。1925 年孫科任廣州市市長，委陳劍如為主任秘書。1926 年任交通部電訊學校校長。1927 年任財政部秘書。1928 年任廣東省黨部整理委員。1930 年為中央訓練部總務處長。陳劍如亦曾任立法委員。抗戰時任中央黨部黨務委員。勝利後任南京市社會局長等職。1947 年當選國大代表。1949 年後任特派員，經常穿梭於香港和台灣之間。1966 年 2 月 17 日因心臟病逝於台北。[79]

79　《稿本日記》，1959 年 3 月 19 日；〈廣東台山籍國大代表陳劍如台北捐館〉，《香港工商日報》，1966 年 2 月 26 日。

（續上表）

姓名	字	生卒年	籍貫	經歷
陳慶雲*	天遊	1897－1981	廣東香山人	生於日本。曾在日本接受中等教育。1914 年曾與陸孟飛等在英國經營飛行學校。後與張惠長等到美國的飛行學校學習。1917 年畢業。1917 年返國任大元帥府副官。後在陳炯明下任飛行隊長。陳炯明背叛孫中山後，他隨孫中山往上海。孫中山返粵後，陳慶雲任航政局長、公用局長等。北伐時在李濟琛（1885－1959）下任飛行隊長。後任潮州要塞司令和虎門要塞司令等職。1931 年兼任廣東公安局長，又為第四次中央候補執行委員。1931 年廣東方面與南京方面和解，陳慶雲北上。1932 年返廣東任陸戰隊司令。同年因陳濟棠（1890－1954）介入廣東海軍，離開廣東往香港。1981 年 12 月在美國逝世。[80]
陳興漢		？－1940	廣東香山人	曾任京滬、粵漢路總辦。與孫中山十分親近。孫中山死後，曾兩次換棺穿衣，均由陳興漢負責。陳興漢是孫家數代鄰人。1940 年 1 月 5 日在香港養和醫院病逝。[81]

80　《現代中華民國滿洲國人名鑑》，頁 261；〈陳慶雲將軍在美逝世〉，《華僑日報》，1981 年 12 月 17 日。

81　〈太子派倒楣之與報復〉，《香港華字日報》，1925 年 3 月 24 日；〈前粵漢等路督辦陳興漢昨逝世〉，《香港華字日報》，1940 年 1 月 6 日；劉禺生（1876－1953）撰，錢實甫點校：《世載堂雜憶》（北京：中華書局，1960 年），頁 162。

（續上表）

姓名	字	生卒年	籍貫	經歷
陳鐵珊		1899－？	廣東香山人	歷任廣州市電話局長、廣州市航政局長、廣州市金庫庫長。1927 年任國民政府財政部國庫司長。後為鐵路部駐滬辦事處長。1930 年該處取消，陳鐵珊辭職。[82]
黃湘	惠龍	1878－1940	廣東台山人	少年時習武，拜少林寺高手為師。後與兄長遠赴加拿大謀生。他是孫中山的衛士。1924 年為國民政府參軍長。1927 年任國民政府副官長。1929 年任總理陵墓拱衛處長。1940 年逝於香港，著有《中山先生親征錄》。黃惠龍是太子派的中堅份子。[83]
黃漢樑		1892－？	福建思明人	清華學校畢業後赴美留學，先後在密西根大學、普林斯頓大學（Princeton University）和哥倫比亞大學留學，1918 年返國，在銀行界工作，活躍於香港、上海和南洋。1923 年任香港和豐銀行香港分行行長。1930 年任國民政府鐵路部顧問，同一年擔任同部常務次長及英國庚子賠款委員會委員，1931 年曾任代理財政部長，1932 年離任。[84]

82　《現代中華民國滿洲國人名鑑》，頁 271。

83　《現代中華民國滿洲國人名鑑》，頁 128；《現代支那の政治機構とその構成分子》，頁 278；〈孫科太子派的成長史〉；徐友春主編：《民國人物大辭典》（石家莊市：河北人民出版社，2007 年），頁 1566。

84　《現代中華民國滿洲國人名鑑》，頁 127。

（續上表）

姓名	字	生卒年	籍貫	經歷
劉啟明 * （劉維熾）	季生 （號 維熾）	1892－ 1955	廣東 台山人	伯父劉祥為興中會會員。劉啟明從夏威夷大學（University of Hawai'i）畢業，在夏威夷加入同盟會，曾任檀香山《自由報》記者。在檀香山時與孫科為同學。回國後歷任廣東省公署秘書、廣東電話局長、廣州市財政局長、平漢鐵路局長、鐵路部業務司長、鐵路部次長、實業部次長、國民政府財政部鹽務署長。抗戰伊始，劉維熾奉國民政府之命令，出使美加，向當地華僑宣慰和募捐，歷時一年。回國後任最高國防委員會經濟專門委員會主任。和平後劉維熾復任僑務委員會委員長，後為工商部長。1952年赴美。1955年2月逝於紐約。[85]
謝瀛洲 *	仙庭	1894－ 1972	廣東 從化人	法國巴黎大學經濟學碩士，同大學法學博士。1925年為廣東中山大學法科學長、廣東課吏館館長。曾在《現代評論》發表反蘇俄文章。後為國民政府考試院參事。1928年為司法行政部常務次長。兼任北平大學法學院長。1931年辭任。1932年任廣東省政府委員兼教育廳長。歷任廣東高等法院院長、司法部行政次長、廣東省政府秘書長、最高法院院長。1966年升為司法院副院長。1972年4月20日逝於台灣。[86]

85　《現代支那の政治機構とその構成分子》，頁285；《中國文化界人物總鑑》，頁688；〈劉維熾在紐約病逝〉，《香港工商日報》，1955年2月23日；《稿本日記》，1962年10月15日。

86　《現代中華民國滿洲國人名鑑》，頁145；《中國文化界人物總鑑》，頁764；〈司法院副院長謝瀛洲病逝〉，《香港工商日報》，1972年4月22日。

（續上表）

姓名	字	生卒年	籍貫	經歷
簡又文	永真	1896－1978	廣東新會人	簡又文號大華烈士，太平天國研究之權威。美國奧柏林學院（Oberlin College）學士、芝加哥大學（University of Chicago）碩士。歷任廣州嶺南大學教授、國民革命軍第二集團軍總司令部外交處長、國民革命軍第二集團軍前敵政治部主任、山東鹽運使、北京今是學校校長。1931 年任鐵路部參事。同年，國民黨分裂，隨孫科赴廣東任廣東國民政府秘書，又為廣東省政務委員。後赴南京。1934 年任立法院立法委員。1936 年在上海創立《逸經》半月刊，任主編，發表許多有關近代史的研究文章。簡又文又為大風社社長。後一直在香港定居。[87]

　　根據上表，可見被標籤為太子派的人具以下特點（但並非所有特點均有）：一，多有香港背景；二，曾在外國留學；三，曾在外國生活；四，曾在鐵路部或交通部工作，而孫科曾領導這兩個部門，何永乾亦曾任鐵路部調查專員[88]，當由傅秉常所引薦；五，主要是廣東人，且以香山和台山人居多；六，多生於 1880 至 1890 年代，在 1920 年代中葉，大約是二十多至三十多歲；七，1949 年後鮮有留在中國大陸者。另外，孫科、伍朝樞和傅秉常的子女全部在香港、台灣或海外生活。

87　《現代中華民國滿洲國人名鑑》，頁 70；《中國文化界人物總鑑》，頁 764；〈簡又文講太平天國婦女〉，《華僑日報》，1950 年 6 月 26 日。

88　〈鐵路部令第一七五九號〉，《鐵道公報》1930 年，第 112 期，〈部令〉，頁 1。

太子派的人物之間互有聯繫。馬超俊與吳鐵城諦交「肇自辛亥舉義之後」。[89] 陳策在民國初年與伍朝樞已是朋友，1922年後開始熟絡。[90] 伍朝樞和傅秉常更是連襟。梁寒操弟梁寒淡則是傅仲熊的私人教師。[91] 梁寒操在輓傅秉常聯謂：「纔玉山遊罷歸來，誰料竟成千古別。從珠海訂交到老，不堪追溯卅年情。」[92]「卅年」二字只是為了符合音節，兩人相識超逾三十年。

太子派在孫中山在生時有相當力量。在國民黨第一次全國代表大會中，孫中山指定孫科為國民黨中央執行委員。而在所選出的中央執行委員當中，與太子派直接和間接有關連的有執行委員覃振（1885－1947）和石青陽（1879－1935）、候補執行委員茅祖權（1883－1952）和傅汝霖（1895－1985）、監督委員鄧澤如（1869－1934）等。[93] 1930年代，太子派人物多集中在立法院。

國民黨在改組容共之後，廣州市黨部由孫科的派系主理。孫科是組織部長，謝瀛洲是青年部長，吳鐵城是工人部長，傅秉常則是商人部長。[94] 太子派在廣州時，南隄小憩俱樂部是他們活動的中心，伍朝樞、孫科、傅秉常和吳鐵城等常在此聚餐和聯誼。[95] 時人也知道南隄小憩俱樂部是官僚的俱樂部，與南園酒家為鄰。南隄小憩俱樂部由《廣州英文粵報》（*The Canton Gazette*）的李

89　馬超俊：〈鐵城先生與我──悼念華僑協會吳故理事長〉，載《吳鐵城回憶錄》，頁170－177。

90　《伍梯雲博士哀思錄》，1935年，頁27－28。

91　此據傅仲熊先生言。

92　《司法院傅故副院長秉常先生紀念集》，頁50。

93　《現代支那の政治機構とその構成分子》，1936年，頁279。

94　《傅秉常先生訪問紀錄》，頁115。

95　同上，頁41。

才兼管，[96] 李才曾組織國聞通訊社，[97] 傅秉常也認識他。

元老派以胡漢民等為首，與太子派對抗，文華堂是元老派的根據地。太子派人才缺乏，大部分太子派均年輕無經驗，難與元老派競爭。傅秉常提醒孫科，如要維持太子派之力量，最好能與胡漢民等合作，如此法不通，則應積極延攬人才，以為臂助。伍朝樞聽從傅秉常之提議，與孫科和傅秉常同往晉見孫中山，請求恢復外交部。伍朝樞即為外交部部長。[98] 此舉是要擴大太子派的勢力範圍。

傅秉常又建議招葉恭綽（1881－1968）襄理財政。葉恭綽，字譽虎，廣東番禺人，晚清時在京師大學堂學習。民國成立後歷任交通部路政司長、交通銀行總理、代理交通次長等，1920 年為靳雲鵬內閣代理交通總長，1921 年為梁士詒（1869－1933）內閣交通總長。[99] 他是交通系骨幹成員之一，與梁士詒關係極密切。傅秉常是在巴黎和會時與其認識的。孫科得悉傅秉常與葉是相識，故請傅秉常與孫中山談，且有意一併邀請梁士詒。結果葉恭綽和鄭洪年（1875－1958）均願往廣州，惟梁士詒最後沒有接受邀請。[100] 葉恭綽和鄭洪年分別出任大本營財政部長和財政部次長。[101]

96　《中國銀壇外史》，頁 117－118。

97　《稿本日記》，1948 年 12 月 3 日。

98　《傅秉常先生訪問紀錄》，頁 39。

99　《中國文化界人物總鑑》，頁 618－619。

100　《傅秉常先生訪問紀錄》，頁 39。

101　同上，頁 40。

　　《傅秉常先生訪問紀錄》畢竟是傅秉常的自述，難免有誇大自己貢獻的地方。事實上，葉恭綽和鄭洪年赴粵，主因是直系欲謀害梁士詒，而葉恭綽等又在華北政壇失勢。1923 年 5 月山東臨城發生盜劫火車案，曹錕（1862－1938）「欲借此案構陷先生（按，梁士詒）」。梁自北方返，定居香港，葉恭綽和鄭洪年緊隨其後赴港。當時「有識之士目擊直系禍國，亦多趨西南，有以自效」。張作霖（1875－1928）和盧永祥（1867－1933）均與梁士詒有所聯繫，「孫中山且欲邀先生共襄國事」，「先生以身在局外，尤易聯絡，因允以葉、鄭二氏佐之」。[102] 這記載出於梁士詒弟子之手，當為信史。

圖 2-2　葉恭綽、鄭洪年聯名所發
　　　　之宴帖（年份不詳）。
　　　　楊永安博士藏品。

102　鳳岡及門弟子（岑學呂，1880－1963）編：《民國梁燕孫先生士詒年譜》（台北：台灣商務印書館，1978 年），頁 735。

又傅秉常回憶曾向孫中山提議，邀請唐紹儀合作，[103] 此說法亦不太可信。蓋唐紹儀貴為前清高級官僚，又曾任民國首位國務總理，是政壇舉足輕重的人物，孫中山如要擴大自己的力量，不會沒有察覺他的重要性，且兩人都是香山人，有同鄉之誼，自然容易說話。故孫中山邀請唐紹儀合作，或非出於傅秉常之建議。

粵海關監督

孫中山香港之行完滿結束，返回廣州。孫中山論功行賞，孫科、伍朝樞和傅秉常因籌款有功，故分獲要職。傅秉常獲委任為大本營外交秘書，和兩廣交涉員兼粵海關監督。孫中山又委任伍朝樞為外交部部長，孫科為廣州市市長。[104]

傅秉常稱：「中山先生之設置外交秘書乃仿傚英國之習慣，外交大臣即為英皇之外交秘書，故大元帥之外交秘書實即大本營之外交部長。」[105] 這說法似有誇大之嫌。孫中山一方面為了酬庸，另一方面為了保持政治體面，經常濫發官位。孫中山為大元帥時，同時設有英文秘書郭泰禎、法文秘書韋玉（不是香港富商韋玉）、德文秘書朱和中、日文秘書陳群（1890－1945）等，更

---

103 《傅秉常先生訪問紀錄》，頁40。

104 "An Alternative to Kuomintang — Communist Collaboration: Sun Yatsen and Hong Kong, January - June 1923," pp. 127-139；《傅秉常先生訪問紀錄》，頁37。

105 《傅秉常先生訪問紀錄》，頁37。

甚者，還有監印秘書一職，[106] 因「大本營處境惡劣，事實上政令僅能下達廣州一隅之地」[107]，所以這些職位無大意義，不過是為了安插支持者，隨便給他們一個職銜而已。

1923 年，孫中山曾命傅秉常與港英政府接洽，借用土地專員。後聘德國人單維廉博士（Dr. Wihelm L. Schrameier），協助起草土地稅和土地登記法等。[108]

傅秉常就在這時首任粵海關監督。當時他年僅二十七歲。粵海關是中國南方最重要的海關之一，因粵省貿易頻繁，稅收至為龐大。當時中國海關由英國勢力把持，而粵海關是中國海關的重鎮之一，故粵海關監督常要與英人打交道。清代時委任的粵海關監督多為滿人或舊官僚。[109] 民國創立之後，情況有所改變，開始任用通外語的人當粵海關監督。傅秉常前後數任之粵海關監督多為精通英文的廣東人，且皆為一時俊彥，不少更具有香港背景。

梁瀾勳（1877－？），字慎始，廣東三水人，在香港皇仁書院接受教育，曾任清政府駐澳洲總領事等。[110] 梁瀾勳曾兩任粵海關監督，第一任之任期由 1916 年 10 月至 1917 年 10 月，第二任之任期由 1919 年 4 月至 1920 年 11 月。黃強緊接梁瀾勳第二任之任期，從 1920 年 11 月至 1922 年 5 月為粵海關監督。[111]

黃強之後是李錦綸（Frank W. Chinglun Lee，1884－

106　王棠原著，王頌威、黃振威主編：《革命與我》（香港：商務印書館〔香港〕有限公司，2015 年），頁 64。

107　《傅秉常先生訪問紀錄》，頁 47。

108　《傅秉常與近代中國》，頁 116。

109　《中國近代海關高級職員年表》，頁 832。

110　外務省情報部編纂：《現代支那人名鑑》（東京：外務省情報部，1928 年），頁 295。

111　《中國近代海關高級職員年表》，頁 833。

1956）。李錦綸為廣東台山人，母為德裔美國人。他生於紐約，先後就讀於紐約大學（New York University）和芝加哥大學，1906 年到中國，1911 年前後學曉中文，亦懂粵語，與孫科為至交。李錦綸為民國時期資深外交官，亦為教育家和牧師。他在 1922 年 5 月至 9 月為粵海關監督。後來曾出席開羅會議（Cairo Conference）等。[112]

李錦綸之後是劉玉麟（1862－1942）。劉玉麟字葆森，廣東香山人，是留美幼童之一，早年在上海廣方言館求學，後在美國 Andover 的 Philip Academy 留學。回國後曾任李鴻章的家庭教師，後為直隸後補道，旋為洋務局總辦兼北洋大臣洋務文案，清朝時曾為新加坡總領事和駐英公使等。民國創立後，續任駐英公使，未久辭職，後擔任兩廣鹽運使、廣東軍政府高等政治顧問和外交總長等職。劍橋大學曾在 1911 年頒發名譽文學博士學位予劉玉麟，[113] 足證劉玉麟與英方關係極佳。

以上四位，均有歐、美背景，接替劉玉麟的范其務則曾留學日本。范其務字志陸，廣東梅縣人，是客家人，曾在日本岩倉鐵路學校（Iwakura Railway School）留學。[114] 范其務曾三任粵海關

112　東京朝日新聞東亞問題調查會編：《最新支那要人傳》（東京：朝日新聞社，1941年），頁 204－205；黃義：〈李錦綸牧師事略（一八八四－一九五六）〉，載劉瑞滔編：《港粵澳名牧生平》（第一集）（香港：中華基督徒送書會，1975 年），頁 69－71；簡又文：《西北從軍記》（台北：傳記文學出版社，1982 年），頁 178；《中國近代海關高級職員年表》，頁 833。

113　《現代支那人名鑑》，1928 年，頁 350－351；《中國近代海關高級職員年表》，頁833；井振武著，天津市口述史研究會編：《留美幼童與天津》（天津：天津人民出版社，2016 年），頁 175－177。

114　《現代中華民國滿洲國人名鑑》，1932 年，頁 316。

監督，1923 年 1 月至 1923 年 3 月是首任。[115] 之後是傅秉常，任期是 1923 年 3 月至 1924 年 10 月。[116]

以年齡計，傅秉常當是前後數任中最年較的一個，在任期間，不過二十七、二十八歲左右。如此年紀能獲此重任，可見傅秉常才能非凡，當時《廣州英文粵報》對他有這樣的評價：「我們很高興向我們的讀者介紹一位風華正茂的年青人——作為交涉員，他迅捷自勵，很快便令人放心寄予厚望，交託重任」、「雖然年輕，傅交涉員處理外交事務手腕靈活，且具政治睿智。他經常親切迎人，但處事謹慎而不辭勞苦，將紛繁細務辦理得妥妥當當，令各有關方面都稱心滿意。當時兵禍連連，劫掠橫行，能有此成就，已屬得來不易。」又云：「如果要我們指出傅先生性格最優秀之點，我們會毫不猶豫地立即（向大家）宣佈：一是人緣好，二是向慕學術。他很好學，且常常發掘新知識。在不遠的將來，傅先生定必會在中國事務上扮演更重要之角色。」[117] 雖然《廣州英文粵報》是廣東政府的喉舌，[118] 但以傅秉常日後之成就來說，誠非過譽。

1923 年 3 月 21 日，孫中山令傅秉常與港英政府交涉，要求放逐陳炯明和黃強等離港，以免對廣州政府構成威脅。[119] 傅秉常在任期間，正值多事之秋。1923 年尾，孫中山欲收回粵海關，遂

115　《中國近代海關高級職員年表》，頁 833。

116　同上。

117　"Our Commissioner of Foreign Affairs"，原文是英文，由筆者譯作中文。

118　Kit-ching Chan Lau, *China, Britain and Hong Kong, 1895-1945* (Hong Kong: Chinese University Press, 1990), p. 218.

119　中華民國各界紀念國父百年誕辰籌備委員會學術論著編纂委員會主編：《國父年譜》（台北：中華民國各界紀念國父百年誕辰籌備委員會，1965 年），頁 1313–1314。

引來列強干涉。[120] 列強只採拖延政策，不願理會孫中山的訴求，因為他們均覺得，孫中山的政權生命短暫，隨時捱不下去。[121]

8 月，廣州各界反對沙面苛例，孫中山命傅秉常與英國和法國兩領事交涉，磋商多次，[122] 證明談判過程頗為艱鉅。

太子派中人因多來自商人家庭，所以普遍與廣州商人關係和睦。惟孫中山為了維持廣州的政府，積極開徵稅項，「廣州商界不但課稅極繁，而且往往預征〔徵〕稅至數年之後」。[123] 另外，孫中山招客軍至廣州，部隊炒雜成軍，毫無軍紀，極度擾民，故廣州商人欲武裝起來，保護自己的財產。[124] 廣州商人對孫甚厭惡。1923 雙十節，「衙署均慶鬧，惟商人寂然」。[125] 王棠（1890－1952）亦指孫中山「乃委李朗如同志充任公安局局長，以調劑商人與政府感情」。[126] 廣州商人與孫中山之惡劣關係是商團事件的導火線。陳廉伯（1884－1944）是商團事件的核心人物，他是廣東南海人，來自南海一個富裕家庭，後來當上廣州滙豐銀行買辦。傅秉常和王棠與陳廉伯都相熟，[127] 可惜二人都未能勸止陳廉

120　William Reynolds Braisted, *Diplomats in Blue: U.S. Naval Officers in China, 1922-1933* (Gainesville: University Press of Florida, 2009), pp. 23-29.

121　Donna Brunero, *Britain's Imperial Cornerstone in China : The Chinese Maritime Customs Service, 1854-1949* (London: Routledge, 2006), p. 57.

122　〈箋函各界聯合反對沙面苛例大會〉（交涉署稿），1923 年 8 月 11 日繕發。楊永安博士藏品。

123　《傅秉常先生訪問紀錄》，頁 49。

124　《吳鐵城回憶錄》，頁 135。

125　見《李仙根日記》，1923 年 10 月 10 日，王業晉主編；黃健敏、李寧整理：《李仙根日記・詩集》（北京：文物出版社，2006 年），頁 46。

126　《革命與我》，頁 92。

127　《傅秉常先生訪問紀錄》，頁 55－56；《革命與我》，頁 93。

伯之行動。此後傅秉常仍與陳廉伯有聯絡，傅秉常祖母去世後，陳廉伯兄弟亦有致送祭帳。[128]

事情是這樣的。1924 年 8 月，廣州商團領袖陳廉伯等為商團買了一批軍火。傅秉常亦承認「彼原曾正式辦妥報關手續，獲得許可」，「但軍校（按，黃埔軍校）缺乏槍械，該批軍械運抵廣州時，余即奉中山先生令，予以扣押，解送黃埔」。[129] 王棠亦謂「嗣因陳廉伯受人愚弄，有意與政府作對，希圖搗亂後方秩序」。[130] 似亦有同情陳廉伯之意。孫中山此舉，自是引起廣州商團不滿。當然，以陳廉伯的背景而言，難免令人懷疑，英國有份在幕後煽動商團起事。8 月 29 日，廣州代理英領事 Bertram Giles 警告傅秉常，如廣州政府攻擊廣州商團，英國海軍會立即採取行動。[131] 此舉更令人聯想到，英國是陳廉伯等背後的支持者。

結果吳鐵城等擊潰商團，陳廉伯等敗走香港。[132] 傅秉常在 10 月辭任粵海關監督一職，商團起事可能是原因之一。

海關徵稅與商界息息相關。海關監督如能熟悉商業運作模式，則自然能勝任愉快。傅秉常在粵海關之任內，曾有一次查悉數十間報關行瞞稅，收回罰款逾六萬元。[133]

當時中國海關的地位相當特殊，以英國人為總稅務司，海關雖隸屬於中國政府，但不是完全聽命於後者。總稅務司有很大的

128　《傅母李太夫人哀思錄》，頁 25 下。

129　《傅秉常先生訪問紀錄》，頁 55。

130　《革命與我：辛亥革命元勳王棠口述》，頁 92。

131　郭廷以（1904－1975）編：《中華民國史事日誌》（台北：中央研究院近代史研究所，1979 年），第一冊，頁 817。

132　《吳鐵城回憶錄》，頁 138。

133　〈我所知道的傅秉常〉。

力量，足以左右大局。許多海關高級職員，亦由英國人擔任。孫中山對於英國人管治下的海關，心中有恨。他曾在 1920 年 12 月譴責中國海關當局向外國進口商傾斜。[134] 孫中山對收回海關之決心越發堅決，傅秉常亦覺無達成孫中山的願望之可能，故毅然離粵赴港。[135] 孫中山起用羅桂芳接替傅秉常為粵海關監督。[136] 羅桂芳誇下海口，說可以在一星期內將稅關收回，否則甘願受罰。結果失敗告終，被胡漢民革職。[137] 羅桂芳掌粵海關監督一職僅有十餘天的時間。[138]

傅秉常第二次擔任粵海關監督時正值省港大罷工之時期，任期由 1925 年 7 月至 1926 年 6 月。[139] 傅秉常一向是國民黨中的溫和派，在省港大罷工初期，他與香港政府方面維持緊密聯繫。1925 年 9 月 3 日上午，傅秉常乘 S.S. President Cleveland 船從上海抵香港。港督司徒拔口頭通知傅秉常伯父傅翼鵬，請傅秉常以轉船往廣州之名義在香港登岸。傅秉常到埗後即往訪羅旭龢，告訴羅旭龢自滇軍被擊敗以後，他與伍朝樞和孫科返回廣州，他們強烈地主張，廣州政府所構想的罷工，應該只是一個維時三日的示威，可惜此事被十分反對港英政府的廖仲愷（1877–1925）打消。未幾，沙基慘案發生。之後廣州政府改組，胡漢民請傅秉

134　"Dr. Sun Yat-sen and the Customs: Adverse Criticism," *The North-China Daily News*, 29 December 1920.

135　〈孫文謀收回海關續聞伍朝樞傅秉常均離省〉，《香港華字日報》，1924 年 10 月 24 日。

136　〈交還關餘之滑稽辦法消息〉，《香港華字日報》，1924 年 10 月 31 日。

137　同上。

138　《中國近代海關高級職員年表》，頁 833。

139　同上，頁 833。

常當交涉員。傅秉常指出，其實他很害怕當外交秘書，留下來只是為了保存胡漢民的面子。傅秉常又表示他以官方名義向英國總領事發出的信函，全是奉命而發，非他自己本願。他和孫科都十分反對布爾什維克份子的活動。不久，他和孫科奉命前往北京，了解事情最新發展。兩人應馮玉祥（1882－1948）之邀，到北京與馮會晤，經過半天討論，馮向段祺瑞發出電報，指不應讓廣東陷入極端反英之中，故馮建議段祺瑞遵從孫科之建議，即應在北京舉行有關廣東事件之談判。孫科提議成立一個六人調查小組，三個代表由北京提名，另外三個代表由廣東提名，且廣東方面的三個代表可有權討論上海和通商口岸的情況。當孫科和傅秉常返回上海時，驚聞廖仲愷被刺殺身亡之消息，以及之後廣州陷入一片紛亂。原先他們不願返回廣州，但孫科和傅秉常討論事件後，認為其中一人應回去，於是傅秉常便從滬返粵了。回去後傅秉常會向孫科發電報，告知他廣州的最新情況。傅秉常計劃經澳門返廣州，並約定以匿名方式致函港英政府助理輔政司 M.Fletcher，報告他所看見的情況。此行傅秉常攜有一封十名在北京、有影響力的國民黨黨員之聯署信函，勸諭廣州方面應採溫和路線。傅秉常又指出，廣東人包括伍朝樞等，都已經由心底裏厭倦了當前之困局。傅秉常認為胡漢民之弟胡毅生（1883－1957）是行刺廖仲愷的主謀。他又指出，除了俄國人外，廖仲愷是策劃攻擊香港的靈魂人物，惟香港最大的敵人是鮑羅廷（Mikhail Borodin，1884－1951）。他也明確指出蘇聯在背後鼓動風潮，謂加拉罕（Lev Karakhan，1889－1937）曾去電鮑羅廷，指示鮑羅廷不可迫英國太緊，惟鮑羅廷拒絕跟從。加拉罕再電莫斯科，警告鮑羅

廷對英不可過激。[140]

1925 年 12 月，M.Fletcher 往廣州與汪精衛、宋子文
（1894－1971）、伍朝樞和傅秉常等會晤。他亦與英國駐廣州總
領事見面。M.Fletcher 從與各人的討論中，知道廣州政府很希
望儘快與港英政府回復友好關係，亦想儘快結束杯葛的行為，
然而廣州政府既不願意，也沒有能力遏止罷工委員會的活動。
他指出，廣州政府認為解決杯葛行為的唯一方法，是給予罷工
委員會一筆賠償，至於這筆款項之數目，則應由香港華商、廣
州商人和罷工委員會三方議定。[141] 1926 年 1 月 2 日，香港商
人赴粵談判代表團從廣州返港，無功而還。港督金文泰（Sir
Cecil Clementi，1875－1947）認為，廣州政府的阻延策略令
香港代表團無法達成任務。罪魁禍首是伍朝樞──伍背棄了與
M.Fletcher 之約定──導致代表團連與罷工委員會開會討論
也未能成事。[142] 金文泰也認為很難預測孫科的政策。據說孫科在
1926 年 1 月 6 日在從上海赴香港之 S.S. President Grant 船上發
表演說，謂：「如果國民政府是在北京的話，中國老早就向英國
宣戰。我相信，勝利必屬我方。」然而，當孫科 1 月 8 日在香港
接受 Hongkong Telegraph 通訊員之訪問時，孫科對金文泰表現
友善，並指出中英之友好關係應該更形鞏固，雙方的種種分歧和

140　CO129/489,Local Situation,R.E.Stubbs to L.S.Amery, 4 September 1925, Enclosure
　　　No. 8, pp. 174-175.

141　CO129/489,Canton Situation, Cecil Clementi to Secretary of State, 24 December
　　　1925, pp. 648-651.

142　CO129/492,Canton Situation, Cecil Clementi to Secretary of State, 4 January 1926,
　　　pp. 19-22.

錯誤印象等可以輕易理順。另外，孫中山女婿戴恩賽（1892−
1955）在香港透過羅旭龢密告金文泰，孫科返粵之目的是為了驅
逐蔣介石（1887−1975）和俄人出廣州。戴恩賽指這事後果可
以很嚴重，而且未必能成功，因為鮑羅廷和俄人在廣州擁有絕對
力量，不過在蔣介石的軍隊中，策反工作進行得很順利，當中很
多人會背叛蔣介石，惟吳鐵城騎牆，廣西省態度亦不明確，故孫
科等需一百萬元運動各方。金文泰推測，如果事情屬實的話，孫
科在 S.S. President Grant 船上發表之演說可能是掩飾他真正的
意圖。[143]

　　3 月 29 日，孫科往港督府拜訪金文泰。孫科謂他在上海收
到伍朝樞一個十分緊急的電報，促請他立即返回廣州。3 月 29
早上，孫科抵港，並打算在 30 日早上赴廣州。回粵後他會擔任
建設部長一職。孫科告訴金文泰，當時廣州政府最有力之人是
蔣介石，廣州政府中沒有共產黨人，而蔣介石也不是共產黨。
至於在粵之俄人，因為不滿共產主義在粵省的進展，與罷工委
員會密謀行刺蔣介石，企圖推翻廣東政府。蔣介石聞訊，將他
們擊敗。孫科又指汪精衛雖然仍是廣州政府名義上之領導人，
但健康欠佳，難以問政。孫科謂他完全反對在廣州之俄國顧
問，知道他們被趕走，感到高興。他亦反對罷工委員會，認為
它的存在是廣州政府的威脅，同時希望早日結束反英運動。金
文泰回答謂，港英政府不可能為罷工委員會提供任何賠償，但
同意為廣州政府的發展項目提供資金，安置失業工人。孫科表

143　CO129/492, Canton Situation, Cecil Clementi to to L.S.Amery, 15 January 1926,
　　　pp. 49-56.

示明白廣州和香港應維持良好關係，又反對北伐，認為廣州政府活動應局限於兩廣地區。金文泰總結兩人之會面，認為孫科看來對香港和英國都是非常友善的。[144] 可見孫科與傅秉常對英國的態度都很相似。

沙基慘案發生後，傅秉常亦曾主張與英國絕交。在省港大罷工時，所有貨物和船隻沒有罷工委員會同意，不得進出香港。傅秉常與蘇兆徵（1885–1929）合作，同意沒有罷工委員會批准不會發簽證。港督曾派周壽臣及羅旭龢到廣州與傅秉常會晤，希望傅秉常能幫忙，兩人謂傅秉常是香港大學的學生，其伯父又是在香港發跡，傅秉常應該出面協助，惟他堅決地拒絕了。[145] 傅秉常一向親英，而且是黨內溫和派，與香港又有諸多關係，這時作出如此強硬的表示，或係時勢所迫，並非出自真心。畢竟在革命政府一片反英狂潮底下，不表態是不行的。伍朝樞和孫科在省港大罷工中前後表現矛盾，一時一個模樣，表面看似難以理解，實際反映兩人在革命洪流之下，身不由己。

當時中英關係惡劣，香港經濟首當其衝，最受影響。1926年初，傅秉常從報章得悉粵海關稅務司命令封鎖廣東黃埔港口，而駐廣東外交使團亦同意此一安排。傅秉常聞此甚為駭異，欲查明真實情況如何。[146] 1926年3月20日，粵海關稅務司英人貝爾（Hayley Bell）與傅秉常會面，謂「省港罷工委員會之糾察

144　CO129/492, Canton Situation, Cecil Clementi to to L. S. Amery, 29 March 1926, pp. 306-312.

145　〈我所知到的傅秉常〉。

146　《北洋政府外交部》，〈封鎖粵海關事〉，中央研究院近代史研究所檔案館藏，館藏號 03-19-012-03-001。

隊將未經海關查驗完稅貨物截留數起」，故擬於 3 月 22 日起，停止簽發出入廣州起卸貨物之憑證。傅秉常認為這與封鎖廣州口岸沒有分別，即時向貝爾提出口頭反對，同時報告政府。傅秉常向貝爾表示，政府定有辦法解決這一問題，因此貝爾不可停止起卸。豈料貝爾「置政府命令及廣東三千萬人民利害暨國際商業於不恤」，在 3 月 22 日完全停止發出貨物起卸憑證。貝爾這一舉動，引起全省哄動，差一點釀成重大事故。[147] 伍朝樞指出，「查此次廣州罷工決定，單獨對英國」，故令英國在華南之商務，受到沉重的打擊。香港與廣州為鄰，「所受痛苦尤為劇烈」。英國知道無法單獨面對這樣的困局，因此欲利用海關問題，企圖令列國加入干涉的行列。[148] 伍朝樞和孫科在致外交總長王正廷的信函中指出，尚幸工團方面經政府勸導後，25 日已將截留貨物交還海關，使該稅務司沒有藉口，26 日照常驗放。信中謂：「香港、沙面之罷工，既為反抗英帝國主義者之橫蠻，而海關稅務司又適為英人，且係曾充英國軍官者，難保不再事挑釁。」故兩人請王正廷與蔡廷幹（1861－1935）商量，請總稅務司更調貝爾，另派一非英籍稅務司至粵。[149]

147　《北洋政府外交部》，〈粵海關停止起卸貨物事〉，中央研究院近代史研究所檔案館藏，館藏號 03-19-012-03-006。

148　〈粵海關停止起卸貨物事〉，館藏號 03-19-012-03-006。

149　《北洋政府外交部》，〈粵海關停止起卸貨物事抄送全卷藉明真相由〉，中央研究院近代史研究所檔案館藏，館藏號 03-19-012-03-010。

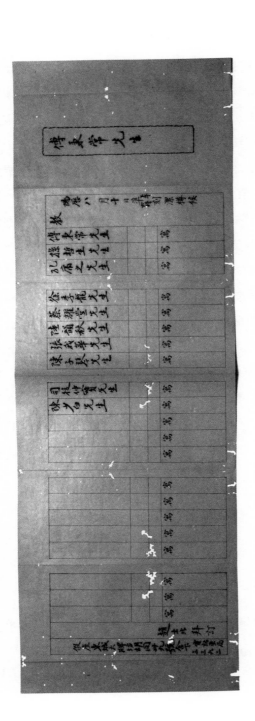

圖 2-3　趙士北致傅秉常之宴帖（1925 年）。

趙士北字子朔，廣東新會人，哥倫比亞大學博士，早年為同盟會會員。1912 年獲選為參議院議員，又任粵漢鐵路管理局長。1913 年任唐山工業專門學校校長。1919 年任廣東政府高等法院主席判事。1923 年任廣東政府大理院長。後為立法委員，是胡漢民支持者。（趙士北生平根據外務省情報部編：《現代中華民國滿洲國人名鑑》，東京：東亞同文會調查編纂部，1932 年，頁 248。）

當時趙士北在北京東城大牌坊胡同 39 號請宴。出席者包括傅秉常、孫科、孔祥熙（即孔庸之）、徐謙（即季龍）、蔡廷幹（即蔡耀堂）、陸韻秋、張我華、陳子琴、司徒仲實、陳少白。

楊承安博士藏品。

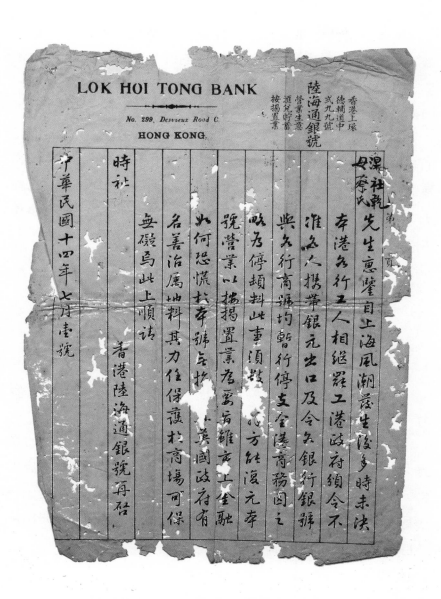

第一頁

LOK HOI TONG BANK

No. 299, Desvœux Road C.

HONG KONG.

陸海通銀號

香港上環
德輔道中
弍九九號

營業生意
匯兌貯蓄
按揭置業

澳社乾
母蔡氏
先生惠鑒自上海風潮發生後多時未決

本港各行工人相繼罷工港政府頒令不

准各人攜帶銀元出口及令欠銀行銀錢

與各行商號均暫行停支全港商務因之

略為停頓料此事須數月方能復元本

號營業以按揭置業為需自難戶上金融

如何恐慌本年拾此英國政府有

名善治屬地料其力佳保護於商場可保

無礙為此上順請 香港陸海通銀號再啟

時祉

中華民國十四年七月壹號

圖 2-4　陸海通銀號致客戶函，信函內容反映省港大罷工對香港之影響
　　　　（1925 年 7 月 1 日）。
　　　　筆者藏。

後傅秉常因受吳鐵城下獄所牽連，被免去粵海關監督一職。[150] 時為廣州市市長的伍朝樞亦奉到命令，限二十四小時內離境，市長之缺由孫科接任。[151] 這一次太子派中人受嚴重的打擊。因孫科是孫中山之哲嗣，才得以倖免。

值得注意的是，當時外交事務仍由伍朝樞主持，傅秉常擔任的是輔助角色。傅秉常曾謂，沙基慘案發生之後，無論以伍朝樞、胡漢民及傅秉常自己名義發表之文件，其實均由他一人經手。[152] 傅秉常之言或有誇大之成分，但亦側面反映他在外交事務上，曾支援伍朝樞的工作。

孫中山逝世以後

孫中山在世時，實行聯俄容共。蘇俄對孫中山政府之影響力，維持了一段頗長的時間。

1925 年 3 月，孫中山逝世。胡漢民仍然以代大元帥的名義，攝理廣州政務。7 月國民政府改組。政治委員會選舉國府主席，胡漢民沒有出席，而出席的委員有十一人，故汪精衛得十一票為主席。傅秉常聞說，胡漢民事前不知道這一件事，或是出於汪精衛與鮑羅廷的精心佈局。[153]

150　〈傅秉常革職出走之省訊〉，《香港工商日報》，1926 年 6 月 4 日。

151　《吳鐵城回憶錄》，1971 年，頁 156。

152　《傅秉常先生訪問紀錄》，頁 58。

153　同上，頁 59。

　　國民政府改組以後，胡漢民任外交部長，伍朝樞任廣州市市長，孫科任建設部長。胡漢民與傅秉常商量，是否應該接受。傅秉常勸胡漢民應該接受，因為孫中山已經死了，前景充滿變數，大家應同舟共濟，而且伍朝樞任外交部長時，外交部設在交涉使公署三樓，外交部職員可由交涉使公署職員兼任，公務亦可兼管，副交涉使可協助外交事務，即傅秉常可替胡漢民管理外交部。[154]

　　沒多久，孫科與傅秉常奉政府命令北上，南返時，傅秉常等接廣州緊急電報，指廖仲愷遇刺身亡，傅秉常即返廣州。傅秉常認為汪精衛與鮑羅廷將事件發酵，意圖打擊胡漢民。胡漢民被迫前往莫斯科。1926 年春，胡漢民自蘇聯返，「故意往宿交涉公署樓上，有所期［企］圖」。傅秉常知道汪精衛容不下胡漢民，所以送胡漢民往乘海關船離開廣州。後來汪精衛也出走，鮑羅廷繼續排除異己，伍朝樞亦在排擠之列。在北伐前夕，傅秉常與伍朝樞離開廣州同赴上海，孫科則留在廣州，陳友仁接掌外交，胡漢民已先赴上海。[155]

　　1926 年夏，傅秉常暫住上海，「於廣州之政局，黨軍北伐，以至國共分裂，均未參與」。[156] 1927 年蔣介石清黨之後，蔣介石與胡漢民商量，打算在南京重組國民政府。胡漢民請傅秉常一同前往南京。胡漢民又請傅秉常到上海招伍朝樞進南京主持外交部，伍朝樞同意，但主張也邀請王寵惠（1881－1958）參與國民

154　同上。

155　《傅秉常先生訪問紀錄》，頁 60－61。

156　同上，頁 63。

政府的運作。蔣介石和胡漢民均表同意。以後伍朝樞負責外交，王寵惠則主掌法律。伍朝樞派傅秉常「駐部辦事，同時條諭，部長他適時，部內公事由余（按，傅秉常）代拆代行」。[157] 當時任職國民政府高官的廣東人不在少數。

寧漢合流之後，蔣介石短暫下野，孫科也到南京兼理財政。他請傅秉常兼任關務署長。[158] 後來蔣介石復出，傅秉常等意識到政海翻波，故他與孫科、伍朝樞、胡漢民等一同赴歐洲旅行，暫避風頭。傅秉常等在 1928 年 1 月起行，先往土耳其，一行人等亦曾往巴黎。傅在法國時與吳一飛同租住一旅館。[159]

1929 年，傅秉常的祖母去世。他在輓聯云：「嚴親棄養，當志學童年，不能待奉萱闈，予今忝列長孫，孝道多疏，痛背祖慈應倍罪。弱冠服官，叨全權公使，自愧遠遊宦海，此日得供薄俸，恩酬善教，奠陳尊爵有餘哀。」[160] 可見傅秉常已有相當成就。孫科在輓聯亦謂「有文孫為邦之彥」，蔣介石則曰「文孫報國原慈訓」。[161]

157　同上，頁 63–64。

158　同上，頁 65。

159　同上，頁 65–66。

160　《傅母李太夫人哀思錄》，頁 23 上。

161　同上，頁 8 上。

傅秉常的好友們

在太子派人物以外，傅秉常有不少好友。他們大部分都是廣
東人。王寵惠字亮疇，廣東東莞人，生於香港一個基督教家庭。
王寵惠是中國首屈一指的法學家，曾在日本留學，後在美國耶魯
大學得法學博士學位。[162] 他是虔誠基督徒。[163] 傅秉常在日記中常提
及他，以「亮翁」稱之。[164] 1928 年，二人在南京生活時，曾同住
同仁街一屋。[165] 二人之友誼一直維持到王寵惠逝世以後。1959 年
3 月，傅秉常尚往士林參加王寵惠逝世一週年追思典禮。[166]

傅秉常亦經常在日記中提到謝保樵（1896－？）。他是廣
東南海人。從清華學校畢業後赴美留學，獲約翰・霍金斯大學
（John Hopkins University）法學士及哲學博士，曾先後在北京
法政大學、交通大學、天洋北洋大學、廣東中山大學等任教。後
為國民政府外交部科長、鐵路部秘書兼中國航空公司秘書、國民
政府立法院編輯處長。[167] 他亦曾為國民政府駐泰國大使。[168] 可見
謝保樵活躍於外交界。至於他與傅秉常認識於何時，則無從稽考
了。可以肯定的是，早在 1932 年或以前，二人已經認識。[169] 以後

162 王紹堉著，謝政諭主編：〈王寵惠先生大事年表〉，載《碩學豐功：王寵惠先生資料
展暨紀念專刊》，（台北：五南圖書出版股份有限公司，2015 年），頁 171－175。
163 《稿本日記》，1957 年 4 月 24 日。
164 同上，1939 年 11 月 10 日、1940 年 1 月 2 日。
165 同上，1964 年 6 月 19 日。
166 同上，1959 年 3 月 15 日。
167 《中國文化界人物總鑑》，1940 年，頁 764。
168 〈謝保樵下月返國〉，《華僑日報》，1950 年 4 月 30 日。
169 《稿本日記》，1932 年 3 月 6 日。

二人維持了數十年的友誼。

吳述彭是傅秉常的世交，二人自幼便認識。傅秉常當瓊海關監督和粵海關監督時，吳是總務科長。當傅秉常是立法院外交委員會委員長時，吳是他的秘書。吳述彭因傅秉常之關係，曾任司法部民事科長等職。他在 1938 年往香港。[170] 吳述彭與傅秉常一家都認識。傅秉常在日記中云：「述彭自廣州來，與他及我的家人到淺水灣游泳。」[171] 1944 年前後返佛山，在利益號工作。[172] 戰後吳述彭之妾因生活無着，服毒自盡不果，請求傅秉常協助。[173] 吳述彭後在中國大陸生活，1964 年時在廣東居住。[174]

鄧召蔭（1893－？）字小任，廣東香山人，早年在美國留學。[175] 傅秉常等稱他為「鄧師爺」。[176] 1929 年，傅秉常祖母逝世，鄧召蔭撰寫了一篇很長的訃文。在文中，鄧召蔭稱自己「服官南都，不克躬親奠」，證明當時他在南京政府做事。[177] 鄧召蔭北伐前曾任財政部長。1949 年之後留在中國大陸。[178]

傅秉常鍾愛攝影和藝術，故認識許多畫家和攝影家。傅秉常很早便與畫家黃君璧（1898－1991）往來，在台灣時黃曾指

170 〈我所知道的傅秉常〉，頁 74－77。

171 《稿本日記》，1932 年 6 月 26 日。原文是英文，引用時由筆者翻譯。

172 《日記》，1944 年 9 月 9 日。

173 《稿本日記》，1948 年 1 月 18 日。

174 〈我所知道的傅秉常〉。

175 〈我所知道的傅秉常〉；《民國人物大辭典》，頁 2371。

176 《傅秉常先生訪問紀錄》，頁 81。

177 《傅母李太夫人哀思錄》，頁 2 上。

178 〈鄧召蔭等發表談話響應黃紹竑等八一三宣言表示願為新中國的建設而努力〉，《大公報》，1949 年 8 月 28 日。

導傅錦煊學習畫藝。[179] 劉體志（約 1893－1974）是賓夕法尼亞大學（University of Pennsylvania）牙科醫學博士，後在廣州和香港任牙醫，「對於攝影造詣尤深」。[180] 且有「攝影界元老」之譽。[181] 傅秉常約在 1910 年代至 1920 代初之間認識劉體志。1923年，傅秉常與潘達微（1881－1929）、陳耀祖、李仙根（1893－1943）、蔡俊三和羅植等在廣州合組攝影組織「景社」。[182] 傅秉常在日記中以 "Dr.T.C.Lau" 稱呼劉體志。[183] 傅秉常保留了一封劉體志寫給他的信，是邀請傅秉常替其著作寫序。該信云：

> 秉常先生：頃接上海良友公司來函，略稱弟之畫集，決於月底即須出版。前託台端代撰之序文一篇，倘承美意允諾，請〔……[184]〕回滬途中，在船上擬就，即由尊駕抵滬時，直接送北四川路良友公司伍聯德先生收便妥，毋庸待弟看過矣。諸承以拂，銘感良深。弟因今午前往中山港遊覽，未能來接[185]，至深抱歉。專此奉托，即頌政祺。弟劉體志親[186]啟，十二月十五。[187]

179　《稿本日記》，1932 年 3 月 30 日；《稿本日記》，1963 年 9 月 29 日。

180　劉體志：《X 光綫》（缺出版地及出版社，1949 年），封面；〈牙醫劉體志逝世〉，《華僑日報》，1974 年 3 月 7 日。

181　呂壽琨（1919－1975）：〈攝影界元老劉體志博士〉，《華僑日報》，1960 年 10 月 26 日。

182　《傅秉常與近代中國》，頁 118。

183　《稿本日記》，1932 年 4 月 23 日和 5 月 7 日。

184　原信這一部分蛀蝕破損。

185　二字似為「來接」。

186　似為「親」字。

187　〈劉體志致傅秉常函〉，〔1933 年〕12 月 15 日，楊永安博士藏品。

劉體志這本畫集是《美影集》，1934 年出版。[188] 由此推斷，這封信應在 1933 年寫的。

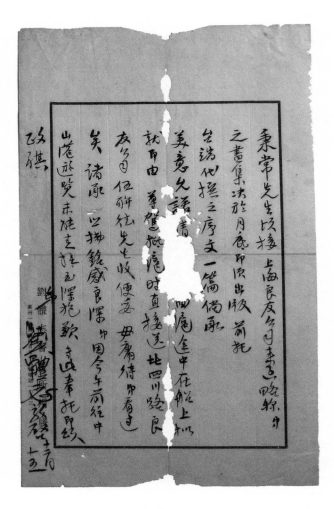

圖 2-5　劉體志致傅秉常函，其中談到《美影集》的序文（1933 年）。
楊永安博士藏品。

188　劉體志攝：《美影集》（上海：良友圖書公司，1934 年）。

攝影名家郎靜山（1892－1995）是傅秉常的好友。[189] 傅秉常在 1940 年之日記謂：「又五時曾與吳迺枂往新運會參觀郎靜山之影展。佳品亦不少惜選擇尚未盡善耳。」[190] 傅秉常到台灣後與郎靜山仍有連絡，而郎靜山亦認識劉體志。[191]

鋼琴家李獻敏亦是傅之好友。她以最高榮譽畢業於上海音專，獲鋼琴院士資格，又在布魯塞爾皇家音樂學院進修。後在巴黎求學。晚年在英國、法國和美國等地教授音樂。[192] 丈夫是著名鋼琴家 Alexander Tcherepnin。[193] 1946 年傅秉常在法國期間，常與李獻敏等晤面。[194]

立法之一章

傅秉常引以自傲的是他起草的《民法》。[195]

歐遊之後，傅秉常等返回中國。胡漢民居於上海觀渡廬。蔣介石往上海訪問胡漢民，並決定成立五院制之國民政府。蔣介石推薦戴傳賢、王寵惠和胡漢民起草《五院組織法》。惟因胡漢民

189　《稿本日記》，1940 年 4 月 4 日。
190　《稿本日記》，1940 年 4 月 16 日。
191　同上，1959 年 1 月 18 日。
192　〈名家李獻敏來月在大會堂主講「鋼琴的演譯與風格」〉，《華僑日報》，1982 年 11 月 12 日。
193　《日記》，1946 年 7 月 30 日。
194　同上，1946 年 8 月 22 日及 8 月 25 日。
195　《稿本日記》，1932 年 2 月 6 日。

事務太繁忙，多由傅秉常代為起草。而《五院組織法》主要由王寵惠和傅秉常完成。當時兩人同住一屋，工作十分緊張，早上與各人磋商討論，晚上則從事起草之工作。傅秉常經常在深宵被王寵惠推醒，繼續起草之工作。[196]

立法院人事安排是一件十分困難的事。因為各省、各特區和華僑均要有人參加，而邊疆地區至少要有一人。[197] 胡漢民在籌備立法院之初，曾與傅秉常討論。傅秉常提出兩點建議：一，人數不應太多，人多則雜，雜則有識之士不能盡其才。二，委員應包括三種人，第一，與國民黨關係密切的人，從而提升立法院在國民政府中的政治地位；第二，學有專精之人；第三，要考慮到地域平均分配份額。因此，立法院薈萃了許多精英人物。第一屆立法院成立之日，立法委員總額只有四十九人，其中分為法律、外交、財政、軍事和經濟五個常設的委員會。傅秉常是外交委員會委員長，兼《民法》起草委員會召集人。吳尚鷹也是《民法》委員會之委員。劉鍇等則是外交委員會秘書。[198]

立法院成立之後，傅秉常主動提出參與《民法》之起草工作。皆因當初胡漢民邀請傅秉常到立法院工作時，傅秉常堅持不參加外交委員會的工作。之前胡漢民與傅秉常等在國外遊歷，返國之時只剩伍朝樞獨留美國。伍十分不滿，曾寫信給傅秉常，語氣有責備之意。當時王正廷出掌外交，王正廷怕傅秉常協助伍朝樞返國，與他爭外長之位。宋子文與伍朝樞亦不和。傅秉常與伍

196　《傅秉常先生訪問紀錄》，頁 69。

197　《西北從軍記》，頁 184。

198　《傅秉常先生訪問紀錄》，頁 69-70。

朝樞為連襟，是以傅力圖遠離外交方面的是非。嗣後，傅秉常參與《民法》起草的工作，因為當時治外法權即將廢除，立法迫在眉睫，《民法》須在 1930 年公佈。起草之時，傅秉常時有念及伍廷芳有關《民法》起草的遺言。[199] 胡漢民初亦同意傅秉常所請，然而最後卻公佈傅秉常為外交委員會委員長。傅秉常責胡漢民不該如此，胡漢民向他解釋，立法院與行政院一定會發生衝突，而衝突必在外交和財政二方面。胡漢民預料到最終會有與蔣介石決裂之可能，因此需有熟人從旁協助處理。[200] 胡漢民的憂慮很快變成事實。

　　傅秉常在立法院期間，政府先後擬任命其為駐比利時公使和駐英公使，但因胡漢民反對，傅秉常均沒有接受。[201] 孫科曾勸傅秉常任比利時公使，皆因鐵路部在歐洲設有一採購代表，原應長駐英國，但如傅秉常願當比利時公使，可就近協助採購。如任採購代表，傅秉常可額外得月薪二千美元，及世界鐵路會員的資格，到各地旅行，車資和沿途飲食均是免費。可見孫科對傅秉常照顧有加。傅秉常本已打算接受，政府亦擬公佈，惟胡漢民反對，堅持傅秉常留在立法院。[202]

　　自民國創立之後，北洋政府仍沿用伍廷芳等所草之《大清律法》，因為國家一直處於動盪，直至五院成立之後始有另訂新法之意。[203] 傅秉常賡續伍廷芳在晚清時期的工作。伍廷芳在生時曾

199　《傅秉常先生訪問紀錄》，頁 70−71。
200　同上，頁 71。
201　同上，頁 71。
202　同上，頁 91。
203　《傅秉常先生訪問紀錄》，頁 73。

指導傅秉常法律知識。傅在起草工作上花了很多心血，因為傅秉常覺得國民黨之興起，代表一個新時代的來臨，在法律上應有所興革，以為社會進步之基礎；但追求進步的同時，不宜過分亢進和超前。伍廷芳曾習比較法，而比較法又可區分為「大陸派」和「英美派」。「大陸派」專門研究條文並比較異同；至於「英美派」則不單比較異同，同時亦要了解異同之原因，從歷史背景和社會狀況尋求解釋，方能明瞭異同之源頭。伍廷芳屬於後一派，因此傅秉常深受這一派學說的影響。[204] 傅秉常感到當時立法院缺乏相關人才，所以在編纂《民法》時，定下四個原則：第一，要顧及國民黨政策。第二，法律要體現時代精神，但又不能太激進。第三，條文不宜太複雜。第四，亦不可以太簡略。當時五人小組會面，由早至晚。各委員須在會議之前有所準備。史尚寬（1898－1970）負責德文、法文和日文法律資料，林彬負責中文方面的判例，傅秉常則負責英譯文之條文，即英文原文和德國、法國、瑞士和暹羅等國法律資料的英譯本。當時《民法》諸條主要由上述三人議定，另有兩位外籍顧問。起草時遇到不少困難，例如妾的地位問題。王寵惠在北京認為應承認立妾之地位，王世杰（1891－1981）則在南京強烈反對。傅秉常認為承認與否均有問題。如果承認，固與世界文化相違，會淪為各國之笑柄；如果否定，則與本國文化相違，定必引起強烈反響。[205] 這事與傅秉常有直接關係，因他自己也有妾侍。

　　結果大家決定將這問題分開兩部分解決。第一是妾本人之地

204　同上。

205　同上，頁75。

位，第二是妾所出子女之地位。關於第一點，傅秉常等增加一項謂「雖非親屬，而以共同生活為目的者，視為親屬」。至於第二點，在子女方面，中國人也承認庶出子女為兒女。在會議中，曾有女委員查問前述第一項所提到條文之真意。傅秉常解釋為中國之家庭往往供養守寡之伯母和嬸母，而此為良好之習俗，應該保留。此條通過時，胡漢民傳了一張紙條云「師傅偷雞」。[206]「師傅」是指傅秉常，因胡木蘭曾想過跟傅秉常學習攝影。[207]「偷雞」是廣東俗語，有取巧圖利之意。可見胡漢民也認為這樣的解釋頗為牽強。至於妾待所出之子女，則在認領非婚生子的條文下，增加「其經生父撫養者同」一句，由此即解決妾待所出子女的問題。[208] 另外，傅秉常等也考慮到追溯期的問題，他稱之為「有效期限」，皆因當時納妾之風盛行，委員憂慮髮妻藉此律例向丈夫索償，因此規定凡是事前已同意，或事後已同意，又或是已超過一定期限者，不可控告丈夫。[209]

在《民法》中，傅秉常等考慮到離婚的問題，規定可以在雙方同意下離婚。傅秉常指出，在歐洲某些地方，因受宗教傳統之影響，多採分居制，而事實上，分居比離婚更不好，因此傅秉常等在民法中未有採分居制。在這方面，他覺得雙方同意離婚比歐洲之民法更進步。[210]

---

206 同上，頁 75-76。

207 同上，頁 65。

208 同上，頁 76。

209 同上。

210 同上，頁 77。

ROTARY INTERNATIONAL.

ROTARY CLUB OF HONG KONG.

PRESIDENT:
SIR WILLIAM HORNELL.
VICE-PRESIDENT:
S. W. TSO.
HON. SECRETARIES:
L. C. F. BELLAMY,
PHONE, 26654.
B. WONG TAPE,
PHONE, 21245,
P. O. Box 402.
HON. TREASURER:
H. J. PERRIN,

MEETINGS—TUESDAYS; LUNCH AT 1.00 P.M.
LANE CRAWFORD'S RESTAURANT.
TELEGRAMS: "ROTARYCLUB".

DIRECTORS:
W. E. L. SHENTON,
ALLAN CAMERON,
CHAU YUE-TENG,
J. M. WONG,
WONG KWONG-TIN,
B. WYLIE.

No. 3.	MEMBER'S BULLETIN.	January 9th, 1931.

Last Meeting, Tuesday, 6th January, 1931:

Attendance: Present, Seventy-four members, eight visitors and guests.

Apologies were received from Rotarians T. E. Pearce, N. J. Perrin, J. Fleming, E. Stone and L. G. S. Dodwell.

A telegram was read from the Shanghai Rotary Club congratulating the President on his knighthood.

Rotarian W. E. L. Shenton addressed the members and on behalf of the Rotary Club of Hong Kong congratulated the President on the high honour recently bestowed upon him by the King.

In addition to Mr Bascom Johnson (Chairman) the following members of the Commission of Inquiry into the Traffic of Women and Children in the East also addressed the meeting:—

Dr. Alma Sundquist,

Mr. Carol Pindor,

and

Herr W. Von Schmieden.

Next Meeting:

Tuesday, 13th January, 1931.

Speaker:—The Hon. Foo Ping Sheung.

Subject:—"The New Chinese Civil Code."

Nominations.—The following nominations, having been passed by the Classification Committee and the Board of Directors, are before the Club for election. If any member has any objection to any of the following becoming members of the Club, such objections should be made in writing to the Hon. Secretary within ten days from the date of this Bulletin.

Name	Proposed Classification
C. Bernard Brown	Recreation—Racing.
Joseph W. Morris (Dollar Steamship Co.)	Additional Active Member.
T. H. King (H.K. Police)	do.

It was noticed at our meeting last Tuesday that groups of Chinese sat together and groups of non-Chinese sat together. The President regards this as undesirable and requests the members to assist in becoming acquainted with the fellow-members of the Club by seating themselves amongst members with whom they are less acquainted.

The following Committees have been formed:—

CLASSIFICATIONS COMMITTEE
Rotarian Gray, H. C. (Chairman)
„ Fleming, J.
„ Li Koon-chun
and Joint Hon. Secretaries.

COMMUNITY SERVICE COMMITTEE
Rotarian Powell, E. G. (Chairman)
„ Black, G. D. R.
„ Montgomery, J. H.
„ Wong Kwong-tin
„ Wellington, A. R.

FELLOWSHIP COMMITTEE
Rotarian Chow, Hon. Sir Shou-son (Chairman)
„ Cameron, A. (Deputy Chairman)
„ Bousfield, J. K.
„ Barrett, R. T.
„ Tang Shiu Kin
„ Li Tsz Fong

INTERNATIONAL COMMITTEE
Rotarian Robertson, R. (Chairman)
„ Arculli, A. el
„ Ho Tung, Sir Robert
„ Henry, J. E.
„ Shenton, W. E. L.

PROGRAMME COMMITTEE
Rotarian Shields, A. L. (Chairman)
„ Chau, T. N.
„ McPherson, J. L.
„ Wylie, B.
„ Shellshear, J. L.

Printed by South China Morning Post, Ltd., Hong Kong.

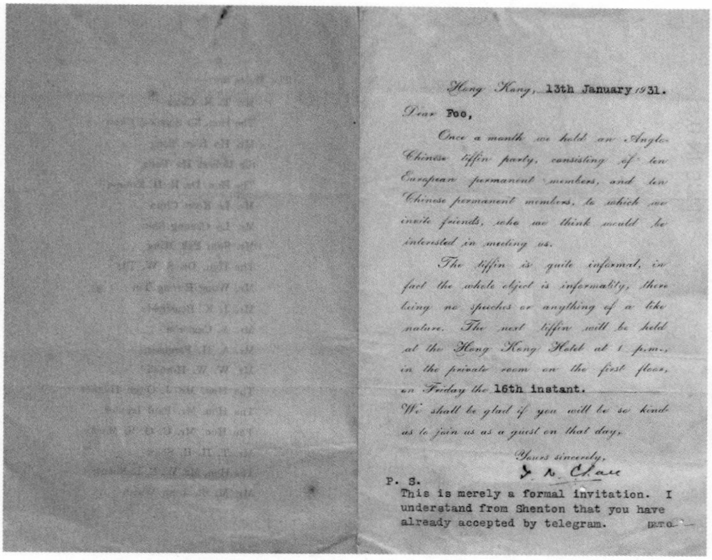

Hong Kong, 13th January 1931.

Dear Foo,

Once a month we hold an Anglo-Chinese tiffin party, consisting of ten European permanent members, and ten Chinese permanent members, to which we invite friends, who we think would be interested in meeting us.

The tiffin is quite informal, in fact the whole object is informality, there being no speeches or anything of a like nature. The next tiffin will be held at the Hong Kong Hotel at 1 p.m. in the private room on the first floor, on Friday the 16th instant.

We shall be glad if you will be so kind as to join us as a guest on that day.

Yours sincerely,

P. S. This is merely a formal invitation. I understand from Shenton that you have already accepted by telegram.

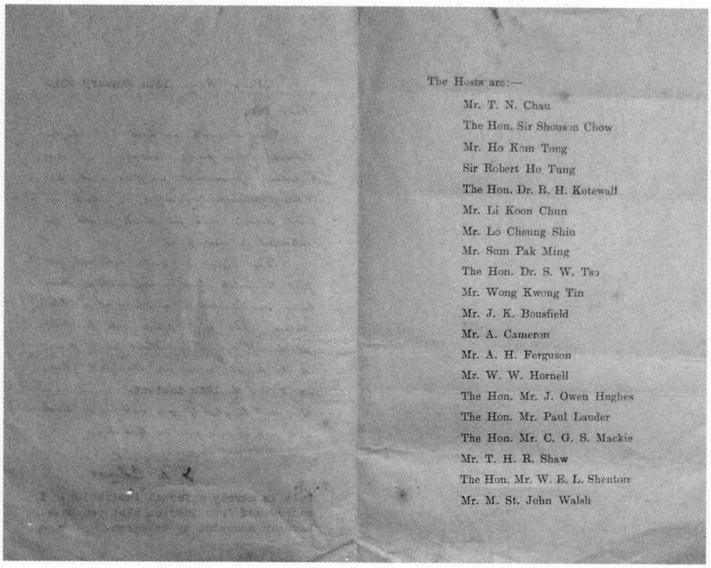

The Hosts are:—

Mr. T. N. Chau
The Hon. Sir Shouson Chow
Mr. Ho Kom Tong
Sir Robert Ho Tung
The Hon. Dr. R. H. Kotewall
Mr. Li Koon Chun
Mr. Lo Cheung Shiu
Mr. Sum Pak Ming
The Hon. Dr. S. W. Tso
Mr. Wong Kwong Tin
Mr. J. K. Bousfield
Mr. A. Cameron
Mr. A. H. Ferguson
Mr. W. W. Hornell
The Hon. Mr. J. Owen Hughes
The Hon. Mr. Paul Lauder
The Hon. Mr. C. G. S. Mackie
Mr. T. H. R. Shaw
The Hon. Mr. W. E. L. Shenton
Mr. M. St. John Walsh

圖 2-7　周埈年致傅秉常午宴邀請函。函中提到傅秉常友人 Shenton
（1931 年 1 月 13 日）。
楊永安博士藏品。

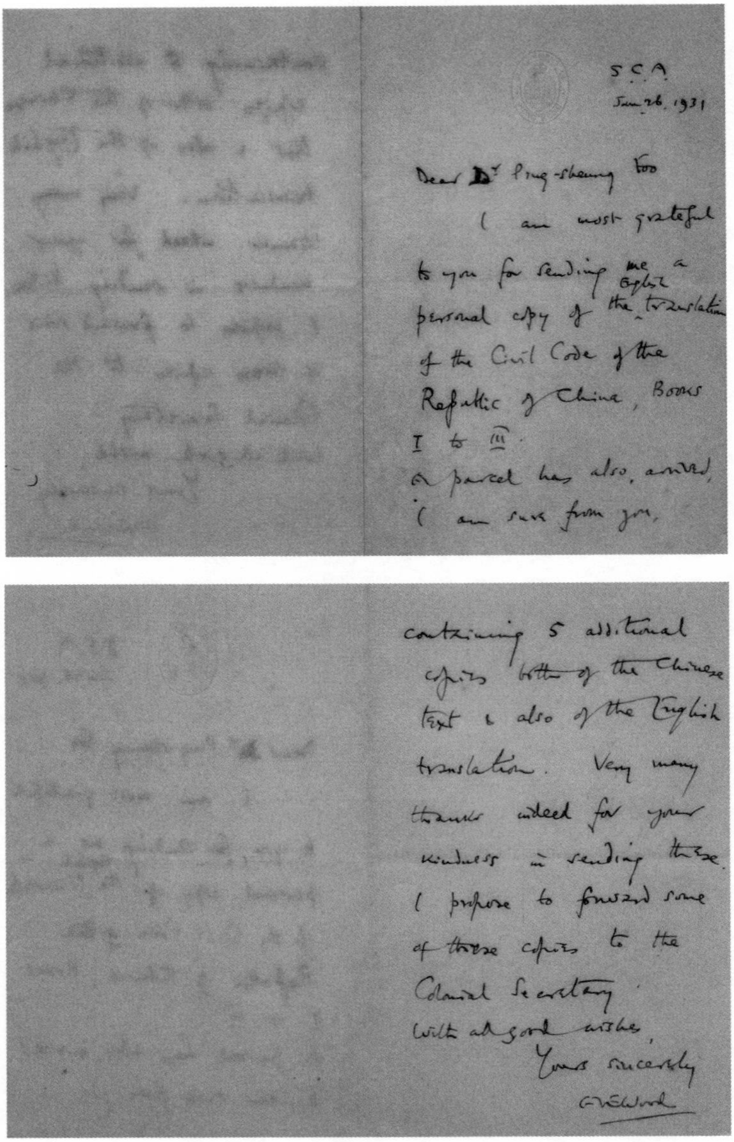

S.C.A
Jan. 26. 1931

Dear Dr Ping-sheung Foo

I am most grateful to you for sending me a personal copy of the eighth translation of the Civil Code of the Republic of China, Books I to III.

A parcel has also arrived, I am sure from you, containing 5 additional copies both of the Chinese text & also of the English translation. Very many thanks indeed for your kindness in sending these. I propose to forward some of these copies to the Colonial Secretary.

With all good wishes,

Yours sincerely
Evewood

圖 2-8 Evewood 致傅秉常函。信中談到傅秉常贈送的《民法》
（1931 年 1 月 26 日）。
楊永安博士藏品。

　　1930 年，香港大學中文學會曾邀請傅秉常演講〈新民法關於婚姻問題〉。[211] 1931 年 1 月 12 日，傅秉常獲香港大學頒發榮譽法學博士。[212] 翌日，傅秉常在香港扶輪社演講，題目為 "The New Chinese Civil Code"，[213] 可見他視《民法》為其得意之作。

「一‧二八」事變前後與廣東政局

　　在現存眾多的《傅秉常日記》當中，1932 年那一本主要用英文撰寫，言詞最率真，情感亦最熾熱，風格與之後的截然不同。當時傅秉常僅三十六歲，正值盛年。從這一本日記看，他當時經常奔走四方，懷着建功立業的強烈決心，嘗試尋找事業的突破點。

　　傅秉常在 1 月和 2 月的日記中，詳細記載「一‧二八」事變前後發生的事，是十分珍貴的第一手資料。傅秉常見證了當時政壇的波瀾詭譎，記載了他與許多政治要人的談話內容。日記反映傅秉常在「一‧二八」事變前後所擔當的角色。這一時期，他的政治活動可概括為二點：反日和反蔣。這一年稍後的日記，則多觸及廣東政局，特別是陳濟棠與太子派、元老派的角力。

211　宋蘅之：〈港大中文學會紀事〉，香港大學中文學會編：《中文學會輯識》，1932 年第 1 卷第 1 號，無頁數。

212　《傅秉常與近代中國》，頁 24。

213　*Member's Bulletin of Rotary International Rotary Club of Hong Kong*, 9 January, 1931. 楊永安博士藏品。

　　這部日記以英文撰寫，詳細記錄了國民黨的派系鬥爭、國府領袖之間的政治角力。在這部日記中，傅秉常毫不掩飾對蔣介石、宋子文和汪精衛等的厭惡。2月初，傅秉常在西南政務委員會上報告，說「蔣介石滿懷詭計」、「汪精衛背信棄義」。[214] 對於宋子文，傅秉常狠批「他完全是個壞蛋，但也是最劣的懦夫」。[215] 傅秉常與宋子文的關係一直惡劣，在日記中常有批評。[216] 不過他偶爾也會在日記中替宋子文說好話，[217] 晚年亦曾往訪宋子文。[218]

　　畢竟，傅秉常是一個面面俱圓的人。

　　1931 至 1932 年間，南京和廣東方面合作，蔣介石等讓孫科組閣。蔣介石根本沒想過放棄權力，他是刻意讓孫科碰釘子。他和汪精衛視孫科政府為過渡，不會讓他穩當院長。[219] 孫科亦知困難重重，即使組閣，也難以撐持下去。傅秉常等均反對他出主行政院，因為軍政權和財政權均不在掌握之中，而且南方勢力並不真心支持孫科。陳濟棠欲利用孫科等人，與中央討價還價。胡漢民曾被蔣介石幽禁於湯山，對蔣餘恨未消，只想藉陳濟棠之力，遂其反蔣之願，故對孫科之南京政府未予積極支持。汪精衛和胡漢民不和，蔣介石和汪精衛亦不支持孫科。這時只有陳銘樞以十九路軍駐防上海等地，支持孫科。陳銘樞積極鼓動孫科組閣。

214　《稿本日記》，1932 年 2 月 6 日。

215　同上，1932 年 4 月 7 日。

216　〈我所知道的傅秉常〉。

217　《日記》，1943 年 2 月 3 日。

218　《稿本日記》，1963 年 2 月 16 日。

219　丁紀徐：〈我與廣東空軍〉，載《南天歲月：陳濟棠主粵時期見聞實錄》，頁 168－185。

故孫科赴南京之時，形勢相當惡劣。[220] 當孫科初組行政院時，上
海金融界以金融恐慌作為威脅。[221] 何應欽（1890－1987）時為軍
政部長，亦向孫科催餉甚急。[222] 何成濬（1882－1961）等軍事將
領，則在回覆新閣的通電中，極盡嘲諷之能事。[223]

在組閣中，傅秉常起了積極作用。陳銘樞在任命交通部次長
一事上舉棋不定，傅秉常催他作決定，結果陳銘樞推薦陳孚木上
任。[224] 在這個短命內閣中，有不少部長是太子派人物。[225] 傅秉常當
時雖為外交部政務次長，但在部中權力甚大。他與陳友仁約定，
請陳將個人印鑑交他，並處理所有來往通信和檔案。[226] 陳友仁不
諳中文，故需傅秉常協助。甘介侯（1897－1984）為外交部次
長，主掌行政，但他坦誠地跟傅秉常說，會視傅為上司。[227]

對中國而言，1932 年不是一個好年頭。日本侵華的野心徹
底顯露。中國孤軍作戰，即使向世界各國求援，亦無異緣木求
魚。顏惠慶（1877－1950）發電報予傅秉常等，說他迭次與美
國國務院的官員如馬慕瑞（John Van Antwerp MacMurray，
1881－1960）等商談。他歸納各人之談話，謂國聯（League of
Nations）和美國均無力阻止日本對中國之侵略，他們可以做的，

---

220 《西北從軍記》，頁 178；《傅秉常先生訪問紀錄》，頁 135。
221 《傅秉常先生訪問紀錄》，頁 135。
222 同上，頁 135。
223 《稿本日記》，1932 年 1 月 4 日。
224 同上，1932 年 1 月 1 日。
225 同上。
226 同上，1932 年 1 月 2 日。
227 同上。

只是訴諸道德之力量而矣。[228] 顏惠慶又報告，美國副國務卿卡素爾（William Richards Castle Jr.）意圖在滿洲問題上為日本開脫，稱：「日本所受責備過當，事實上，日本在滿洲投資很大，而且花了不少精力發展滿洲。」[229]

在孫科陣營中，內部分歧嚴重，而且當時政治局面也很惡劣。傅秉常在日記中，時有記載孫科等會議的內容。1932 年 1 月的日記，記載非常詳盡，翔實反映政局之變幻。在 1 月初的一個會議上，孫科指責廣東呈半獨立之勢，何應欽和陳銘樞則狠狠批評陳濟棠。[230] 當時傅秉常已察覺到，這樣的政府無可作為，故勸孫科及時而退。孫科也同意傅所言，謂即使要退，也要退得光彩。傅秉常認為，可以利用外交和財政問題作下台階，孫科同意。傅也勸陳友仁告退，陳亦同意。[231] 在這時期，傅秉常與陳友仁共同進退。在中央執行委員會的會議上，二人提倡與日斷絕邦交，並指這不等於開戰。[232] 當然蔣方人馬大表反對，孫科稱如果領袖們袖手旁觀，[233] 政府甚麼事也做不到。蔣方人馬將所有責任推在胡漢民身上。當晚孫科乘夜車往上海，他希望在上海找到汪精衛甚至蔣介石。朱培德（1888–1937）和何應欽欲制止之，不果。[234] 翌日，在中央執行委員會非正式會議中，馬超俊報告孫科在上海與汪精衛見面，並打算往浙江奉化與蔣介石會晤。朱培德

228　《稿本日記》，1932 年 1 月 3 日。

229　同上，1932 年 1 月 6 日。

230　同上。

231　同上，1932 年 1 月 7 日。

232　同上，1932 年 1 月 8 日。

233　孫科只提到三個領袖，但沒有指出他們的名字。應是指蔣介石、胡漢民和汪精衛。

234　《稿本日記》，1932 年 1 月 8 日。

則稱南京政府軍事力量薄弱，而且廣東方面不會幫忙，故反對與日斷絕邦交，唐生智（1889−1970）等亦支持。陳友仁聞言，着傅秉常少說話為妙。[235]

當晚傅秉常與陳友仁乘夜車往上海，目的是要找孫科。[236] 1 月 10 日，兩人往上海孫宅找孫科，其時，陳銘樞、何應欽、吳鐵城亦在孫宅。吳鐵城稱他收到蔣介石的電報，說自己不在奉化，吳鐵城也勸孫科不必到當地。[237] 翌日，傅秉常訪孫科與陳友仁，與他兩人就政治現勢作一長談。他們三人一致同意，如果得不到陳銘樞全力支持，不如不返南京好了。同日下午，黃居素往晤孫科，與之詳談。會面後黃又與傅秉常晤談，他說孫科已立定決心與陳銘樞並肩作戰。[238]

當時孫宅成為南北各方反蔣要人會晤之場所。1 月 12 日，傅秉常往孫宅訪孫科，李宗仁（1891−1969）、馮玉祥、李濟琛和葉恭綽已在孫宅。會上同意成立一特別委員會，處理當前的混亂局面，亦決定採納傅秉常等所提倡之外交政策，以及傅秉常建議處理債券之方法。陳銘樞同意財政部的安排，但他同意的條件是傅秉常替他管理並同時接受管理海關的職位。傅秉常均接受之。當黃漢樑反對傅秉常的財政計劃時，孫科責黃不應如此。[239] 黃漢樑其實不願接任財政部長，簡又文指黃「力辭不獲，甚至痛哭哀求，亦不得准」，而且黃漢樑不過曾任規模不大的和豐銀行

235　同上，1932 年 1 月 9 日。

236　同上，1932 年 1 月 9 日和 1 月 10 日。

237　同上，1932 年 1 月 10 日。

238　同上，1932 年 1 月 11 日。

239　同上，1932 年 1 月 12 日。

之總經理，在商界聲望不隆，難膺大任。[240]

　　1 月 13 日，傅秉常等再次在孫宅會晤，李宗仁、馮玉祥、葉恭綽、張惠長等均有出席，會上決定採納傅秉常等所提倡之外交和財政政策。儘管上海商人和銀行家反對，他們仍決定翌日返南京，並成立一個緊急委員會，執行這些政策。[241] 在 1 月 14 日舉行的中央執行委員會的會議中，孫科解釋成立緊急委員會之原委，並在會上讀出緊急委員會之憲章草稿。經過與會者一輪討論，得到以下共識。一，只要三位領袖之中其中一位回歸，緊急委員會便會解散。二，緊急委員會只會執行政治會議的政策。當秘書讀出 13 日晚所擬定之成員名單，葉楚傖（1887－1949）、陳果夫和顧孟餘（1888－1972）要求自己的名字從名單中剔除，但最後也是決定維持原議。[242] 葉楚傖是著名作家也是黨國元老，傅秉常謂：「葉先生絕頂聰明而能深藏不露，所謂其智可及，其愚不可及者也。國府以來，余祇見譚組安先生（按，譚延闓，1880－1930）與葉先生矣。」[243] 陳果夫與蔣介石關係密不可分，後來是國民政府軍事委員會委員長待從室主任。[244] 顧孟餘則是汪精衛的忠實支持者，早在 1926 年已追隨他。[245]

　　三人不願捲入旋渦之中，其意甚明。

　　在日記裏，傅秉常沒有仔細提到其財政方面的政策內容，

240　《西北從軍記》，頁 178。

241　《稿本日記》，1932 年 1 月 13 日。

242　同上，1932 年 1 月 14 日。

243　同上，1939 年 12 月 2 日。

244　張瑞德：《無聲的要角：蔣介石的侍從室與戰時中國》（台灣：台灣商務印書館股份有限公司，2017 年），頁 2。

245　《中國文化界人物總鑑》，頁 806。

只見零聲記載。1 月 15 日，傅秉常說請 Padoux 起草延期償付之計劃書。[246] 1 月 16 日，傅秉常說會議決定他應與梅樂和（Frederick Maze，1871－1959）聯繫，及與他議定一詳細計劃。[247]

二十多年後，傅秉常接受近史所訪問時，詳細談到這一時期財政之政策。他謂：「余乃與二外國人士洽商，一為上海稅務司某，另一為德國顧問 Pardue，決定二策：一為應急之法，由海關稅務司作保，自外國銀行借款數百萬元，可維持一、兩月之急用。」[248] 與 1932 年日記比對，"Pardue" 應為 "Padoux" 之誤。Padoux 全名 Georges Padoux，是法國人，曾在埃及任法官，[249] 而非傅秉常所謂，是德國人。[250] 雖然傅秉常在訪問中只說是海關稅務司，[251] 但根據日記，應是指海關總稅務司梅樂和，他對國民政府較友善。[252]

此一策只是治標而非治本。第二策則為長效之策：「收回中國、交通銀行之發行權，改組中央銀行，發行國幣，政府得切實掌握財權，而不受財閥之操縱。」[253] 傅秉常有這樣的構想，主要是因為當時的金融力量操於中央銀行、中國銀行、交通銀行和農

246　《稿本日記》，1932 年 1 月 15 日。

247　同上，1932 年 1 月 16 日。

248　《傅秉常先生訪問紀錄》，頁 135。

249　李恩涵：《北伐前後的「革命外交」，1925－1931》（台北：中央研究院近代史研究所，1993 年），頁 153。

250　《傅秉常先生訪問紀錄》，頁 135。

251　同上，頁 135。

252　*Britain's Imperial Cornerstone in China：The Chinese Maritime Customs Service, 1854-1949*, pp. 96-97.

253　《傅秉常先生訪問紀錄》，頁 136。

民銀行等。北洋時期以後,政府多受其掣肘,如能改組,則有望解決問題。上海銀行界聞言大譁,急推宋子文為領袖。傅秉常認為收回發行權之計劃,事在必行。但如推舉宋子文,他們尚保有部分發言權。[254] 以傅秉常的人脈而言,他的財政改革方案是沒有實現的可能。他所欠缺的,是與江浙財閥的聯繫。在這方面,宋子文有絕對的優勢,因為宋子文既是銀行家出身,也能說上海話。[255]

傅秉常等在外交方面的政策亦同樣碰壁。當傅秉常代表外交部往立法院回答委員會的問題和解釋外交政策時,有少數立法委員反對與日斷絕邦交,傅秉常以強硬之語氣回應。[256] 然而,懼日的情緒不是個別的,海軍部長陳紹寬(1889-1969)指,如果中日交鋒,中國海軍三分鐘內便會被打垮。[257] 蔣介石明確表示反對與日斷絕邦交,謂果能如此,他早已付諸實行。中日關係有別於中俄關係,如果日本因斷絕邦交而發難,中國會陷於一片紛亂當中。汪精衛亦反對傅秉常等的外交政策。[258] 傅秉常從陳銘樞口中得悉蔣介石和汪精衛的態度,但他覺得陳銘樞似乎隱瞞了他與蔣介石的某些對話。[259] 1 月 18 日,傅秉常告訴孫科和陳友仁,蔣介石想利用傅秉常等的外交政策,意圖指控陳友仁欲與蘇俄結盟。惟孫科不悟,仍懷有說服蔣介石和汪精衛之願望。[260] 傅秉常大概

254　同上,頁 136。
255　李北濤等;蔡登山主編:《民初銀行大亨》(台北:獨立作家,2015 年),頁 311。
256　《稿本日記》,1932 年 1 月 16 日。
257　同上。
258　同上,1932 年 1 月 17 日。
259　同上。
260　同上,1932 年 1 月 18 日。

極不以孫科之態度為然，說有「非常嘔心之感」，遂與吳尚鷹商，離開南京。[261]

這時期的傅秉常，是反蔣陣營中的一員。

財政問題已到了一個十分嚴峻的地步。吳鐵城電報謂，銀行家希望政府能緊縮開支。[262] 陳銘樞等在會議中同意，削減 50% 預算和裁減三分一政府人員。[263] 陳又說收到孫科之電報，稱蔣介石和汪精衛願意來南京。同日，傅秉常與陳友仁詳談。傅秉常稱無論如何他都不願與蔣介石共事，蔣在甚麼時間來南京，他便在甚麼時間離開，[264] 痛恨蔣介石之情狀，溢於言表。陳友仁跟傅說，如果他們反對他的外交政策，他也會離開。[265] 似乎陳友仁對蔣介石和汪精衛仍有一絲希冀。不過，希冀最後落了空。

1 月 20 日，孫科自杭州返。他跟傅秉常說，蔣介石和汪精衛立即要來。傅告訴他，會在即晚離開上海，因為無論在甚麼情況下，即使他們同意他的外交政策，他都不願留下來替二人做事。孫科再勸傅秉常多留數天，但傅秉常去意已決，對蔣、汪二人，絕無半點信任。傅秉常坐言起行，即晚搭夜車赴上海，住在大東酒店。[266] 稍後化名遷住新新酒店。[267] 他感到自己離開了南京這個是非之地，有如釋重負之感。[268]

261　同上，1932 年 1 月 18 日。

262　同上，1932 年 1 月 16 日。

263　同上，1932 年 1 月 19 日。

264　同上。

265　同上。

266　同上，1932 年 1 月 20 日。

267　同上，1932 年 1 月 21 日。

268　同上，1932 年 1 月 22 日。

畢竟傅秉常對時局看得通透。數天之後，陳友仁亦出走上海。他跟傅秉常說，確信蔣、汪二人反對其與日斷絕邦交之外交政策。陳友仁打算辭職，而傅秉常亦去電甘介侯，請其代遞辭呈。[269] 1 月 25 日，孫科也到了上海。[270]

傅秉常一直無法忘情政治。孫科抵上海翌日，他即往訪。孫科說他已辭職。辭職是在杭州決定的，因為蔣、汪公開提倡接受日方提出的議和條件，同時有意處理廣東問題。他在南京宋子文寓所與蔣、汪作兩個半小時的詳談。當孫科提到中國人民會反對這樣的安排時，蔣、汪謂他們會對任何反對者施以槍擊。[271] 這與蔣介石的衝動和暴戾的性格相符，當是可信的。

蔣介石又責廣東方面是一切問題之源。傅秉常着孫科向香港的伍朝樞和胡漢民發一電報，告訴他們此間的實況。[272] 翌日，孫科示傅秉常蔣、汪予他之信函，勸孫科返回南京。蔣說他是來幫助孫科的，孫科不該就此跑掉；他留下來也沒有意思。汪則謂他是來與孫科共同承擔責任，如果孫科在二十四小時內不返南京，孫科住在哪裏他便住到哪裏去。孫科認為兩人所說，「全部都是他 X 的鬼話！」（原文是 "All d-n lies!"）。同日，日本駐上海總領事村井倉松（Murai Kuramatsu）向吳鐵城發最後通牒，限吳鐵城在翌日六時前回應日方之訴求。[273] 翌日傅秉常又往孫宅與孫科討論時局。孫科認為南京方面應會接受日本就解決滿洲問題

269　同上，1932 年 1 月 24 日。

270　同上，1932 年 1 月 25 日。

271　同上，1932 年 1 月 26 日。

272　同上。

273　同上，1932 年 1 月 27 日。

所提出的五點原則。如果事情真的這樣進行，孫科認為要避免人
們將國民黨與南京政府混為一談，因此國民黨有必要對此事予以
譴責。傅秉常又與陳友仁作一長談，陳也認為應該如此。果如孫
科所料，吳鐵城接受了日方四點原則。第一，正式道歉；第二，
賠款；第三，懲處滋事份子；第四，控制反日活動。傅秉常認為
是奇恥大辱，且日方將得寸進尺。他為上海感到悲哀。日方的最
後通牒引起大恐慌，很多人從虹口區遷到英、法兩租界。所有酒
店爆滿，傅秉常需把他所租用的其中一間房讓給劉鍇一家。[274] 虹
口區是日本人聚居之區，如果戰事爆發，一定不能倖免。當時上
海處於惶恐之中，一夕數驚。

　　「一・二八」事變之後，上海陷於一片紛亂。日軍直搗閘
北，日本飛機瘋狂轟炸上海，引發大火。[275] 孫宅未受波及，事變
發生後第二天，傅秉常與吳尚鷹等往訪孫科，張發奎（1896-
1980）、黃琪翔（1898-1970）、陳慶雲等均已先到。他們都是
軍事將領，「一・二八」事變當晚與十九路軍在戰場上徹夜未眠。
中、日兩軍在對峙着。孫科告訴傅秉常，說當晚蔣介石欲派二千
憲兵代替十九路軍，以執行其不抵抗政策。可是日方的最後通牒
來得太急，面對日方攻擊，十九路軍拒絕撤退。蔣介石大怒，致
電蔣光鼐（1888-1967），罵蔣光鼐是「賣國賊」，沒有資格向
軍隊發施命令。所以即使南京下令停止，戰事仍在繼續。孫科認
為應該儘可能協助十九路軍，而傅秉常則認為中央黨部應該去電
南京，促請南京方面協助十九路軍，並以此作為對南京方面的警

274　同上，1932 年 1 月 28 日。
275　同上，1932 年 1 月 29 日。

告。[276] 同日，南京政府宣佈孫科調任立法院院長。[277] 這是為了爭取孫科的支持。近年，《蔣介石日記》在美國向公眾開放閱覽，不少學者利用當中記載，為蔣介石翻案，說蔣介石之不抵抗政策是有其苦衷的。[278]

1 月 30 日，傅秉常等再在孫宅會面，張發奎、黃琪翔、蔣光鼐等均在。會上決定十九路軍向陳友仁發送正式信函，請其處理所有對外事務。[279] 1933 年陳友仁參與「閩變」，可能源於這次合作。孫科認為，蔣介石極有可能與日方簽訂和約，出賣十九路軍，因此認為有必要發動抗爭。傅秉常亦收到伍朝樞和胡漢民自港發來之電報，請他立即赴港。孫科亦贊成，同時會發一報告給他們，告知他們上海方面之情況，文中又稱傅秉常到港後會面告一切。[280] 當時傅秉常、孫科、伍朝樞、胡漢民和陳友仁都站在同一陣線，他們的共敵是日本和蔣介石。

孫科、吳尚鷹和傅秉常等確信蔣介石和汪精衛不會支持十九路軍。傅秉常決定立即返港。不安情緒籠罩整個上海。當傅秉常等返回新新酒店時，大門早已關上，門房拒絕開門。吳尚鷹憂慮人身安全，勸傅秉常到法租界去，傅不從，決意返回酒店。[281] 2 月 1 日，傅秉常和吳尚鷹乘搭 S.S. Fulda 號離開上海赴香港，吳

276　同上。

277　同上。

278　郭岱君主編：《重探抗戰史（一）—— 從抗日大戰略的形成到武漢會戰（1931–1938）》（台北：聯經出版事業股份有限公司，2005 年），頁 155–156。

279　《稿本日記》，1932 年 1 月 30 日。

280　同上。

281　同上，1932 年 1 月 31 日。

尚鷹對於是否能離開上海，忐忑不安。[282]

　　2 月 5 日，傅秉常返抵香港。傅秉常剛抵埗即與吳尚鷹往訪胡漢民，當時胡漢民在香港商人何世光（1886－1974）位於赤柱之住宅與他們見面。[283] 胡漢民說話一向尖刻，好嘲諷，曾指外交部為「外文部」，然後補上一句，「原來忘八也」。[284] 胡漢民語帶雙關，一是指時任外交部的王正廷只懂外文，不懂外交；[285] 二是指外交部是王八蛋。胡漢民稱孫科被「陳李濟」弄垮。[286]「陳李濟」是指兩個人，「陳」是指陳友仁，「李」是指李文範（1884－1953）。李曾是胡漢民的親信，後來反目。[287] 胡漢民對李文範大表不滿，說他是叛徒。[288] 胡漢民着傅秉常勸伍朝樞就任廣東省主席。他亦早知汪精衛與宋、蔣二人暗通款曲，只是不便太早拆穿而已。[289] 胡漢民高興傅秉常能夠及早看清形勢，比孫科早一步離開南京。[290] 這一時期傅秉常與胡漢民關係極密切。傅秉常經常來往於廣州和香港，常與居港的胡漢民有所聯繫。傅秉常是胡漢民的傳話人，難怪當時日方視他為胡漢民系。[291] 當然，傅秉常也是孫科的傳話人。

282　同上，1932 年 2 月 1 日。

283　同上，1932 年 2 月 5 日。

284　《傅秉常先生訪問紀錄》，頁 151。

285　同上，頁 135。

286　《稿本日記》，1932 年 2 月 5 日。原文是 "spoiled"。「陳李濟」是一間有數百年歷史的廣州藥廠。胡漢民當然不是指這間藥廠。

287　羅翼群：〈西南反蔣的回憶〉，頁 80－99。

288　《稿本日記》，1932 年 2 月 5 日。

289　同上。

290　同上。

291　《現代中華民國滿洲國人名鑑》，頁 327。

在香港，胡漢民與其兄胡青瑞同住，惟 1932 年初胡青瑞已病重，時日無多。[292] 胡漢民留港時主張維持孫科內閣之對日政策。1 月 15 日監察院院長于右任（1879－1964）赴港勸胡漢民返回南京就職，胡以病辭。19 日，蔣、汪自杭州發電報，再勸胡漢民返回南京，共赴國難。2 月 13 日，時為行政院院長之汪精衛發表談話，主張在對日侵華事件上，應一面抵抗，一面交涉。胡漢民則認為日軍一天不退出上海，一天都不可言交涉。[293] 可見胡漢民雖不特別熱心支持孫科之內閣，但與孫科、傅秉常、陳友仁等的立場相近。

伍朝樞 2 月 5 日從廣州抵港。傅秉常轉勸伍朝樞就任廣東省主席。伍告訴傅，廣東政府財困深重，近月都在透支中央銀行之儲備。廣東方面需變賣水泥廠和奪取海關稅收，以作應急。廣東財政狀況惡劣如此，傅秉常也不再勸伍朝樞就任廣東省主席。傅秉常即與伍朝樞往羅便臣道訪胡漢民。伍朝樞向胡解釋自己不願當省主席之原委，胡亦不再迫他。但當伍朝樞離開後，胡漢民抱怨孫科等提倡在廣東實行改革，他為配合其事，好不容易才迫令林雲陔（1881－1948）辭職而將伍朝樞捧上去，現在伍朝樞如此，將置胡漢民於一尷尬位置。胡無法迫令陳濟棠做任何事。傅秉常回答說，可以將伍朝樞留下來，以備他日後在西南政務委員會參與更多。[294] 林雲陔是廣東信宜人，是元老派之一員。[295]

292　《稿本日記》，1932 年 2 月 9 日。

293　蔣永敬：《民國胡展堂先生漢民年譜》（台灣：台灣商務印書館，1981 年），頁 515。

294　《稿本日記》，1932 年 2 月 5 日。

295　邱平：〈國民政府西南政務委員會見聞〉，頁 123－130。

　　胡漢民又稱陳策與張惠長對他不太坦白。陳策與張惠長跟他說，他二人與陳濟棠關係良好。但以胡所知，情況肯定不是這樣。傅秉常為他們解釋，說他們一直尊胡為他們之上司，所以不敢透露他們自己的困難。[296] 從二人之對話，反映胡漢民與陳濟棠的政治角力。當時胡漢民是傅秉常和伍朝樞等背後的「政治操盤人」。

　　傅秉常在 2 月 8 日總理紀念週上報告當時財政和外交狀況。這一文章雖長，但寫得十分淺白和傳神，且當中有許多記載，可與 1932 年日記內容作對照。

　　在財政方面，傅秉常稱：

　　　　我們覺得，南京的財政，實已到了破產的境地。每月收入僅六百萬，而支出軍費一項，已月需一千餘萬——據他們說已比前減少許多，從前是二千五百萬，現在減為少數——行政費月需四百萬。換言之，即每月收入六百萬，而支出最低限度須二〔一〕千四百萬才敷支配，如此入少支多，即暫時維持亦不容易。所謂維持現狀，就是以現在收入作抵借債，而公債低至三成。如政府要用三百萬，就要拿一千萬作押，三年後償還連利息，即總共要還一千三百萬。這樣子的財政，是無論任何人都不能弄下去的，從前宋子文的辦法就是這樣，所以弄到政府的財政至於絕境，同時軍隊催餉緊急。宋子文前發之千餘萬空頭票，亦無法維持，當時大家商量，覺得公債實在是一個最

296　《稿本日記》，1932 年 2 月 5 日。

不良的政策，於是定有兩個辦法，就是將公債本息停付六個月。當時每月一千五百萬，停付就可以移出此數應用，這樣就可以整理一下。如果說如此辦法，對上海影響太大，則我們也可以不要這樣，即政府所用的祇是三百萬，就可以用此數收回，如無錢亦可以用新公債去換舊公債，或者將短期公債延長時期，如此亦可以每個月移出一千八百萬。同時，軍政費再縮減一下，則財政亦可以整理。然此議各方面反對的很多，當時兄弟見總稅務司梅樂和，我對他所說，現在公債弄到如此狀況，無論那個政府都難維持下去，而且對於軍政上亦很多妨礙。梅雖是一個公債的擔保人，他對[297]我們說亦認為不錯。他雖無明白表示同我們一樣的主張，但亦不加反對。至於南京的人則反對很烈，尤其是蔣中正方面的人為甚，陳果夫、葉楚傖、張溥泉（按，張繼）、張靜江等都極力反對，其理由在政務會議及特種委員會中提出，但很不充分。此事雖無可非難，但他們說不出理由也要反對，且在滬煽動罷工罷市，聽說是由宋子文去運動的，然尚無證據。[298]

至於外交方面，傅秉常則稱：

---

297 「於」疑為衍字。

298 〈二月八日總理紀念週傅秉常先生報告財政外交概況〉，《中國國民黨中央執行委員會西南執行部黨務年刊》，1932年，頁14–18。引用時筆者重新標點，下同。

　　對於外交方面，我們未到南京前，已覺得我們實在沒有機會與日本講話，因為犬養（按，犬養毅，1855－1932）內閣，差不多完全是聽日本軍閥配支〔支配〕，而為日本軍閥辯護的內閣。同時錦州的事情發生，從外交部天天所接的電報，和外國人的口中，知道這事是有一種內幕的。當時有一位法公使向我說，錦州華軍退卻是否事前已由日本和張學良商妥，當時我答復他說張學良怎樣我不知，不過日本要去打錦州這事，說先得中國政府同意的話，則我們否認。後來接到一電，知道張學良部隊是十二月卅日離開錦州，而日軍則在下月三日才到的，而且據路透電和鐵路局的消息，說卅日張學良部隊已退出錦州，但張學良則說一、二日尚在抵抗。我們因為各國公使、日內瓦及國聯紛紛來電詢問，且我們要提出抗議，故於二日電詢張學良，究竟是如何情形，連去數電。都無答復。三號，日軍到錦州，張學良五號才有電來，謂已失守，但其實則始終沒有抵抗。錦州失後，日軍橫暴益甚，我們覺得若與日本談道理，除依照他所提出之五條外，實無辦法，但如依其提出之五條做去，則不特即承認廿一條款，而且比廿一條更厲害，我們是不能像袁世凱那樣做法的，所以我們覺得和他直接交涉簡直無希望。但是中國的力量，我們實在覺得不充分，所以祇有集合世界各國的力量以對付之，或者可望有良好的解決，故當時決定採此主張。然同時我們知道，現在世界各國的情形，實令我們不能採取從前之消極政策，而應取積極政策，去造成一種新的形勢，使各國不能袖手旁觀。就美國言，他要參加解決此事，必須冒險犧

牲，如果中國自己不肯去冒險犧牲，祇希望人家替我解決，是沒有這事情的。美國自錦州失後，則電致日本，文字帶有警告性質，同時亦通告中國。當時我們向送此通告的說，這通告到後，如無效果，美將如何？是否召集九國會議？但說：「這事無權答復。」我們乃請其轉詢美政府，並詢如此已做到十二分的地步，而我們請求召集又如何。同時電註〔駐〕美公使顏惠慶，囑其打聽美國態度。後來得美復電說：「美國如此已做到十二分的地步。召集九國會議，尚無此意。」由此我們更感到如祇靠各國自動替我們解決直無望了。是以我們主張非造成一種新的形勢給各國看，則各國斷不肯出頭，同時如果各國不強硬些講一句話，中日事情必無解決。當時我們主張絕交的政策，就是這個緣故。[299]

傅秉常先談絕交政策的來龍去脈。他接着解釋何謂「斷絕邦交不等於開戰」之論：

絕交本來與宣戰截然不同，國際上絕交方式有二。第一，是預備開戰的絕交，此種絕交，固然是要召回本國公使，並令其代表及僑民離開，與停止雙方之權利義務，但我們不是採取此種絕交，而是取第二種的停止外交的絕交，就是召回本國公使，及請他的公使回去，而權利義務則仍然保存。但此議當時許多人反對，因為他們不明白，

299　〈二月八日總理紀念週傅秉常先生報告財政外交概況〉。

以為我們一旦和日本絕交，日本就可以和我們宣戰。其實
是不對的。世界各國沒有我與你絕交，你即向我宣戰之理
由。反言之，則不絕交，他也可以和我們宣戰。後來有人
說，蔣中正實際上與日本絕交，且蔣之政策可以有絕交之
好處，而無絕交之壞處。殊不知道不經絕交方式，則日本
雖事實上侵入我東省，亦說無與中國開戰，這樣可以規避
九國盟約的制限，因如此則九國盟約不能適用。所以蔣中
正的政策，實在祇有外交之壞處，而無絕交之好處。我們
要主張做〔造〕成新的形勢，對日絕交，以實現九國會議，
及根據國際〔聯〕盟約第十五、十六條之規定而解決此事
件，理由就是因為國聯盟約第十五條及九國會議是要有開
戰的形勢才可以適用的。我們對日絕交後，就可以做這種
工作，但此議當時給蔣方面的人極力反對，何敬之在政治
會議及中央黨部開會時，說中國軍備不足與〔以〕抗日，
如給日本封鎖了口岸，則我國絕對無辦法。朱家驊、葉楚
傖等又說，若被日本封鎖口岸，則中國會大亂。[300]

由此可見，傅秉常反對蔣介石的政策。接着他指出，當時的政治
情況陷於僵局：

當時我們覺得，南京己〔已〕成一個僵局，財政、外
交都沒有辦法，我們雖有辦法提出來，他們又力加反對。
我們處此無權無勇的地位，如要實行我們的計劃，必須倚

300　同上。

靠他們才行，但他們則拚命反對。如此，我們自然是幹不通的，所以當時哲生先生以為非請汪、蔣入京，實無辦法。但到滬訪汪，三次不見；請蔣亦被擋駕，故（孫科）居滬持消極態度。後來陳真如（按，陳銘樞）、何敬之（按，何應欽）到滬，請哲生先生回京，同時有一般〔位〕銀行界的人，於某晚上向哲生先生進勸，說國民黨當政這麼久，而弄到如此田地，國民黨應將政權交回人民。當時哲生問他交回何人，他說可以交回國民。哲生再問那〔哪〕個可以代表國民，他說各省現正籌備國難會議，將來開會時可將政權交回他們，當時哲生覺得黨國很危險。他說如果有別一個黨比國民黨好，將政權給他無問題，而國民黨經多年的經驗，又有這樣的組織，還弄不好；若把政權授之腐舊官僚軍閥，則更無辦法。於是哲生覺得為黨為國，都不能再持消極了。當時陳真如先生向哲生先生說，如果汪、蔣不到南京，他（說）可以大家負起責來，實行財政、外交計劃，打算大家入京，閉門六個月，對於上海方面如何反對外交政策，一切不理。先是哲生先生原想赴杭訪蔣，但他擋駕，訪汪亦不見。及後，大概蔣聽聞我們要實行此項計劃，故在我們回寧三日後，蔣即到杭州，汪亦於第二日抵杭。當哲生訪汪時，據說醫言要六星期才可以見客，越三日在那天星期六晚上，汪居然可往杭訪蔣！汪到杭後，即電陳真如先生。當時據報告說，汪先生反對絕交政策很烈，說絕交是萬萬不能行的，理由是絕交後則日本可封鎖長江，長江一帶必因此大亂，誠恐因此而傾向赤化。又說如日本來上海，則上海六個鐘頭可陷。

此是真如回來報告我們的。我們覺得財政既無辦法，外交政策亦大受反對。至於日軍來侵各地方，雖要抵抗，但如軍隊不去抵抗，也不行的。其時真如先生說蔣之赴杭，完全是利便哲生去見的，然先時哲生欲訪則擋駕，此話當然是假的了。後來哲生到杭，說明解決財政、外交的辦法。那時，汪、蔣對於絕交極力反對。大概汪、蔣認為對內對外同時幹是不行的，但先對付那一方面呢，他們說對內沒有辦法以前，對外應先屈服。哲生乃說，我們如此做法，固無利益，民眾更不能諒解，汪、蔣都以為民眾不關輕重，我們（按，汪精衛、蔣介石）對於民眾，可用高壓手段，就是殺幾個民眾也不要緊，差不多對外可以屈服，對內則須壓迫。其後他們又說，兩廣真統一就可以對外，否則不能。他們之所謂對外，簡直如袁世凱之賣國，對內比袁還利〔厲〕害。這是我們不能和他們這樣一致去幹的，所以哲生和大家都離開去，而且要保存本黨的地位，使賣國也不能說是本黨賣國。這是孫哲生離開南京的經過。[301]

很明顯，傅秉常這處所說的與日記所云並無二致。他又批評蔣介石，及日軍的暴行：

　　十九路軍這次抗日，因為蔣中正本來是採取與日妥協政策，所以叫十九路軍不要抵抗，同時囑顧祝同調兵兩團

301　同上。

到上海接防，調離十九路軍免與日軍衝突。這完全是與張學良一樣的政策，幸而顧部來時太遲，同時日海軍司令來得太急，十九路（軍）將士不能忍受這種恥辱，雖蔣中正三次命令及軍政部命令撤防，皆置之不理，當晚就與日軍打起來。這是當時的經過情形，以後的情形，各位看報想已知道。兄弟二日啟程離滬，以後的情形不太清楚。又蔣慷然（按，蔣光鼐）先生常到哲生處談，據說蔣（按，蔣介石）現在要調動他的軍隊，大概由鎮江到上海完全是十九路軍防地，顧祝同則駐防鎮江至南京一帶，余〔俞〕濟時調防寧波，梁冠英則調防海州，說是因恐日軍分頭來犯的緣故，兄弟雖非軍事家，但相信日軍來既不多，斷不肯分散兵力到各地去。蔣如此調兵，其用意如何，不得而知了。各國對這次上海事件的態度，多不值日本之所為，尤其是英、美人的觀感有二。第一是主張公道心理，覺得日本在租界作戰太不對；第二是人道心理，日軍這次在虹口殘暴屠殺，英、美人覺得文明國家打仗絕不會這樣的，所以英、美對日本這次的橫暴很為不滿。有了此種新形勢，國聯或將派調查團來滬調查，所以這次比（上）每〔海〕的事件，於中國外交上很有利益的。[302]

而且中國軍隊戰意激昂，能以一當百：

302　同上。

據憬然、向華（按，張發奎）、德鄰（按，李宗仁）、
琪翔等到前線觀察的說，中日軍隊若是一個打一個，中國
都勝日本。因為交通不便，軍器不大適用，如唐克車在田
中，不見得有用，飛機因兩軍太接近，亦無十分用處。就
是日本再增一師團來，也可與抗云云。[303]

傅秉常說得慷慨激昂，惟平心而論，所論各點不無書生論政
之弊。

胡木蘭向傅秉常展示孫科的電報，內容是孫科不同意胡漢民
要求辭退張學良之建議，而且孫科不願再理會廣東之政治。胡木
蘭請傅秉常把孫科爭取過來。吳尚鷹卻勸傅秉常不要這樣做，因
為孫科覺傅秉常離棄他，全然投靠胡漢民。[304] 孫科的反應反映這
時期傅秉常與胡漢民走得很近。

香港新聞界對傅秉常之一舉一動均甚為注意。12 日，傅秉
常乘泰山號返廣州。他在碼頭時跟記者表示曾在香港與胡漢民晤
面，「所談無甚可發表者」。至於有關廣東方面對十九路軍的援
助，傅秉常稱「自應盡量接濟」，「蓋援助十九路軍即所以救國
也」。[305] 25 日晚，泰山號返廣州，報載傅秉常是該船之乘客，吳
尚鷹亦有同行。[306] 與日記對照，報紙記載是正確的。[307]

胡漢民在香港公開批評南京政府有關十九路軍抗擊日軍的看

303　同上。
304　《稿本日記》，1932 年 2 月 11 日。
305　〈傅秉常離港時之談話〉，《工商晚報》，1932 年 2 月 12 日。
306　〈傅秉常昨晚返省〉，《工商晚報》，1932 年 2 月 26 日。
307　《稿本日記》，1932 年 2 月 25 日。

法。孫科等亦支持十九路軍繼續抵抗。[308] 傅秉常相信，蔣介石和汪精衞下令十九路軍停戰的新聞是真的，他覺得兩人賣國。[309] 張惠長告訴傅秉常，廣東方面的空軍在 2 月 14 日抵長沙，惟南京方面命令他們不要再前進。傅秉常認為張惠長應着空軍不理會這一命令，直赴上海，張惠長說他已這樣做了。[310]

孫科發電報給傅秉常，着他在香港替十九路軍購買飛機、防空和重型槍械。傅秉常致電其弟傅秉坤，請他與馬坤（Morris Cohen，1887－1970）聯繫，並直接與孫科連絡。[311] 馬坤好攜雙鎗，故亦有「雙鎗馬坤」之稱。據說他在加拿大一次會晤中，當上了孫中山的衞士。[312]

在傅秉常的政治生涯裏，傅秉坤有着重要的角色。在許多關鍵事情上，傅秉坤常替他奔走四方。歷來有關傅秉常的研究，多忽略了傅秉坤在傅秉常政治生涯中所起之作用。

英國駐廣州總領事費理伯（Herbert Phillips）致電傅秉常，欲與他晤面。[313] 很明顯，費理伯希望了解上海戰事的最新情況。在見面時，費理伯談到，根據上海方面的消息，蔣介石沒有對十九路軍提供足夠協助。他認為傅秉常等提倡的積極政策

308　同上，1932 年 2 月 15 日。

309　同上。

310　同上。

311　《稿本日記》，1932 年 2 月 16 日；〈國父保鏢馬坤在英格蘭病逝〉，《華僑日報》，1970 年 9 月 13 日。

312　〈國父保鏢馬坤在英格蘭病逝〉，1970 年 9 月 13 日。有關馬坤詳細生平，可參 Daniel S. Levy, *Two-Gun Cohen: A Biography* (New York: St. Martin's Press, 1997).

313　《稿本日記》，1932 年 2 月 15 日；劉蜀永：《簡明香港史（新版）》（香港：三聯書店〔香港〕有限公司，2009 年），頁 37。

是可取的。他又告訴傅秉常，中、日二軍當時正在磋商停戰，但如談不攏，更大的戰事將會發生。二人均認為日本海軍促成上海戰事爆發，亦因這個原因，令日本政府處於尷尬位置。傅秉常認為這是列強向日本施加壓力的最好時候。[314] 這種想法，不免天真。

中、日雙方談判破裂。在滿洲方面，張景惠（1871－1959）宣佈與國民政府斷絕關係。[315] 在淞滬戰事方面，中方拒絕了日方提出之條件。[316] 兩廣軍事將領發出通電，謂他們將共同抵抗日本的侵略。傅秉常認為這是他們反對在廣東成立分離政府的表示。胡漢民亦曾跟傅秉常說，這些將領已不急於反蔣，因為蔣已被日方牢牢困住，他們估計蔣介石未必可以應付。[317] 證明反日的問題與國民政府派系鬥爭，緊緊扣在一起。另外，反蔣的潛在力量也不容小覷。

胡漢民在香港與傅秉常談到李文範。胡說李文範躲起來，避不見人，沒有人知道他在哪裏。胡漢民對李文範大表不滿，說李文範批評保留與日斷絕邦交政策毫無意義[318]，因為沒有想清楚下一步該如何走下去。[319]

314　《稿本日記》，1932 年 2 月 18 日。

315　同上，1932 年 2 月 19 日。

316　同上，1932 年 2 月 20 日。

317　同上。

318　原文是 "nothing at all"。

319　《稿本日記》，1932 年 2 月 23 日。

政海波瀾

傅秉常等為了方便在香港活動，故在香港設一辦公室。[320] 傅秉常認識許多香港名流。羅旭龢是傅秉常的世交，他曾向傅秉常探詢上海戰事的情況，以便向港督匯報，[321] 可見香港方面亦十分關注淞滬抗戰的進展。

胡漢民在香港遙控政局。傅秉常與胡漢民、吳尚鷹和鄧召蔭等談中日關係。胡漢民建議唐紹儀、伍朝樞分別致函胡佛（Herbert Clark Hoover，1874－1964）和 William Borah，而他則向他的美國朋友發信，抗議美國公司以賒賬方式，大量向日本傾銷武器和飛機。他親自寫給唐紹儀，並着傅秉常與伍朝樞商量。[322]

畢竟伍朝樞長期從事外交工作，具有外交官的智慧。他聽了傅秉常所轉述胡漢民之言，認為不可行。第一，他認為林百克（Paul Myron Wentworth Linebarger，1871－1939）之言未必可信；第二，如果美方重視中方的意見，則有可能同時向中國和日本實施武器禁運，這對中國也是有害無益的。[323] 後傅秉常往晤吳尚鷹，兩人聯名寫信給胡漢民，報告與伍朝樞談話之情況。[324] 這時期傅秉常貫徹反蔣，對他批評很多。蔣介石看低十九路軍，說

320　同上，1932 年 2 月 24 日。

321　同上。

322　同上。

323　同上，1932 年 2 月 26 日。

324　同上。

如果十天之內十九路軍沒被日軍打跨，他便不稱自己為軍人。傅秉常認為，留日歸來之學生高估敵軍之力量是很正常的事。[325]

3 月 15 日，傅秉常乘船由省赴港。他向記者表示，到港主要是「伍朝樞在港嫁女」，「故帶家眷來港，別無他事」。[326]的確，傅秉常這次赴港是與其妻何燕芳、岳母和傅秉彝等同行的。[327]他出席婚宴也是真的。除了出席伍朝樞女兒婚宴，傅秉常等還出席其表兄弟的婚宴。[328]傅秉常說自己無論如何都想脫離政治活動，[329]這不過是一時之氣話，他無法忘情政治。他與政治人物的來往，未曾間斷。

陳濟棠與胡漢民是「為團結而相同」，實則分歧嚴重。傅秉常在香港與陳策會面。陳策告訴傅秉常，陳濟棠語即將赴南京之黃紹竑（1895－1966），他拒絕支持胡漢民等在廣東成立新政府和奪取海關稅收之議。陳濟棠沒有明言反對，是因為他不想得失鄧澤如等，使他們轉投其他陣營。[330]陳濟棠這些話是說給蔣介石聽的，使其安心。陳策完全同意傅秉常對陳濟棠的看法，即陳濟棠當時經已和蔣、汪達成某些共識，所以胡漢民批評南京方面，根本就是不智。同時陳策和張惠長都勸孫科不要返廣東。[331]

傅秉常又與在港的葉恭綽縱談時局，當時葉恭綽住在干德道

325　同上，1932 年 2 月 28 日。

326　〈傅秉常昨日來港〉，《工商晚報》，1932 年 3 月 16 日。

327　《稿本日記》，1932 年 3 月 15 日。

328　同上，1932 年 3 月 16 日。

329　同上。

330　同上。

331　同上。

8 號梁士詒家中。[332] 傅秉常告訴葉恭綽他對陳濟棠的看法及胡漢
民在政治上之孤立，葉恭綽說他深有同感。至於上海方面的事情
如何了結，葉恭綽認為應該是循以下幾方面解決：第一，劃定特
別區域，避免軍事衝突發生；第二，創立特別市議會；第三，日
軍撤兵，只留下一千至二千個士兵。葉恭綽又認為，滿洲事件已
經完了，國民政府無法奪回滿洲，因此根本沒有需要簽署任何條
約。故葉恭綽指，汪精衛高呼不會簽署任何屈辱條約，其實是很
安全的。[333] 葉恭綽稱孫科在上海的情況很惡劣，即使孫科人馬如
馬超俊也支持出席洛陽國難會議，只有楊庶堪（1881－1942）反
對。孫科的一些追隨者更建議葉恭綽返回南京到鐵路部任事，
以便一同赴洛陽。孫科內外交困，因為蔣、汪二人向他發動宣
傳攻勢，稱中國處於危機之時孫科仍主分裂。另外陳銘樞的態度
亦不好。[334]

　　同日傅秉常與陳策往見胡漢民，剛巧伍朝樞也在。胡漢民稱
他已認清陳濟棠的態度。胡認為蔣介石欲趕走孫科，但汪精衛想
孫科留下。胡亦覺得政治上已無可為。陳策更告訴傅秉常，徐景
唐曾問他，陳濟棠是否會出賣胡漢民。[335] 證明當時胡漢民政治地
位不穩，陳濟棠為了自身利益，可以隨時捨棄胡漢民。

　　傅秉常又與葉恭綽見面，他們主要談孫科事。伍朝樞說程天
固 16 日致電給他，稱孫科會在 19 日返。葉恭綽與陳策建議傅
秉常向孫科發一電報，告訴他事態的最新發展，以及陳濟棠和其

332　同上，1932 年 3 月 17 日。

333　同上。

334　同上。

335　同上。

他人經與蔣介石和汪精衞連繫，所以在廣東集結反蔣勢力已不可能。傅秉常即起草，葉恭綽再略加幾句，加重語氣。[336] 稍後陳策指孫科和陳友仁也知道廣東情況惡劣，故不擬南返。[337] 孫科回覆傅秉常之電報，稱無意返廣東。[338]

傅秉常一向比較親英，故在香港認識不少英國人。傅曾往訪其友、律師 William Shenton。Shenton 覺得當時中國的情況非常差，所以十分悲觀。傅秉常又問伍朝樞嫁女，是否應該請港督貝璐（Sir William Peel，1875－1945）和其他官員。Shenton 認為可以不用了。[339]

傅秉常又在香港與鄧召蔭位於跑馬地黃泥涌道 163 號的鄧宅會面。[340] 吳尚鷹當時則在大南街 304 號 4 樓居住。[341] 傅秉常又收到立法院寄來信函，請他出席洛陽國難會議。他語帶嘲諷地說：「原來，我仍是立法委員及外交委員會委員長！」[342]

這時期傅秉常、伍朝樞和胡漢民關係十分密切。伍朝樞的女兒伍豔莊出嫁，胡漢民是證婚人。[343] 翌日，傅秉常往赤柱訪胡漢民，與他就時局詳談。胡漢民亦同意傅秉常的看法，認為暫時不宜採取任何行動反蔣，因為這會令蔣介石與汪精衞走得更近。胡跟傅說，他想對上海之協定提出反對，他問傅有何看法。傅秉常

336　同上。
337　同上，1932 年 3 月 18 日。
338　同上，1932 年 3 月 19 日。
339　《稿本日記》，1932 年 3 月 18 日；《日記》，1944 年 5 月 17 日。
340　《稿本日記》，1932 年 3 月 20 日。
341　同上。
342　同上。
343　同上，1932 年 3 月 21 日。

認為，如果將上海事件和滿洲事件分開處理的話，滿洲事件將永遠無法解決。另外，傅秉常覺得日方所提出的條件，恐怕就是上海之非軍事化。在上海的某些中國人或外國人當然歡迎，但對中國來說是重大的損失。至於孫科是否應該南返，傅秉常認為不必，因為北方的反蔣情緒比南方濃厚，所以孫科應該留在北方，集結這股力量。傅秉常認為應派人與孫科接洽。胡漢民同意派親信劉盧隱（1894－1969）前往。他又對廣東各朋友感到失望，[344]其中當然是指李文範及其他人。劉盧隱從廣州返，傅秉常跟他說與胡漢民的討論，劉同意即赴上海。[345]

傅秉常知道張惠長與陳濟棠不甚咬弦，勸他要與陳濟棠打好關係和嘗試與他合作。[346]傅秉常也覺胡漢民和孫科欠知人之明。傅認為程天固（1889－1974）是朋友當中最不可靠的，不明白何以胡漢民對他如此信任。[347]

馬坤自上海返，他說上海方面覺得孫科不應不參加南京政府，[348]汪精衛仍欲拉攏孫科。傅秉常稱胡漢民很敏銳地看到，汪精衛希望與孫科合作，而蔣介石只想愚弄孫科。[349]馬超俊將汪、孫會晤之內容告知吳尚鷹等。汪精衛向孫科承認，對於上海事件，除了將事情交國聯處理外，政府別無良策。汪堅決反對聯蘇。他說如果是這樣的話，他情願向日本投降。汪又勸孫科到國

344　同上，1932 年 3 月 22 日。
345　同上，1932 年 3 月 23 日。
346　同上，1932 年 3 月 24 日。
347　同上，1932 年 3 月 25 日。
348　同上，1932 年 3 月 31 日。
349　同上，1932 年 4 月 3 日。

外一行，惟孫科拒絕，因為孫科覺得政府既無方針，出訪也是枉
然的。[350] 傅秉常亦觀察到，政府陷於嚴重財困，他很懷疑究竟宋
子文可以再捱多久。[351] 他批評宋子文，指宋曾向日本首相建議直
接談判，可是一看到民意沸騰，便不敢進行了。[352]

　　4月尾，傅秉常往訪陳策。陳策告訴他，張惠長赴南京是因
為海外華僑看見十九路軍英勇抗日，因此集巨資購買戰機，但他
們不欲送給南京和廣東。他們欲詢十九路軍，應作如何處置。因
此陳銘樞去電張惠長，請他幫忙處理。[353] 陳銘樞、陳濟棠和李宗
仁似乎與南京方面達成某種協議，因為陳策跟傅秉常說，陳銘樞
稱陳濟棠和李宗仁同意，南京政府會分別任命陳策和張惠長為第
八軍和第九軍之司令。汪精衛向陳銘樞探詢，陳策和張惠長二人
究竟願意接受何種名銜。陳策跟傅秉常說，在陳濟棠的幹部當
中，對陳濟棠是否應接受南京方面之任命，互有分歧。香翰屏
（1889－1978）支持，林翼中（1887－1984）則反對。傅秉常從
李宗仁親信之言推測，李宗仁反對陳濟棠接受南京方面之任命。[354]

　　胡漢民跟傅秉常說，他勸陳濟棠不要接受南京之任命，並應
集中精神投入廣東之重建。陳濟棠向胡漢民表達對廣東海軍和空
軍的不滿，尤其是海軍。[355] 明顯地，陳濟棠是衝着陳策和張惠長而
來。從欲將陳策和張惠長調為第八軍和第九軍之司令一事看，[356] 陳

350　同上，1932 年 4 月 13 日。
351　同上，1932 年 4 月 14 日。
352　同上，1932 年 4 月 7 日。
353　同上，1932 年 4 月 27 日。
354　同上，1932 年 4 月 27 日。
355　同上，1932 年 4 月 29 日。
356　同上，1932 年 4 月 27 日。

濟棠一直想趕走兩人。惟胡漢民尚未明白陳濟棠的真正用意，還向陳濟棠建議，在西南政務委員會之下，成立一個軍事委員會，那麼陳策和張惠長便可以多與陳濟棠溝通，消除彼此的歧見。傅秉常也知道陳策敵視陳濟棠。他告訴胡漢民，會盡力勸服陳策。傅秉常認為，既然南京方面即將接納日方提出的條件，西南政務委員會要團結一致，拯救時局。胡漢民亦請傅秉常勸伍朝樞勿往瓊崖。伍朝樞就在同日致電傅秉常，稱張惠長已被拉下馬，並以黃光銳（1898－1985）代之。[357] 將所有事情拼合起來，原來陳銘樞去電張惠長往南京處理飛機一事，很可能是調虎離山之計。

　　5月初，陳濟棠在西南政務委員會上，指由於所有飛行員都不滿張惠長，並聲言如無任何變更，他們會集體離隊。他迫於無奈，重組空軍。他指張惠長舞弊營私。證據有二：第一，張惠長妻子的親戚挾鉅款而逃；第二，張惠長強迫財政廳專員任命他的人在廣東的印花署工作，中飽逾八千元。陳濟棠說海軍有見空軍之整頓，也開始有異動。有些戰艦離開了廣東。虎門要塞司令詢問陳濟棠是否有作如此命令。為免嚴重事情發生，陳濟棠只好承認曾作這樣的命令。5月2日，他又收到要塞之報告，指海軍收集所有小炮艇之武器，然後集中轉移至一小炮艇，以便離開。故此他下令要塞向它們發炮並奪回武器。陳濟棠又說海軍的種種貪污行為。第一，陳策的親戚因走私被解僱，但又返聘為艦長；第二，陳策之弟在瓊州有不法行為；第三，陳策之父在背後積極干預；第四，即使增加海軍經費預算，仍毫無改善，陳濟棠之意即陳策中飽經費。因為這些原因，海軍要置於第一集團軍下重組。

357　同上，1932 年 4 月 29 日。

蕭佛成（1862－1940）同意，並得林直勉（1888－1934）和林雲
陔支持。傅秉常對蕭佛成之態度感到很意外，因為他一向覺得，
蕭佛成是站在陳策和張惠長一方的。陳濟棠削去了陳策之權，任
命他為第一集團軍高級顧問，廢除了海軍總司令一職。第一集團
軍負責重組海軍。[358] 陳濟棠是有意對付陳策和張惠長兩人，即削弱
太子派的力量。伍朝樞安排傅秉常為西南政務委員會委員，可能
是為了令太子派力量不致太零落。陳濟棠後來又指伍朝樞和陳策
狼狽為奸，企圖迫走伍朝樞。對親太子派的唐紹儀也不客氣，發
動「控唐案」等，令唐紹儀下不了台。以後唐紹儀遇人便痛罵陳
濟棠。[359] 陳濟棠的種種行徑，令傅秉常等無法再待下去。

奪取海關稅收的構想和討論

　　由英人主導的中國海關一直享有超然之地位。可是隨着中國
民族主義的崛起和日本侵華野心日漸顯露。海關稅收也受到威
脅。滿洲國扣留安東和營口的海關稅收。[360]
　　這一年傅秉常經常來回於省、港二地。大年初一，他由香港
赴廣州出席西南政務委員會會議，在會上抨擊汪精衛和蔣介石，

358　同上，1932 年 5 月 3 日。
359　羅翼群：〈西南反蔣的回憶〉，載《南天歲月：陳濟棠主粵時期見聞實錄》，頁 80－
　　99。
360　《稿本日記》，1932 年 4 月 2 日。

同時批評陳銘樞之軟弱。[361] 會後，陳融（1876-1955）與蕭佛成把傅秉常拉到一旁，詢問他奪取海關稅收之意見。傅秉常提出反對，指出南京方面正在抗日，奪取海關稅收只會予人製造分裂之惡感。但若情況有變，蔣介石與日方簽訂不利中國的條約，廣東方面成立新政府，傅秉常不反對。傅秉常又稱，無論如何，都請他們與胡漢民商量。[362] 陳融是胡漢民之妻舅，而蕭佛成是元老派之一員，二人與胡漢民關係密切。[363]

稍後傅秉常在香港又與伍朝樞討論奪取海關稅收一事。伍的意見與傅秉常完全一樣，[364] 他又稱蕭佛成和林翼中（1887-1984）2月8日來香港找他。他們不再要求他擔任廣東省主席，但希望他能赴廣州協助奪取海關稅收，[365] 可見廣州方面急切需要海關稅收維持運作。傅秉常立即往晤胡漢民。對於海關稅收之處置，胡漢民同意傅秉常的看法。[366]

4月，在西南政務委員會的會議上，奪取海關稅收又提上了議程。傅秉常從李仙根方面得悉胡漢民曾發電報予西南政務委員會，要求奪取海關稅收。伍朝樞和李宗仁都着傅秉常，當電報宣讀後便可以着手辦理。然而，陳融唸的是白崇禧（1893-1966）的電報，而非胡漢民的電報，而兩者的說法都大同小異。[367] 由這

361　同上，1932 年 2 月 6 日。

362　同上，1932 年 2 月 6 日。

363　陳紅民：《函電裏的人際關係與政治：讀哈佛燕京圖書館藏「胡漢民往來函電稿」》（北京：生活・讀書・新知三聯書店有限公司，2003 年），頁 64-65、68。

364　《稿本日記》，1932 年 2 月 9 日。

365　同上，1932 年 2 月 9 日。

366　同上，1932 年 2 月 9 日。

367　同上，1932 年 4 月 26 日。

件小事可見西南政務委員會故意排擠胡漢民的影響力，即使陳融是胡漢民的妻舅，也被迫如此。

傅秉常起立發言，指廣東政府的經濟狀況相當嚴峻，每月差不多有三十萬元財赤，雖然南京方面常說會幫忙，但都是口惠而實不至，所以應認真考慮海關收入的問題。傅秉常說完之後，會上就海關收入問題討論了很久。唐紹儀反對，認為不該籌錢來浪費。唐紹儀指如果廣東當局願意改善財政制度，或者革除各種貪污舞弊，收益一定可以增加。羅翼群（1889－1967）亦指出，只要軍事機構不干預財政機構，收益由五百五十萬元升至八百萬元絕對沒有困難。傅秉常稱馮祝萬（1879－1954）十分狡猾，他支持奪取海關稅收，但言辭含糊。李宗仁則極度同意。伍朝樞很機靈地總結各人之見解，歸納出兩點方案：第一，立定決心要這樣幹，但各人都要「諮詢他」；[368] 第二，至於如何奪取，則要成立一個委員會研究，然後向西南政務委員會報告。[369] 伍朝樞這方法，純粹是一種拖延的手段。事實上他是反對奪取海關稅收。

委員會成員分別有陳濟棠、李宗仁、伍朝樞、馮祝萬、傅秉常、林雲陔和吳尚鷹。[370] 太子派人物在委員會中佔的比重不輕。

傅秉常與吳尚鷹在廣州的吳宅討論這件事。他們打算往香港與胡漢民晤面，了解一下胡漢民對此事的想法。[371] 傅秉常在 4 月底

368　下線為傅秉常所加。原文是 "Determination to do it — everyone should consult himself." 詳參《稿本日記》，1932 年 4 月 26 日。"Himself" 或為 "him" 之誤。

369　《稿本日記》，1932 年 4 月 26 日。

370　同上，1932 年 4 月 26 日。

371　同上，1932 年 4 月 26 日。

赴港與胡漢民見面，談海關之問題。[372] 李仙根前已知會傅秉常，陳濟棠曾赴港與胡漢民談。[373] 胡漢民告訴傅秉常，陳之意見是待十九路軍開入福建，戰事進行最酣之時才奪取海關稅。[374]

反蔣運動之延續

靜極思動，5 月前後傅秉常打算到上海找機會。吳尚鷹也覺得傅秉常不應再留在廣州。[375] 謝保樵說傅秉常到上海後，他不久之後也會去。[376] 傅秉常跟鄧澤如說他打算到上海，鄧勸他早日起行。[377] 吳尚鷹說鄧召蔭反對傅秉常北上。傅秉常則覺得，他赴上海沒有想過得到甚麼，所以不會失望。[378]

這時期他與胡漢民仍維持密切的關係。5 月尾，傅秉常赴港，在胡漢民位於羅便臣道 81 號的新居與胡詳談。胡漢民請他轉知孫科各事如下：第一，要拯救國民黨，必須與軍閥之所作所為切割。第二，集結在上海和華南之反蔣反軍閥老戰友，以組成黨的最高機關。這個最高機關必需由一個小委員會領導，李宗仁和馮玉祥提議胡漢民當總裁，但他拒絕。至於其他部門，則只要

372　同上，1932 年 4 月 29 日。
373　同上，1932 年 4 月 26 日。
374　同上，1932 年 4 月 29 日。
375　同上，1932 年 5 月 18 日。
376　同上，1932 年 5 月 21 日。
377　同上，1932 年 5 月 24 日。
378　同上，1932 年 5 月 28 日。

有人負責便可。第三，黨的經費應在黨員之間募集，而非從公眾籌措。第四，要嚴格執行黨紀，在決策過程中，可以自由討論。一但作了決定，黨員只可執行，不可批評。第五，胡漢民同意孫科所說，即宜與美國和蘇俄達成諒解。傅秉常謂陳友仁和宋慶齡（1893－1981）或可在與蘇俄達成諒解一事上幫上忙。至於美國方面，胡漢民同意孫科可赴美一趟。第六，胡漢民認為陳濟棠仍然反蔣和白崇禧，他認為要穩住福建的陳銘樞、廣東的陳濟棠、廣西的李宗仁，凝聚反蔣力量，靜待蔣介石之倒台。他亦同意傅秉常所言，即使蔣介石下野，胡漢民等到南京也是無可作為。傅秉常將談話內容轉告陳策。陳策覺得難與陳濟棠達成妥協，但他在海南島的力量應甚穩固。[379]

傅秉常在香港認識許多富商。廣生行創辦人馮福田曾邀請傅秉常等到其淺水灣家午飯。[380] 伍朝樞則着傅秉常到上海後，替他了解一下：第一，蔣介石、汪精衞、孫科之間的關係；第二，十九路軍赴福建之終極目的；第三，汪精衞、陳濟棠之間的關係；第四，胡漢民、汪精衞再合作之可能性；第五，蔣介石是否仍反對他赴海南島，如是，理由又是甚麼？[381] 伍朝樞在 1931 年末，任瓊崖特別行政區行政長官。[382]

6 月 3 日，傅秉常正式赴上海。[383] 數天後往訪孫科，他將胡漢民欲改革國民黨之建議向孫科說明。孫科表示完全同意，並已

379　同上，1932 年 5 月 30 日。

380　同上，1932 年 6 月 1 日。

381　同上。

382　《現代中華民國滿洲國人名鑑》，頁 104。

383　《稿本日記》，1932 年 6 月 3 日。

草就提綱。傅秉常得悉,陳友仁將會在 14 日赴歐,與歐洲列強特別是蘇俄連絡。孫科對陳濟棠大表不滿,指陳濟棠是他們事業最大之障礙。傅秉常又與陳友仁談,陳友仁憂慮中共的影響力在長江一帶日漸擴大。[384]

傅秉常從黃居素口中得悉蔣介石與陳銘樞失和。蔣介石對陳銘樞猜忌尤深,曾私語人,陳銘樞可以一變而為陳炯明或他自己。有些出身黃埔軍校的人向蔣介石提議,暗殺陳銘樞,蔣介石同意。蔣介石亦向蔡廷鍇(1892-1968)暗示,指陳銘樞組織新黨。[385]總之就是千方百計羅織陳銘樞之罪行。另外又有人在陳銘樞的家放置炸彈。[386]陳銘樞為保十九路軍能順利入閩,只好仍對南京方面敷衍。黃居素又說十九路軍入閩原本由蔣介石提出,但當陳銘樞同意時,蔣又不想。黃認為十九路軍最後是想返回廣東。[387]

傅秉常交遊廣闊,認識很多有英國背景的洋人。富商嘉道理爵士(Lawrence Kadoorie,1899-1993)請他在上海家中晚飯,普樂爵士(Sir Henry Edward Pollock,1864-1953)[388]、老嘉道理等是座上客。他們告訴傅秉常,在共區的人民似乎頗接受共產黨。傅秉常回應,稱任何政府制度都比由無知軍人主宰好,而且中共並非推行嚴格的共產主義,無怪乎人們選擇共產主義,捨棄蔣介石的管治。[389]可見當時傅秉常對蔣介石的看法。

384 同上,1932 年 6 月 6 日。
385 同上,1932 年 6 月 7 日。
386 同上,1932 年 6 月 16 日。
387 同上,1932 年 6 月 7 日。
388 〈前律政司普樂爵士在澳洲逝世〉,《工商晚報》,1953 年 2 月 9 日。香港山頂的普樂道(Pollock's path)是以他命名的。
389 《稿本日記》,1932 年 6 月 8 日。

　　到上海後，他往訪孫科。孫科與他剖析最新的形勢。孫科也同意中共越來越得民心，而蔣介石卻民心漸去，事實上中共直取漢口易如反掌，按兵不動只是不想與列強衝突。因此中共在長江一帶的活動，遠較其他地方重要。可見國民政府的處境其實很無助。蔣介石沒有意識到自己的危機，而汪精衛也誤信蔣軍在江西的捷報。孫科認為汪精衛與蔣介石聯成一線，將汪精衛拉到他們一方已經不可能。至於有關胡漢民欲拯救國民黨之宏圖，孫科稱馮玉祥同意，馮曾派遣唐悅良（1887－？）往見他。[390] 唐悅良是唐紹儀的親戚，早年留學美國耶魯大學和普林斯頓大學，曾在清華大學任教，又曾任國民政府外部常任次長。唐悅良的妻子是馮玉祥妻子的堂姊。唐悅良與馮玉祥一起參與反蔣的運動。[391]

圖 2-9　唐悅良名片（年份不詳）。
　　　　楊永安博士藏品。

390　同上，1932 年 6 月 9 日。
391　《現代中華民國滿洲國人名鑑》，頁 291。

　　孫科又稱，如要進行胡漢民欲拯救國民黨之大計，先要好好
裝備自己一方的勢力。首先必先要穩固自己一方在南方的軍事力
量，但如果陳濟棠在廣東仍然大權在握，這件事是做不到的。孫
科認為，十九路軍遲早會返粵，這對他們比較有利。孫科亦說陳
友仁赴法，是為了與列強接洽，特別是蘇聯。[392]

　　同日傅秉常往見陳友仁，陳友仁同意，中共在長江一帶之影
響力，遠非蔣介石力量所能控制。根據陳友仁所得的線報，中共
稱有信心在兩年內將蔣軍全部爭取到他們一方。如是這樣，華
中一帶各省將會全數落入中共手中，而條約口岸則由國際共管。
陳友仁分析，在日本強勢對華政策之下，日、蘇之間難免一戰；
在這種情況之下，蘇方也許願意與中國達成某種共識，因為萬一
日、蘇開戰，一個與蘇友善的中國政權可以提供很好的助力。陳
友仁又認為，蘇聯最討厭的是蔣介石和汪精衛，皆因二人曾出賣
蘇聯。故此他認為可由他出面，與蘇聯建立共識，而這種共識最
適宜在外地如巴黎而非中國達成。傅秉常問他，宋慶齡是否合適
的人選，陳友仁反對，認為宋慶齡始終不能與宋家的人徹底分
裂，故不能委以反蔣的工作。而且，傅秉常看到陳友仁與宋慶齡
似有不和。陳友仁跟傅秉常說，他會取道香港赴歐，因此傅秉常
着他在港時與伍朝樞和胡漢民會面，他亦同意。[393]

　　孫科又與傅秉常談到時局。孫科打算在 25 日直接赴港，與
胡漢民晤面，然後與家人到青島。他估計三至四個月之間事情也
不會有甚麼進展。傅秉常離開孫宅之後，便發電報給伍朝樞，報

392　《稿本日記》，1932 年 6 月 9 日。

393　同上。

告他在上海的觀察。[394] 又花了一個下午寫報告給伍朝樞和致函在港、粵的各人。[395] 這時期傅秉常奔走於上海和香港之間，為胡漢民、孫科和伍朝樞等當政治聯絡人。

傅秉常也一直在替孫科等物色人才。甘介侯往訪傅秉常，傅秉常勸他到廣西去。傅秉常覺得甘介侯應該是一個合適的人選，穿梭於港、桂之間。[396] 傅秉常從唐悅良口中得悉，很多張學良軍隊的人投入韓復榘（1890－1938）的軍隊中，韓復榘蠢蠢欲動，但馮玉祥着他按兵不動，待至南方群雄並起才行動。傅秉常又決定與孫科在 23 日返香港，從長計議。[397]

陳友仁 14 日乘船離華，傅秉常、余銘、黃漢樑與簡又文到海關碼頭送船。[398] 傅秉常一直關注太子派同僚的動態，他寫信給伍朝樞，稱張惠長因小故對胡漢民不滿，欲在南京謀一職。傅秉常着伍朝樞請陳策幫忙，勸止張惠長，因為這樣會對張惠長和陳策等有害無益。[399] 但黃居素告訴傅秉常，張惠長和陳策老早就向南京方面謀事了。[400]

傅秉常在上海時，郭泰祺往訪，與他談到《淞滬停戰協定》。郭泰祺稱《淞滬停戰協定》沒有秘密共識。郭泰祺覺得伍朝樞對他不公平，因為他在與日方談判時一直有發電報給伍朝樞，讓伍朝樞知道談判的進程。郭泰祺詢傅秉常有關《淞滬停戰協

394　同上。

395　同上，1932 年 6 月 10 日。

396　同上，1932 年 6 月 11 日。

397　同上，1932 年 6 月 13 日。

398　同上，1932 年 6 月 14 日。

399　同上，1932 年 6 月 15 日。

400　同上，1932 年 6 月 16 日。

定》的意見，傅秉常認為協定當然不理想，但他不會責備郭泰祺，皆因環境所限，能做的都已經做了。郭泰祺又稱汪精衛和胡漢民有可能再合作，而汪精衛妻子陳璧君（1891－1959）和顧孟餘也勸汪精衛與蔣介石拆夥。郭泰祺告訴傅秉常，蔣介石和宋子文鬧不和。[401]

孫科告訴傅秉常從馬超俊方面得到消息：第一，胡漢民反對除去陳濟棠；第二，胡漢民認為陳濟棠已掌握十九路軍，而十九路軍將不聽命於陳銘樞；第三，胡漢民反對孫科赴港。孫科怒罵胡漢民「沒有常識」。傅秉常跟孫科說，找馬超俊到廣州與胡漢民等聯繫根本是錯誤決定。傅秉常認為，此刻與胡漢民談驅逐陳濟棠事是十分愚蠢的，因為一則胡漢民無法清楚知道陳銘樞的態度，特別是陳銘樞對汪、蔣的態度；二則陳銘樞也要敷衍陳濟棠；三則與陳濟棠決裂也非時候。傅秉常告訴孫科，胡漢民對陳濟棠已忍無可忍，不過分裂的時間還未到而已。他勸孫科依舊前往香港。[402]

富商嘉道理爵士（Sir Elly Kadoorie，1867－1944）與陳銘樞等人認識。傅秉常與孫科、黃居素等往嘉道理大宅 Marble Hall 與陳銘樞晤談。陳銘樞向傅秉常等解釋這幾個月來的態度，他亦對蔣介石感到絕望，但他要待十九路軍入閩後才可離開上海。表面上他仍然與宋子文維持關係，以便從宋子文處得到武器。陳銘樞亦派遣蔡廷鍇往廣州與陳濟棠弄好關係。至於在驅逐陳濟棠一事上，陳銘樞指出如果十九路軍去了福建而中央黨組織

401　同上，1932 年 6 月 17 日。
402　同上，1932 年 6 月 20 日。

又能夠建立起來的話，可以強迫陳濟棠進行一些改革。如果他反對，便可利用政治手段趕走他。他又說蔣介石想他到外國去，傅秉常建議他到一些較近的地方如馬尼拉，他與孫科均同意。陳銘樞又告訴傅秉常等，蔣介石如何反對十九路軍入閩。[403]

22 日，傅秉常乘船返港。[404] 傅秉常與黃居素商量，打算勸服孫科留在香港，以及說服陳銘樞赴港。[405] 可見香港是當時反蔣活動的一個重要基地。當時馬超俊或許已向南京輸誠，因為他勸王亞樵（1887－1936）不要反蔣。[406]

傅秉常等此行赴港，是與十九路軍負責人如黃居素和翁桂清等同行的。[407] 黃居素是陳銘樞的心腹。[408] 翁桂清則是十九路軍委員。[409] 可見傅秉常此行返港，是負有政治任務的。明顯地，他是負責拉攏十九路軍與胡漢民、孫科等合作。

到港後傅秉常等往見胡漢民。胡漢民說孫科自馬超俊的消息大部分都不確。首先，胡漢民沒有反對孫科赴港；其次，關於十九路軍的從屬和去向也是一派胡言，完全是馬超俊虛構出來的。孫科亦到了香港與胡漢民晤談。[410]

返港後，傅秉常與陳策和伍朝樞詳談。傅秉常向伍朝樞詳細報告上海的情況，與及在香港成立一個包括胡漢民、孫科、伍朝

403　同上，1932 年 6 月 21 日。
404　同上，1932 年 6 月 22 日。
405　同上，1932 年 6 月 23 日。
406　同上。
407　同上，1932 年 6 月 24 日。
408　《現代中華民國滿洲國人名鑑》，1932 年，頁 128。
409　〈翁桂清葉少泉北上〉，《工商晚報》，1932 年 5 月 25 日。
410　《稿本日記》，1932 年 6 月 25 日。

樞、陳銘樞等之黨組織。傅秉常更向伍朝樞引述，如果陳濟棠不服從命令，陳銘樞會將他從廣東趕走。伍朝樞回應傅秉常的話，指胡漢民會站在陳濟棠一方。傅秉常又告訴伍朝樞，他與黃居素前來是為了玉成陳銘樞和胡漢民之合作。黃居素即將延陳銘樞至香港，另外陳銘樞亦着蔡廷鍇來港，向胡漢民請示。[411]

翌日上午，傅秉常與黃居素又訪胡漢民。劉紀文（1890－1957）剛好在胡宅，因此傅秉常故意與劉紀文談，讓黃居素有機會與胡漢民單獨談話。[412] 從傅秉常的記載，可見傅秉常懷疑劉紀文是有人安插在胡漢民身邊，以便探聽機密。胡漢民上午十時約了孫科繼續詳談，下午傅秉常又與黃居素和吳尚鷹往訪胡漢民，相信是早已約定的。傅秉常等告訴胡漢民，他們打算着孫科留在香港，同時請陳銘樞從上海南來。胡漢民同意所論各點，但當黃居素請胡漢民寫一手札，胡漢民即大發雷霆，怒罵黃居素對他沒信心。[413] 傅秉常沒說明這一手札是甚麼，但從上文下理推論，應該是合作憑證之類的東西。

黃居素當然感到十分尷尬，傅秉常只好說其他事情以緩和氣氛。傅秉常暗忖胡漢民是有意如此，因為劉紀文就在隔壁房間。胡漢民欲劉紀文向陳濟棠報告這件事。[414] 傅秉常又與伍朝樞談到孫科留港和陳銘樞南來。伍朝樞也同意留在香港。[415]

傅秉常在往澳門的船上，勸服孫科多留在香港一個月。傅

411　同上。
412　同上，1932 年 6 月 26 日。
413　同上。
414　同上。
415　同上。

秉常向孫科指出，如果孫科在這時去了青島，一切將功虧一
簣。[416] 當時梁寒操亦在香港，他與上海方面有所聯繫。[417] 證明反
蔣的勢力頗為廣泛。

翌日，傅秉常、孫科、伍朝樞、梁寒操，黃居素等往胡漢民
位於羅便臣道 81 號家中會晤。孫科、伍朝樞兩人均起草了黨組
織的草案，並在會上宣讀。然後就是漫長的討論。[418] 可見這是正
式的會議。

傅秉常指出，孫科、伍朝樞兩人的草案其實大同小異，可從
大方向着眼，孫科亦可參閱伍朝樞之草案，仔細研究。當各人談
到汪精衛是否同意合作，大家也討論了很久。傅秉常怕各人意見
分歧，故提議看看汪精衛的情況再說。[419] 這個組織應是陳紅民等
所言的「新國民黨」之雛形。[420]

他又與伍朝樞、孫科及黃居素往訪黃漢樑。伍朝樞坦率地問
各人，究竟我們做這麼多事是為甚麼。孫科笑謂，是為了將蔣介
石從南京驅逐出去，同時把陳濟棠踢出廣東。當傅秉常報告海
軍情況時，黃居素即提議將戰艦和海軍陸戰隊交給十九路軍。各
人均同意，並請黃居素與陳銘樞談。傅秉常等又為黃安排私人代
碼，以便聯繫。[421]

黃居素此舉是為了擴大十九路軍力量，而孫科等亦想利用

416　同上，1932 年 6 月 27 日。
417　同上，1932 年 6 月 29 日。
418　同上，1932 年 6 月 30 日。
419　同上。
420　《函電裏的人際關係與政治：讀哈佛燕京圖書館藏「胡漢民往來函電稿」》，頁 142、
　　　148-149。
421　《稿本日記》，1932 年 6 月 30 日。

十九路軍反蔣反陳濟棠，彼此各有盤算。

反蔣和反陳濟棠是同時進行的。10 月初，孫科告訴傅秉常，如果十九路軍能在福建做出成績，可以迫使陳濟棠作出一些改革。孫科也覺得，沒有甚麼方法可以趕走蔣介石。傅秉常則指，陳銘樞即將赴歐，他估計，陳銘樞會着蔡廷鍇通過宋子文與蔣介石周旋，另外會着蔣光鼐與陳濟棠來往，以便從兩方漁利。孫科認為，陳銘樞此時離開中國是最佳時候，因為蔣介石當時最憎恨的是陳銘樞。[422]

可能是為了占卜反蔣運動是吉是凶，施宗嶽和吳尚鷹往寧波路升安里 7 號的中國濟生會扶乩，[423] 傅秉常也有參與，得出來的乩文是這樣的：「且待彭城北，清河佳氣多。幸逢三鼎足，相與漢江過。」[424] 乩文的意思，似是指要等待時機。

傅秉常也相信鬼神之說，當他與唐雪卿等人遊杭州，剛巧唐住的旅店房間之前數月曾有人自殺，傅秉常將傅秉坤給他的金牌暫借唐雪卿定驚。[425] 因為傅秉坤信奉密宗，所以這個金牌可能是一個曾「開光」的佛牌。

傅秉常反蔣的態度依舊。在這一年稍後時間，傅秉常等常與反蔣軍人陳銘樞、張發奎等來往，陪他們賭錢。有時是打麻

422　同上，1932 年 10 月 2 日。

423　「扶乩」是一種道教的占卜方法，在扶乩中，扶乩者會被神明附體，然後在沙盤寫出一些字，信眾視之為神明的啟示。

424　《稿本日記》，1932 年 10 月 3 日。

425　同上，1932 年 10 月 8 日。

將 [426]，有時是十五糊 [427]，有時是推牌九 [428]。傅秉常這時期與他們關係很好。有一友人容海襟向他求救，說第四軍的人欲剷除他。傅秉常說他可向張發奎說項。[429] 陳道行是許崇智的部下。[430] 他說 1927 年曾在日本侮辱蔣介石，他很擔心如果跟伍朝樞赴北平取道南京，是否會有風險。傅秉常充滿智慧地指出，蔣介石不是那些會向侮辱過他的人作出反擊之人，但是如果有人要動他的軍隊，蔣介石絕不放過他。[431]

傅秉常也堅持反日的立場。日本領事有吉明（Ariyoshi Akira）在上海舉行宴會，傅秉常拒絕出席，「致電余銘，請其替我回絕」。[432] 他也提到汪精衛在赴德國前發表記招，希望國民黨的領導能夠齊心協力，排除分歧。對於李頓報告，汪精衛建議接受。汪精衛赴德是為了養病。黃居素告訴傅秉常，汪精衛往德國的原因：第一，如果汪精衛留在中國，蔣介石沒有可能着張學良回來；第二，無法解決山東韓復榘和劉珍年（1898–1935）之間的戰爭；第三，汪精衛與劉文輝（1895–1976）有舊，而四川戰爭又無可避免，汪精衛無能為力，非走不可；第四，汪精衛不知道國聯會議之後中國會變成如何一個樣子，故他要觀望一下。傅

426　同上，1932 年 10 月 1 日。

427　同上，1932 年 10 月 14 日。

428　同上，1932 年 10 月 15 日。

429　同上，1932 年 10 月 7 日。

430　張發奎口述，夏連蔭訪談，胡志偉校注：《張發奎口述自傳：中華民國第四任陸軍總司令回憶錄》（台北：亞太政治哲學文化，2017 年），頁 391。

431　《稿本日記》，1932 年 10 月 13 日。

432　同上，1932 年 10 月 4 日。原文是英文，引用時由筆者翻譯。

秉常向黃居素坦白說出，他對胡漢民和汪精衞的看法。[433] 他的看法實在很有代表性。

傅秉常認為胡漢民和汪精衞二人都無法脫離清代幕客制度的影響，皆因兩人都來自這樣的家庭背景。[434] 他說的是實情。岑春煊曾邀請汪精衞兄汪兆鏞（1861－1939）進入其幕府工作，汪兆鏞「辭不獲已，遂受關聘，月脩二百兩，辦理奏牘及錢穀事件」。[435]

他指出胡汪兩人有「老夫子」的習性。他歸納出兩人的性格：第一，能夠撰寫良好的函牘；第二，清楚明白衙門的規矩，高明地遣辭用句；第三，對人情敏感，常希望受他人尊重，特別是當權者能待之以國士之禮；第四，不負責任，不當任何高職，只喜歡留在背後操盤；第五，強大的個人派系。[436]

觀乎史實，傅秉常所言，相當正確。

與南京和解

孫科與傅秉常關係仍然密切。10 月初，孫科與張惠長探望傅秉常。孫科着傅秉常搬到華安（可能是一間旅館的名字），

433　同上，1932 年 10 月 21 日。

434　同上。

435　汪兆鏞：《清汪微尚老人兆鏞自訂年譜》（台北：台北商務印書館，1980 年），頁 26。

436　《稿本日記》，1932 年 10 月 21 日。

這樣他可常來找傅談話。傅秉常同意回上海之後遷到該處。[437] 月尾，鄧召蔭離滬赴港，傅秉常寫信給傅秉坤，請其將情況報告胡漢民。[438] 湯良禮（Tang Leang-li，1901−1970）等曾在 11 月初往訪傅秉常。[439] 可見傅秉常仍勤於與政界人物來往。他一天也不能忘記政治，當他得悉國聯會議的情況，認為難言滿意。他早已預料到，列強不會採取有效措施，執行國聯的約章。至於小國，縱使對日本諸多批評，卻無可作為。一般來說，列強只是提倡中日和解。[440] 翌日，傅秉常與陳策和吳尚鷹談到孫科赴南京的目的，傅秉常認為孫科此行之目的是想反駁日方的指控，強調中國是統一之中國。傅秉常又指，應盡量避免人們認為孫科此行是為了謀取一官半職。他不想與孫科赴南京，但是如果孫科需要他，出於友誼，他一定會提供協助。[441] 孫科、陳策、伍朝樞等赴南京三中全會，但他沒有前往。[442] 傅秉常得悉日內瓦會議結果感到失望。列強和諸小國都震懾於日本的威嚇之下。伍朝樞告訴傅秉常，北方一行令他覺得，北方諸將領都令人絕望。傅秉常聽了之後，覺得要麼如孫科所言，與南京合流；要麼如胡漢民所言，作壁上觀。他感到難以抉擇。[443] 葉恭綽則認為，孫科應該暫時作壁上觀，留在上海，等待事情發展，而非接受南京任何職位。[444]

437　同上，1932 年 10 月 7 日。

438　同上，1932 年 10 月 28 日。

439　同上，1932 年 11 月 1 日。

440　同上，1932 年 12 月 10 日。

441　同上，1932 年 12 月 11 日。

442　同上，1932 年 12 月 14 日。

443　同上，1932 年 12 月 16 日。

444　同上，1932 年 12 月 20 日。

　　傅秉常的記載，預示了太子派等人日後的政治取態——與南京和解，更重要的是，與蔣介石和解。

　　平安夜前一天，陳策與張惠長探訪傅秉常。他們與伍朝樞和孫科在 12 月 22 日晚上返回上海。張惠長說孫科接受了南京任命，接任立法院院長。張又告訴傅秉常，要不是邵元沖（1890－1936）出言冒犯孫科，孫科應該是在 12 月 23 日就職的。[445] 孫科只是一時氣難下，張惠長說孫科承諾會在 1933 年新年後任職。吳尚鷹也將開會情況告訴傅秉常，他說張惠長勸伍朝樞應該在司法部長、政治委員會外交委員會委員長和國民政府駐英公使之中，選擇一個。宋子文也提出這些安排，惟伍朝樞未置可否。[446]

　　張惠長和吳尚鷹兩人覺得，蔣介石是真誠希望與孫科合作。吳尚鷹看到蔣介石也不敢與胡漢民公開決裂，且仍繼續發送電報予胡漢民，所以吳認為孫科如果真的要就任立法院院長，應與胡漢民保持聯絡。[447]

　　傅秉常又評論顏惠慶與李維諾夫（Maxim Litvinov，1876－1951）簽訂中國政府與蘇俄政府恢復邦交，他認為早該如此。他雖然覺得訂約來得遲了一點，但方向正確。南京和蘇方都感到高興，但日本自然不是這樣想。[448]

　　畢竟傅秉常當時仍年輕，有強烈的建功立業之心。羅香林謂「傅先生平日對於自己的職位，都是抱着恬淡的態度，沒有什麼

445　同上，1932 年 12 月 23 日。

446　同上。

447　同上。

448　同上，1932 年 12 月 14 日。

干求權勢的做法」，[449] 明顯就是不理解傅秉常的想法。

　　這時傅秉常開始討厭不斷的酬酢，亦覺自己一事無成。他在 12 月的日記中抱怨，「在過去的兩星期，人生對我來說，真是單調乏味，我的房間被人當成 Parwati Club 般」。[450] "Parwati" 即 "Parvati"，出自梵語，是指雪山神女，有生育女神之意。[451] 傅秉常似乎是不滿他人將他房間當成社交聚會場所。在聖誕節當日，失意的感覺再一次湧上心頭：

　　　　我竟然在新新酒店度過聖誕節！當我今早醒來，我回想過去漫無目的之生活，真感到羞愧無狀！雖然是盡了力，我沒法做到任何事，令我的國家有所裨益。我的家庭依舊貧窮，情況一如之前我的好父親逝世，而我垂垂老矣的母親（為家庭）含辛茹苦，努力求存。我妻——肯定是生命中最好的伴侶——被迫居於狹小居所，而我所愛的兄弟又無固定收入，養妻活兒。這是（我）最純潔靈魂的最沉痛反思。我立時離開我的牀，然後找一些內容輕巧的書來看。[452]

　　胡木蘭同日往訪傅秉常，與談胡漢民和孫科之間的電報往

449　《傅秉常與近代中國》，頁 123。

450　《稿本日記》，1932 年 12 月 7 日。原文是英文，引用時由筆者翻譯。

451　Hans Hendriksen, *Himachali Studies：Vocabulary* (Denmark: Det Kongelige Danske Videnskabernes Selskab, 1976), p. 113；任繼愈（1916－2009）編《宗教詞典》（上海：上海辭書出版社，1981），頁 919。承蒙 Victor H. Mair 教授提供 "Parvati" 一字之解釋，特此鳴謝。

452　《稿本日記》，1932 年 12 月 25 日。

還。胡木蘭說孫科曾發一電報予胡漢民,極言他決心赴南京參與三中全會,希望胡漢民不要誤會他,胡漢民情緒甚佳。但當孫科發出一個電報,批評那些反對出席三中全會的人時,胡漢民覺孫科的語意太尖刻,難以接受。胡木蘭又告訴傅秉常,胡漢民對在廣東的林雲陔相當失望。胡木蘭希望傅秉常能促成孫、汪兩人的合作。傅秉常說,自己也有很多困難。傅秉常當時的看法是,雖然他不同意胡漢民不積極參與南京事務,他也很難反對。他認為,如果孫科在南京任立法院院長而邀請他也一同參與,他看不見拒絕的理由。他相信胡漢民如果知道他的情況,胡漢民也會諒解,因為他到南京,既不為錢,也不為權,而是出於對朋友的道義。[453] 可見傅秉常當時已立意赴南京。

12 月 26 日,孫科請傅秉常往他寓所會晤。傅秉常與吳尚鷹同往。馬超俊、劉維熾、陳慶雲已在孫宅。孫科向傅秉常解釋為甚麼他決定赴南京:第一,日本準備攻擊熱河,又打算在同一時間在北平和天津製造事端。蔣介石稱,他經已命張學良以武力抵抗,張學良亦已同意。正因強鄰壓境,孫科認為要團結一致。第二,孫科認為,加入政府能夠令當權者聽到他們的聲音。第三,南方不可再有任何分裂。社會情況有變,蔣介石在圍剿方面做得甚好,再者陳濟棠是他等所見最惡劣的軍閥。[454]

孫科問傅秉常是否與胡木蘭談過,並問到胡漢民之看法。傅秉常認為,胡漢民不會參與南京的政治。1931 年發生的軟禁事件記憶猶新,胡漢民如此態度自然可以理解。另外,應該嘗試說

453　同上。

454　同上,1932 年 12 月 26 日。

服胡漢民，不要反對任何人加入南京政府。傅秉常勸孫科，最好在赴南京就任前，盡快派遣一人往見胡漢民。各人均同意傅秉常所言，馬超俊、劉維熾更認為孫科應派人往晤李宗仁、陳濟棠和馮玉祥。孫科請傅秉常嘗試說服伍朝樞到南京就職。傅秉常認為伍朝樞不會去倫敦或就任司法部職，他最有可能出任政治委員會外交委員會委員長。不過傅秉常覺得伍朝樞很有可能返回香港。孫科又與傅秉常談到與邵元沖的爭執。傅秉常勸孫科盡量保持胡漢民的人，孫科同意。[455]

傅秉常當時銀根頗緊絀。為了借錢事他對陳策等有所批評。傅秉常跟吳述彭說，要認清朋友，將他們分門別類。如有困難，最好不要找陳策和張惠長幫忙。他二人只會在對自己有利的情況下才會施予援手。傅秉常畢竟是一個圓滑的人，指作為朋友總比當敵人好，故最好還是繼續與他們來往，但不要對他們寄望太多。劉維熾對傅秉常亦有中傷。[456]

漫遊書海

傅秉常在 1932 年讀了不少書，並在日記中專闢多頁，仔細寫下讀後感。我們可以從中窺見他對世界政治的看法：

455　同上。
456　同上，1932 年 12 月 30 日。

表 2-2　1932 年間《傅秉常日記》中所記載傅秉常曾閱讀的書籍 [457]

日期	作者	書名	讀後感
2 月	James Bryce	*American Commonwealth*	沒有。[458]
2 月 2 日	Frank Harris	*Bernard Shaw: An Unauthorized Biography Based on Firsthand Information*	有些評價太坦率，坦率得令人難以接受。蕭伯納在卷末寫了一些東西，稱他不盡同意 Harris 所言。全書明顯就是 Harris 的風格——與他關於奧斯卡·王爾德的前作，風格同出一轍。[459]
2 月 28 日	Thomas Babington Macaulay	*William Pitt the Younger - A Short Biography*	研讀麥考利的 *William Pitt the Younger - A Short Biography*。[460]
2 月 29 日	Henrik Ibsen	*The Vikings at Helgeland*	不俗。這是他早期戲劇之一，與他後來的戲劇非常不同。當然不是蕭伯納那種模式。[461]

457　原文是英文，引用時由筆者翻譯。

458　《稿本日記》，〈讀書錄〉，1932 年 2 月。

459　同上，1932 年 2 月 2 日。引文為筆者所譯。另外，凡書名和人名沒有中文通稱的，便不作翻譯了。下同。

460　《稿本日記》，1932 年 2 月 28 日。

461　《稿本日記》，〈讀書錄〉，1932 年 2 月 29 日。

（續上表）

日期	作者	書名	讀後感
3 月 19 日	General Ludendorff	*The Coming War*	他將他廣為人知的理論──即蘇俄、羅馬教廷、法西斯、共濟會之間的秘密鬥爭──延伸闡釋⋯⋯ [462] 早起。讀魯登杜夫的 *The Coming War*。他將所有問題歸咎在猶太人身上。他反對布爾什維克主義、法西斯主義，甚至教會。不折不扣的德國將軍。[463]
3 月	Robert Machray	*The Little Entente*	寫得非常好。它很詳細地說明幾個國家自大戰之後的情況。[464]
3 月 25 日 [465]	Philip Guedalla	*The Duke*	談威靈頓公爵的生平。英文十分好。作者所享盛名是實至名歸的。[466] 寫得十分好，惟厚了一點。[467]
4 月 4 日	E.V. Lucas	*The Same Star*	是三幕的喜劇。一個寫得非常好的愛情故事。[468]

462　同上，1932 年 3 月，沒有日期。原文部分英文難以辨認，無法全譯。

463　《稿本日記》，1932 年 3 月 19 日。

464　《稿本日記》，〈讀書錄〉，1932 年 3 月。

465　可能是 3 月 24 日開始讀。見《稿本日記》，1932 年 3 月 24 日。

466　《稿本日記》，〈讀書錄〉，1932 年 3 月 25 日。

467　《稿本日記》，1932 年 3 月 24 日。

468　《稿本日記》，〈讀書錄〉，1932 年 4 月 4 日。

（續上表）

日期	作者	書名	讀後感
4月15日[469]	Isaac Don Levine	*Stalin：A Biography*	一本很有意義的書，談俄國的政治內幕，特別是史太林追求權力所用之詭詐手段——他與列寧之關係，及他採用何種方法除去托洛茨基及他的其他同僚——這些都非常有趣。[470]
4月19日	Ilya Marshak	*Moscow Has a Plan：A Soviet Primer*	因為是初級讀本，它用很淺白的語言來寫。它很清晰地描述五年計劃。由於作者本身是策劃者，他緊緊關注整個項目之進行，因此我們或可視此書為蘇維埃政府之官方版本。他常與美國作比較，又他所提供的數字，都是非常有趣的。[471]
4月22日	Hilaire Belloc	*A Conversation with an Angel*	一連串的文章，談不同的課題。內容既輕且重——笑論吉朋、麥考利。寫得很精明，充滿智慧。[472]
4月24日		*Minutes of the 65th Session of the Council of the League of Nations*	搜集了非常有趣的資料，特別是宋子文在滿洲危機開始時的角色。施肇基作為中國代表還不錯。[473]

469　4月17日讀完。《稿本日記》，1932年4月17日。

470　《稿本日記》，〈讀書錄〉，1932年4月15日。

471　同上，1932年4月19日。

472　同上，1932年4月22日。

473　同上，1932年4月24日。

（續上表）

日期	作者	書名	讀後感
5月24日	Herbert Asbury	*The Gangs of New York*	一本甚有趣的書，但是寫得不太好。[474]
6月	Piatiletka (Translated by Michael Farbman)	*Russia's 5 - Year Plan*	一個非常概括的考察，無甚內容。[475]
6月	André Siegfried, (Tranlasted by Henry Harold Hemming and Doris Hemming)	*England's Crisis*	他對危機之原因和程度提供了一個很好的描述。英國不願採新方法進行生產。（例如集體生產，諸如此類。）煤不再是唯一的原料，工人的生活程度，最受影響，諸如此類。一本十分好的書，也有意義。[476]
6月	Lord Crewe	*Lord Rosebery*	作為傳主之女婿，Lord Crewe 自然是寫這一有趣人物的最佳人選。Lord Crewe 在文學界享負盛名。結果這樣的主題和這樣的作傳之人賦予這本書極高的興味和價值。（C.H.Lee 在我房間花了一整晚讀竟全書。）[477]

474　同上，1932年5月24日。

475　同上，1932年6月。

476　同上。

477　同上。

（續上表）

日期	作者	書名	讀後感
7 月	Jabez Wolffe	*Swimming：Short and Long Distance*	有用但十分皮毛。[478]
7 月	H.R.Austin	*How to Swim*	尚算有用。[479]
7 月	Alexandre Dumas	*Celebrated Crimes：Vol I. Joanna of Naples；The Man in the Iron Mask；Martin Guerre*	非常有趣，但遠差於他其他作品。[480]
7 月	Alexandre Dumas	*The Black Tulip*	不是非常有趣。[481]
7 月	William J. Locke	*Where Love Is*	非常有趣，寫得好。[482]
7 月	Alexandre Dumas	*The Conspirators*	可在任何一方面與大仲馬其他最好的作品比擬。[483]
8 月 10 日	Leon Trotsky (Translated by Max Eastman)	*The History of Russian Revolution Vol.1*	一本十分有趣的書，出於一個非常優秀的作家之手筆。戰前俄國的情況介乎中國與法國之間，所以對我輩中國革命份子來說，是非常好的資料。[484]

478　同上，1932 年 7 月。

479　同上。

480　同上。

481　同上。

482　同上。

483　同上。

484　同上，1932 年 8 月 10 日。

（續上表）

日期	作者	書名	讀後感
8月16日	Thomas D.Campbell	*Russia：Market or Menace？*	作者是現代機械農業的權威。在五年計劃之下，蘇俄政府請他協助發展俄國小麥之系統。對於農業組織，他提供了非常清晰的描述。他亦提供十分有用的數字。[485]
8月20日	Paul Einzig	*Finance & Politics*	作者譴責法國政府利用金融武器作為政治手段，情況就是它打亂差不多所有國際貿易關係。[486]
9月16日	J.B. Manson	*Rembrandt 1607–1669*	傳主生平非常有趣。雖然只是一本很短的傳記，但寫得不錯。[487]
9月16日	Aileen Riggin	*Modern Swimming & Diving*	一本關於自由式的好書。[488]
9月20日	*Frank Rutter*	*Sir Joshua Reynolds*	非常愉快的一生，在藝術家當中極為少見。雖然很短，但寫得十分精彩。[489]
10月	V. Ossinsky, S. L. Ronin, A. Gayster, I. A. Kraval	*Socialist Planned Economy in the Soviet Union*	由於他們是蘇維埃官員，他們表達的自然是蘇維埃觀點。但是整體來說，這本書在談俄國事情方面，特別是工人狀況、工業化和農業改良，提供非常有價值的數字及資訊。[490]

485　同上，1932年8月16日。

486　同上，1932年8月20日。

487　同上，1932年9月16日。

488　同上。

489　同上，1932年9月20日。

490　同上，1932年10月。

（續上表）

日期	作者	書名	讀後感
10 月 2 日		*Summary of the Report of the Commission of Enquiry into the Sino - Japanese Dispute*	一個公允的報告。它所言符合我們所預期，但亦不應欣喜。[491]
10 月 3 日	Karl Kautsky	*Bolshevism at a Deadlock*	作為布爾什維克主義的敵人，自然布爾什維克主義做甚麼，他都批評。他的某些論點，如農業發展，是非常有趣的。它們可以作為有價值的思想材料。[492] 返酒店。讀 Kautsky 的 *Bolshevism at a Deadlock*。他批評蘇聯政府實行五年計劃的方法。他的有些論點看來是健全的，但整體來說，我不敢苟同，特別是他說小農莊會比集體農莊成效高。[493]
10 月 3 日	Sid G. Hedges	*Modern Swimming and Diving*	一本關於自由式的書，非常好。[494]
10 月 13 日	Dr. Marie Stopes	*The Human Body*	沒有。[495]

491　同上，1932 年 10 月 2 日。

492　同上，1932 年 10 月 3 日。

493　同上。原文略有語誤，根據上文下理修正。

494　同上。

495　同上，1932 年 10 月 13 日。

（續上表）

日期	作者	書名	讀後感
10 月 21 日	William Henry Chamberlin	*Soviet Russia: A Living Record and a History*	一本談蘇聯情況的書，十分好。作者娶了一個俄人為妻子，且在蘇聯住了 7 年。他對現在的俄國政權寄予很大的同情，在談到它時相當正面。整體來說，這本書寫得很好，且在數字方面提供極好的資訊。[496] 一本優秀的書，對蘇聯狀況敘事不偏不倚，且觀察入微。[497]
10 月 23 日	Lord Macaulay	*War of the Succession in Spain*	沒有。[498]
11 月 17 日	A. W. Ward and A. R. Waller (eds)	*Cambridge History of English Literature*[499]	讀 Trent 的文章 "Defoe — the Newspaper and the Novel"（收於 *Cambridge History of English Literature*），談《魯濱遜漂流記》作者生平，頗有趣。[500]
11 月 18 日	Dr. Karl Krüger	*Kemalist Turkey and the Middle East*	雖然是一個短的研究，它所提供有關土耳其的資訊不錯，特別是其與大不列顛、蘇俄和她與歐、亞鄰邦之關係。[501]

496　《稿本日記》，1932 年 10 月 21 日；《稿本日記》，〈讀書錄〉，1932 年 10 月，沒有日期。

497　《稿本日記》，1932 年 10 月 21 日。

498　《稿本日記》，〈讀書錄〉，1932 年 10 月 23 日。

499　《稿本日記》，〈讀書錄〉，1932 年 11 月 17 日。

500　《稿本日記》，1932 年 12 月 25 日。

501　《稿本日記》，〈讀書錄〉，1932 年 11 月 18 日。

傅秉常——從香港大學到莫斯科中國大使館

（續上表）

日期	作者	書名	讀後感
12 月 9 日 [504]	Fred D. Pasley	*Al Capone: The Biography of a Self-made Man*	十分有趣，特別是它顯示流氓在城市政治之影響力。[505] 寫得很差，尤其是他所用的語言。但是這樣的一個人之一生，定必有趣。此書反映，禁制與選舉制度必然引起的貪腐。[506]
12 月 24 日	Robert Burns； J. De Lancey Ferguson (ed)	*Letters of Robert Burns*	沒有。[507]

　　從上述所列各書，可見這一年傅秉常讀書甚勤，具體有幾個方向：文學、傳記、生活，佔最多的是國際政治，尤其是側重蘇聯的歷史和政治。當時他對蘇聯已十分感興趣，對英國也很關注。他讀這些書的時候，很看重書中所提供的分析和數據，讀書方向明顯受伍廷芳之影響。伍廷芳生前鼓勵傅秉常讀麥考利（Thomas Babington Macaulay，1800－1859）等之作品。[506]在 1932 年，他讀了一些麥考利的著作。傅秉常也很看重語言的

502　同上，1932 年 12 月 9 日。日期根據這日的日記補回。

503　同上，1932 年 12 月。

504　同上，1932 年 12 月 9 日。

505　同上，1932 年 12 月 24 日。

506　《傅秉常先生訪問紀錄》，頁 24。

運用，這方面亦似乎受伍廷芳之影響，蓋傅秉常曾謂「伍先生於英文之聲調、風格亦見獨到見解」。[507]

傅秉常對傳記情有獨鍾。因為他一直希望將西方的傳記體裁介紹至中國，「蓋亦以人為鑑，足以自省之意」。[508]

奇怪的是，在現存《傅秉常日記》的讀書記錄中，大部分都是談政治、歷史和文學等，至於工科方面的書，則並不多見。

重返立法院

政治上沒有永遠之敵人。1932 年寧粵合作之後，蔣介石和汪精衛合作，孫科任立法院長，故傅秉常重返立法院。傅秉常仍擔任外交委員會委員。傅秉常在立法院時間頗長，直至 1938 年他與孫科等訪蘇才離開。[509]

孫科負責統籌《五五憲草》的起草工作。胡漢民和伍朝樞當時仍反蔣，故均反對孫科擔任這一工作。孫科兼任憲法委員會委員長，傅秉常和吳經熊等均為委員。後因吳經熊擅自公佈草案一種，引來輿論大譁，立法院中人亦不滿。故此憲法起草委員會改組，由立法院中五位常設委員會之委員長加入為憲法起草委員。[510] 傅秉常對《五五憲草》的起草，參與甚多，但同時掣肘亦

507　同上，頁 24。

508　《日記》，1945 年 1 月 14 日。

509　《傅秉常先生訪問紀錄》，頁 83。

510　同上。

較多。他指出，因為是憲法之起草，與政治關係太密切，所以無法從純法律和純學術的觀點處理法律問題。[511] 孫科要安插十多人進立法院，但原本的四十九人不作更動。孫科建議在立法院新增二十五個名額，這樣可以讓二十五個名額與蔣介石均分，蔣方可安插十二至十三人。蔣介石更進取，提出增加五十個名額。因此立法委員急增至九十九人，水準自是難以保證。[512]

圖 2-10　胡漢民《遠東問題之解決》
（1935 年）。
筆者藏。

511　同上，頁 83－84。
512　同上，頁 84。

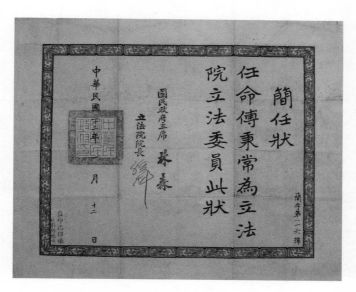

圖 2-11　簡任狀（1933 年 1 月 12 日）。
楊永安博士藏品。

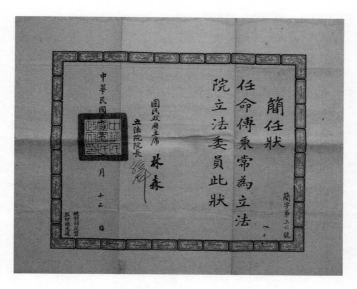

圖 2-12　簡任狀（1935 年 1 月 12 日）。
楊永安博士藏品。

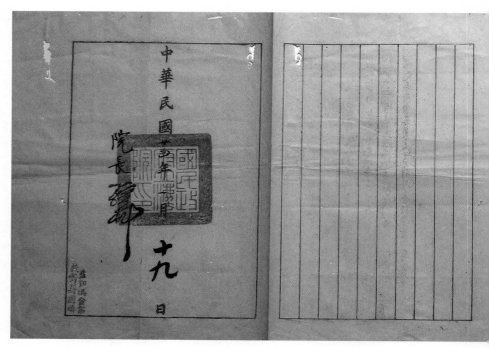

圖 2-13　委任傅秉常為立法院外交委員會委員長令（1935 年 1 月 19 日）。
楊永安博士藏品。

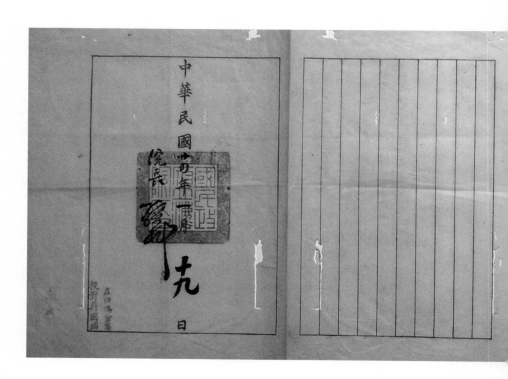

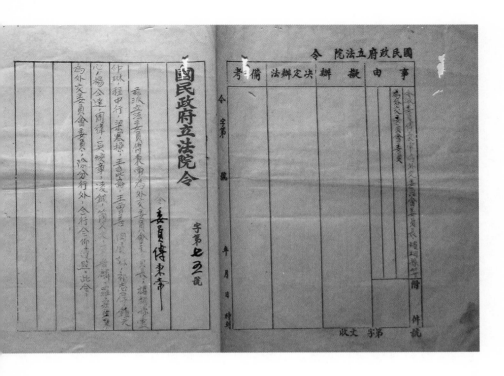

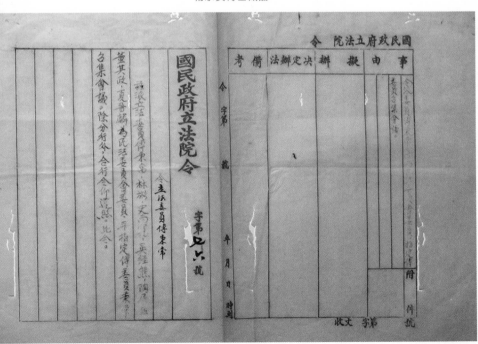

圖 2-14　委任傅秉常為民法委員會委員令（1935 年 1 月 19 日）。
楊永安博士藏品。

兩訪蘇俄

1937 年 7 月 7 日盧溝橋事起，中國即陷入八年抗戰中。中國亟需外援。當時中國物資短缺，故蔣介石初派楊杰（1889－1949）為代表赴蘇聯，但蘇方始終沒有答覆。[513] 或許，蘇方認為楊杰資格不夠。

蔣介石轉而請孫科在上海與蘇聯大使聯繫，蘇聯大使電史太林（Joseph Stalin，1878－1953），不久史太林覆電，原則上同意為中國提供物資。孫科與傅秉常商量應該派哪人到蘇接洽。孫科憂慮蔣介石會以為自己「挾蘇聯以自重」，傅秉常建議派陳立夫往蘇聯，因為陳立夫是蔣介石相信的人。孫科向蔣介石建議，蔣立即派陳立夫前往。惟陳立夫抵新疆時，蘇方來電反對。故蔣介石命孫科前往，孫科着傅秉常同往。1937 年 12 月，孫科等從漢口出發。[514] 另孫科秘書夏晉麟（1896－1993）、駐蘇大使館代辦余銘、立法院經委會委員長吳尚鷹等亦有參與。[515]

孫科等到莫斯科後一星期後，仍未得見史太林。後來在某個晚上，蘇方突來電話，請孫科在凌晨二時半往談。孫科與史太林晤，會面情況甚佳。史太林一口答應提供物資、飛機和武器，且已全部安排妥當。使命完成後，孫科等在蘇聯遊歷，蘇方予以一

513　同上，頁 93。

514　同上，頁 93－94。

515　〈丹戎巴葛歌聲響亮，七千華僑歡迎孫院長到星〉，《星州日報》，1938 年 1 月 6 日，楊永安博士藏品。

切的方便。孫科和傅秉常等參觀了莫斯科近郊新式飛機工廠,而這些工廠一向拒絕外人參觀。他們又往訪規模最大的史太林汽車工廠。陸軍大學、砲兵學院和空軍學校等均邀他們參觀。凡孫科等所到之處,均有軍事演習,完畢後均請孫科等發表意見。傅秉常謂,「蘇聯方面故意攏絡,破例優待,凡吾等欲參觀之場所,欲見之人物,無不導往,甚至黨部與婚姻登記所亦嘗參觀」。訪俄之旅完結後,孫科欲將傅秉常留下當國民政府駐蘇大使,但傅秉常反對,政府改派楊杰。楊杰之任命正式公佈後,孫科等往英國、法國和捷克訪問。[516] 英國因怕開罪日本,刻意與孫科等保持距離。法國和德國對孫科等亦相當冷淡。惟捷克卻甚關注中國抗戰之進行,並同意提供價值五千萬元的軍火信貸。捷克陸軍部長稱沒有現貨供應,孫科等提出可否先讓一部分捷克陸軍所用之武器予中方,捷克總統同意。更重要的是捷克贈送孫科等機關槍製作設計藍圖,而美方卻要動用巨款,才能從捷克手上購得。[517]

1938 年 5 月,國民政府打算再向蘇聯商借一億五千萬元,國民政府方面請楊杰提出,惟俄方拒絕之,故蔣介石發電,請孫科再往蘇聯。到莫斯科後,楊杰告訴孫科,借款無望。豈料孫科與史太林見面時,史太林立刻同意。傅秉常認為,「蓋蘇聯有意攏絡中山先生哲嗣,冀為所用,亦彼等一貫之手法也」。為免令人懷疑挾蘇聯以自重,孫科等未待借款細節討論完成便離開蘇聯,先往英國,再往巴黎,8 月起程回國,年底到重

---

516 《傅秉常先生訪問紀錄》,頁 94–95。

517 同上,頁 97。

慶。[518] 此次訪蘇，傅秉常和孫科兒子孫治強（1915－2001）等均有同行。[519]

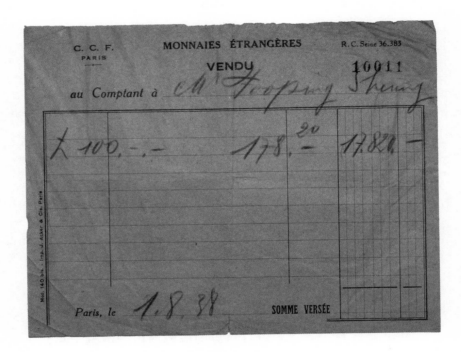

圖 2-15　傅秉常在法國的找換入帳收據。銀行是 Crédit Commercial de France，
"somme versée" 指支付之金額（1938 年 8 月 1 日）。
傅錡華博士協助翻譯法文原文，特此鳴謝。
楊永安博士藏品。

518　同上，頁 96。

519　"For hvert Bombardment Styrkes Kina Forsvarsvilje, siger Dr. Sun Fo," *Berlingske Tidende*, 3 June 1938，楊永安博士藏品。

回歸壇坫

　　傅秉常從蘇聯返國之後，1939 年曾「因藍款與孫院長發生意見返港，多方籌款」。[520] 同年傅秉常被委任為國民黨駐港澳總支部執行委員。[521]

　　「藍款」一事應是指玉器件事件，傅秉常謂「我老母、六弟等，甘將父親遺下之房產變賣清還，正係我最不得意之時」。[522]「藍款」或與藍妮（1912－1996）有關。她與孫科關係密切。筆者估計，藍妮等人可能參與玉器的投機炒賣，而傅秉常因某種原因，牽涉其中，故蒙受經濟損失。傅秉常的朋友也知道傅秉常

圖 2-16　國民黨駐港澳總
　　　　　支部執行委員任
　　　　　用書（1939 年
　　　　　11 月 7 日）。
　　　　　楊永安博士藏品。

520　《日記》，1945 年 1 月 16 日。

521　〈中國國民黨中央執行委員會任用書第 193 號〉，1939 年 11 月 7 日，楊永安博士
　　　藏品。

522　《日記》，1943 年 11 月 29 日及 1945 年 1 月 16 日。

為此陷入財困，傅秉常謂：「策叔（按，陳策）對余個人事甚關懷，詢余近來經濟狀況。余告以玉器未能出售，甚為困（難）。彼謂渠與余相交已達二十載，朋友間能力所到，樂於助我，我甚感激，答以現在此則無須〔需〕其幫助，但返港時如玉器件仍不能解決，則銀行利息等不能遲緩，而金城方面，借款已多，或須〔需〕彼幫忙未定。彼答甚願助我。」[523] 玉器件事件困擾傅秉常兩年多。[524] 玉器件似乎有兩件，一件是東亞銀行玉器件，另一件是上海銀行玉器件，可能都抵押給銀行作借貸。[525] 其中一件玉器後來轉售予一間名為 "Renling Co." 的公司，對方轉手之後獲巨利。[526] 另一件則抵押給傅金城。[527]

傅秉常是香港私立梅芳中學校董，[528] 也是香港仿林中學校董，[529] 仿林中學曾協助傅秉常在校徵收國民黨黨員。[530] 傅秉常關心鄉梓事，獲選為南海同鄉會董事。[531] 後又回立法院工作。[532] 1939年11月10日，傅秉常從香港赴重慶。[533] 這次赴渝，傅秉常又再踏上外交一途。

523　《稿本日記》，1939年11月29日。

524　同上，1941年1月8日。

525　同上，1941年2月16日。

526　同上，1941年3月11日。

527　同上，1963年10月6日。

528　〈梅芳中學校校長陳鐵一致傅秉常函〉，1939年11月9日，楊永安博士藏品。

529　〈香港私立仿林中學男校長陳仿林、女校長江瑞雲致傅秉常函〉，1939年2月17日，楊永安博士藏品。

530　〈陳仿林致傅秉常函〉，1939年11月9日，楊永安博士藏品。

531　〈南海同鄉會會員大會臨時主席李寶祥致傅秉常函〉，1939年11月，楊永安博士藏品。

532　《傅秉常先生訪問紀錄》，頁99。

533　《稿本日記》，1939年11月10日。

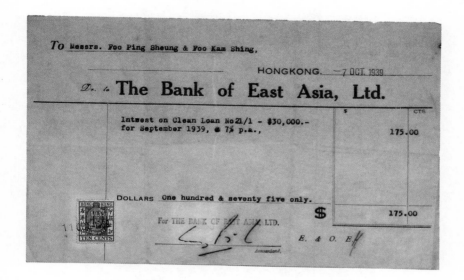

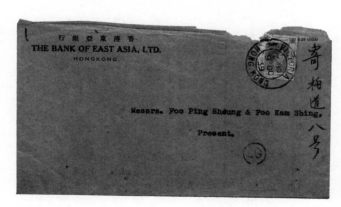

圖 2-17　香港東亞銀行請付利息單。傅秉常曾因玉器件周轉不靈，向東亞銀行借款三
　　　　萬元，年息 7%（1939 年 10 月 7 日，郵戳為 1939 年 10 月 9 日）。
　　　　楊永安博士藏品。

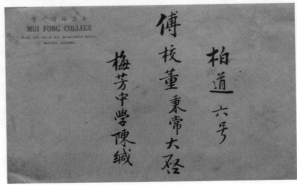

圖 2-18　香港私立梅芳中學致傅秉常函（1939 年 11 月 9 日）。
　　　　楊永安博士藏品。

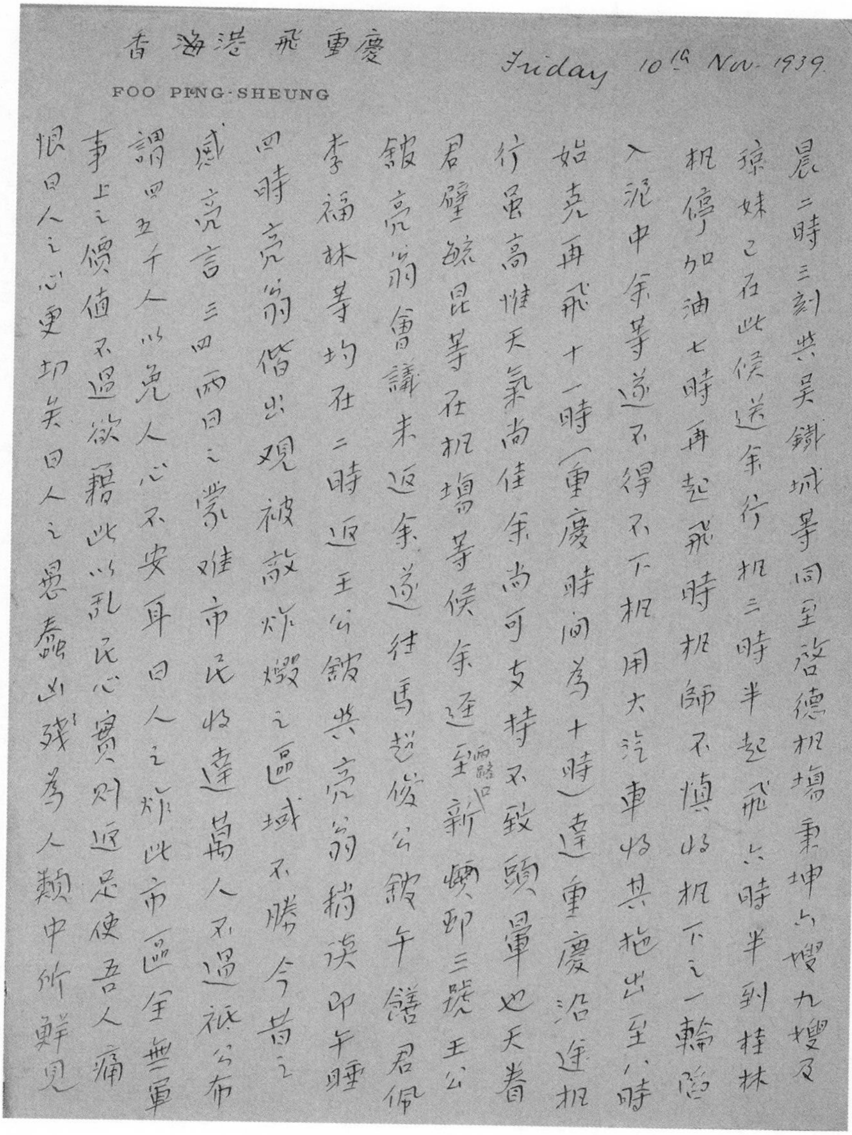

香港飛重慶

FOO PING-SHEUNG

Friday 10th Nov. 1939.

晨二時三刻與吳鐵城等同至啟德機塲秉坤占燰九燰及
瓊妹已在此候送余行機三時半起飛六時半到桂林
機停加油七時再起飛時機師不慎始機下之一輪陷
入泥中余等遂不得不下機用大汽車將其拖出至八時
始克再飛十一時(重慶時間為十時)達重慶沿途機
行甚高惟天氣尚佳余尚可支持不致頭暈也天春
君璧鯨昆等在機塲等候余遂至新嫻即三號王公
鈸亮翁會議未返余遂往馬超俊公鈸午饍君偕
李福林等均在二時近王公鈸與亮翁稍談即午睡
四時亮翁偕出觀被敲炸燬之區域不勝今昔之
感亮言三四日之蒙難市民均達萬人不過祇公布
謂四五千人以免人心不安耳日人之炸此市區全無軍
事上之價值不過欲藉此以亂民心實則適足使吾人痛
恨日人之心更切美日人之愚蠢此殘為人類中所鮮見

圖 2-19 傅秉常 1939 年 11 月 10 日的稿本日記（當日傅秉常由香港往重慶）。
Image courtesy of C.H. Foo, Y.W. Foo.

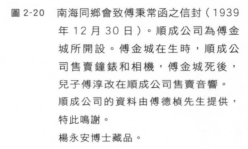

圖 2-20　南海同鄉會致傅秉常函之信封（1939
　　　　年 12 月 30 日）。順成公司為傅金
　　　　城所開設。傅金城在生時，順成公
　　　　司售賣鐘錶和相機，傅金城死後，
　　　　兒子傅淳改在順成公司售賣音響。
　　　　順成公司的資料由傅德楨先生提供，
　　　　特此鳴謝。
　　　　楊永安博士藏品。

　　先是王寵惠為外交部長。王寵惠對傅秉常謂：「蓋彼兩年擔
任外部之苦衷，匪人所可忍受者。政策固不能過問，即內部及使
館小職員亦不能自由任免，尚有不能告人者，但苟非有相當繼任
之人，則不易得蔣之准許。」[534] 可見王寵惠早萌退意。

　　1940 年郭泰祺從英國返，接替王寵惠掌外交。郭泰祺請傅
秉常出任外交部次長，傅秉常最初不願擔任。郭泰祺另薦他人，
惟蔣介石不同意。郭泰祺等在一次聚餐中問孫科，是否可請傅秉
常暫時離開立法院，以協助辦外交方面之工作。孫科同意，只說
未知傅秉常本人是否同意。孫科勸蔣介石與傅秉常直接談。[535]

534　《稿本日記》，1939 年 11 月 18 日。
535　《傅秉常先生訪問紀錄》，頁 99。

王世杰亦曾向郭泰祺推薦傅秉常為外次。[536] 1941 年 6 月末一個晚上，郭泰祺跟傅秉常詳談數小時。他說原想推薦傅秉常作為其駐英大使之繼任人，但蔣介石已決定以顧維鈞（1888－1985）接任。郭泰祺新任外交部長，欲傅秉常擔任政務次長。郭泰祺說他已跟蔣介石談過，蔣亦同意。郭泰祺表示，很希望傅秉常跟他合作，共創一番事業，又表達「贏要一起贏，輸要一起輸」的豪情壯志。[537] 蔣介石又直接與傅秉常談。蔣介石跟傅秉常說，他早想過更換外交次長，傅秉常以往曾協助孫中山、胡漢民和孫科辦理外交，處事穩健，自是理想人選。蔣介石亦希望傅秉常能整頓外交部，使之重回正軌。[538] 傅秉常認為整頓外交部非易事。他舉顧維鈞、施肇基和陳友仁等為例，指中國外交人才從不缺，學問水平亦相當高。外交部有些方面當然有改進之空間，但不宜全盤推翻，在改革方面應小心緊慎。蔣介石同意傅秉常所言。[539] 事實上，傅秉常一直認為中國外交人才鼎盛，「余向以為中國在此五六十年內，其外交官的學識能力，在一般國際上，水準甚高」。[540]

郭泰祺任外交部長未夠一年離任。傅秉常原打算與他一同離開。後蔣介石兼任外交部長，着傅秉常留任。傅秉常與蔣介石談到自己的困難。傅以往曾與三任外交部長共事。伍朝樞因與他為

536 《王世杰日記》，1941 年 6 月 23 日，王世杰著，林美莉編輯校訂：《王世杰日記》（台北：中央研究院近代史研究所，2012 年），上冊，頁 357。

537 《稿本日記》，1941 年 6 月 28 日。原文是英文，引文為筆者所譯。

538 《傅秉常先生訪問紀錄》，頁 99。

539 同上，頁 100。

540 《稿本日記》，1948 年 1 月 9 日。

連襟，關係亦很深，所以外交部之各項事情均由他代理。至於陳
友仁，因他不懂中文，中文公文由傅秉常代處理，一部分人事問
題亦由傅秉常跟進，錢財方面則不管。在郭泰祺任內，傅秉常協
助處理部分公事。傅秉常提到的是實際分工問題。蔣介石回應傅
秉常的憂慮，指示他可「全部負責，不必請示」。傅秉常認為這
樣安排不妥，故蔣介石指定每個星期五下午五時至六時傅秉常可
找他談公事，遇有緊急事情可以電話聯繫。蔣介石又指定陳布雷
（1890－1948）為聯絡人。傅秉常又與陳布雷約定，每個星期五
上午與他討論公事。後陳布雷把蔣介石的私人印章交傅秉常。此
印章蔣介石只曾給予孔祥熙和王寵惠，這表示蔣介石相當信任傅
秉常，但傅秉常從來沒有用過它。[541] 不過，原來蔣介石曾一度打
算調蔣廷黻（1895－1965）為外交部次長接替傅秉常。[542]

　　因為蔣介石是國家元首，無暇處理部中大、小事情。傅秉常
實際兼部長和次長之職務。當時他早上八時便起牀，與外交部各
司及各國使節洽談，下午到復興崗代表部長演講，晚上應酬亦
多，因此工作非常忙碌。[543]

　　1930 代末，何燕芳與傅仲熊住在澳門，[544] 傅仲熊在澳門培正
小學唸書，[545] 香港淪陷時，何燕芳與傅仲熊等逃難到廣西。[546]

541　《傅秉常先生訪問紀錄》，頁 100－102。

542　《王世杰日記》，1942 年 3 月 28 日，上冊，頁 421。

543　《傅秉常先生訪問紀錄》，頁 103。

544　《日記》，1945 年 1 月 16 日。

545　此據傅錡華博士所言。

546　《日記》，1945 年 1 月 16 日。

第三章

駐節蘇俄

今日始，我已四十九歲矣，憶我於二十三歲在軍政府服務時，曾希望於三十歲當簡任官，四十五歲當特任官，五十五歲致仕，奉母以終餘年。結果，二十五歲便當簡任官，三十六歲曾特任西南政務委員會委員，未四十而被選為黨中央執行委員，去歲特任駐蘇大使，願望先後可云達到，祇不能奉養母親，則我致仕之心自當不如前之切，回國之念亦不如前之急矣。

《日記》，1944 年 1 月 25 日。

遠大旅程

　　1943 年 1 月 1 日，傅秉常的心情是沉重的。「我要說，這一個新年對我來說是不快樂的」，「駐蘇大使遠非吾所願，但我得接受」，「為了（履行我對）國家的義務，促使我要接受這一職位」，「當我想到，我可能再不能見到我七十九歲[1]的病弱母親，我的眼淚不能自已的流下來」，「芳苓快生另一孩子了。我希望我從來沒有遇上她，亦希望她從來沒有深愛過我——我現在心碎了」，「她是天使。每一次我離開她，我們的痛苦難以言喻。但國家義務重於一切，我們又可以如何呢？」[2]傅秉常是在重慶與江芳苓認識的。[3]

　　同日，傅秉常收到陳定的電話訊息，稱俄方的「協定」已到了。[4]傅秉常寫得相當隱晦，但根據上文下理推測，應該是指俄方同意他出任國民政府駐蘇大使。陳定是傅秉常任駐蘇大使時的幕僚。傅秉常對他信任備至，遇事定必與其商量，日後並將駐蘇時期所撰之日記交他託管。[5]

　　傅秉常與何燕芳關係一直弄得不太理想，吵架時常發生。[6]他與宋瓊芳亦不協。[7]何燕芳想跟傅秉常到古比雪夫（Kuybyshev），

1　原文如此，應為七十二或七十三歲。可能是傅秉常自己弄錯了。
2　《日記》，1943 年 1 月 1 日。日記原文為英文，引用時由筆者翻譯。
3　《稿本日記》，1940 年 2 月 7 日、4 月 1 日、4 月 4 日、1941 年 1 月 12 日等。
4　《日記》，1943 年 1 月 1 日。
5　此據傅錡華博士所言。
6　《日記》，1943 年 1 月 30 日。
7　同上，1943 年 2 月 5 日。

但遭傅拒絕。[8] 宋子文希望傅秉常在月底便能赴古比雪夫任所。[9] 傅秉常與宋子文向不睦。他稱宋子文「常蠻不講理」、[10]「宋子文出長外交，余無法與之共事，乃有使俄之行」。[11] 所以傅秉常接受使俄任命，與宋子文有一定關係。

在蔣介石派傅秉常使俄之前，蔣介石曾與孔祥熙（1880－1967）談過兩次，欲派傅秉常出任駐蘇大使。孔祥熙深知這是艱鉅的任務，故不願贊一詞。[12] 蔣介石曾請宋子文探詢傅秉常是否願意當駐蘇大使，然後親自面邀。[13] 傅秉常接受任命，原因是多方面的。為國效力是其中一個原因，與宋子文不睦和蔣介石力勸也是箇中要因。但是，我們不能否定傅秉常的經濟困境也是要因之一。數年前的玉器件事件反映傅秉常陷於財困。[14] 加上傅秉常家庭開銷龐大，上有母親，下有妻、姜、情人和眾多兒女，經濟壓力極為沉重，不可能不接受任命。傅秉常亦曾謂：「一則對黨國責任，不得不來蘇。二則親老家貧，不來則母親此次逃難費用無着，即雲妹（按，江芳苓）生產及涂兒病所需費用，亦須〔需〕求人借送，精神上亦有所難堪。」[15] 事實上，傅任大使的薪水也不高——每月僅有美金五百五十元而矣。[16]

8　同上，1943 年 1 月 4 日。

9　同上，1943 年 1 月 8 日。

10　《傅秉常先生訪問紀錄》，頁 102。

11　同上，頁 104。

12　《日記》，1943 年 1 月 9 日。

13　《傅秉常先生訪問紀錄》，頁 104。

14　《日記》，1943 年 11 月 29 日。

15　同上，1943 年 5 月 10 日。

16　同上，1944 年 5 月 9 日。

　　當時傅秉常與江芳苓的第二個女兒即將出世。江芳苓在
1941 年誕下他們的第一個女兒傅錦涂。[17] 1 月 14 日晚上，江
芳苓有作動之象。傅秉常與她討論離華之後的生活安排，別離
在即，傅秉常有無限淒楚之感，「渠直哭至天亮，余亦萬分難
過」。[18] 傅秉常極不願離開其情人，「苟非國難當前，余良心上
覺於黨國之責任，義不容辭，則我寧在家餓死窮死，亦不離我
所愛之苓妹也」，[19]「渠覺不久與余離別，即哭不成聲，余亦萬
分難受，整晚不能睡」。[20] 1 月 16 日，江芳苓替傅秉常誕下一女
孩，[21] 這就是傅秉常最小的女兒傅錦煊。江芳苓後仍住獨石橋。孫
科條諭吳尚鷹每個月送江芳苓津貼，又以他人之名義借房屋予傅
秉常。[22]

　　1 月 10 日，蔣介石邀請傅秉常和邵力子（1882－1967）共晉
午餐，席上只有他們三人和蔣緯國（1916－1997）。[23] 這次午餐，
當然是談駐蘇大使的工作情況。蔣介石着傅秉常和邵力子多研究
蘇俄問題。又說他與蘇聯大使潘友新（Alexander Panyushkin，
1905－1974）會晤後會給傅、邵二人更多指示。蔣介石預期日本
會在春季向蘇俄進攻。[24]

17　《稿本日記》，1941 年 5 月 30 日。

18　《日記》，1943 年 1 月 14 日。

19　同上。

20　同上，1943 年 1 月 15 日。

21　同上，1943 年 1 月 17 日。

22　同上，1943 年 1 月 30 日。

23　同上，1943 年 1 月 10 日。

24　同上。

蘇俄外交甚為難辦。[25] 這是當時很多人的共識。孔祥熙對傅秉常說：「蘇聯外交係最難辦者，勸余不宜希望太多。如稍有不如意時，勿過失望。」[26] 林森（1868－1943）亦跟傅秉常說差不多的話，他「大致着余不宜急於求功，宜靜侯機會，蓋蘇聯外交特別困難，更不宜因未得成就而失望，勸余採無過便是成功之態度」。[27] 戴傳賢（1891－1949）亦勸他「不可希望太多」。[28] 資深外交官錢泰（1886－1962）亦覺對蘇外交不容易，又稱顧維鈞也不表樂觀。[29] 何應欽對傅秉常稱「不欲以中共事而影響中蘇友誼」。傅秉常則語何應欽，希望他能對蔣介石多加規勸，在外交問題處理上，只堅持大原則，小問題則盡量讓步。[30] 可見傅秉常看到蔣介石處事之毛病。

當時國民政府中人對蘇聯厭惡的人不少。但也有很多人懷着探奇之思想，欲到訪蘇俄。何遂（1888－1968）告訴傅秉常，他想到蘇聯考察。[31] 紫羅蘭託馮自由（1881－1958）轉一電報予傅秉常，欲請他帶龍啟昌和胡文虎（1882－1954）之兒子胡好（1919－1951）到蘇聯去。[32]

蘇俄政府的官僚主義嚴重，做事風格與西方國家迥異。以後傅秉常在蘇俄之情報多得自閱報，英、美、法等大使及其他與蘇

25　同上，1943 年 1 月 26 日。
26　同上，1943 年 1 月 21 日。
27　同上，1943 年 1 月 22 日。
28　同上，1943 年 1 月 24 日。
29　同上，1943 年 1 月 30 日。
30　同上，1943 年 2 月 2 日。
31　同上，1943 年 1 月 12 日。
32　同上，1943 年 1 月 31 日。

俄方面相熟之外交官。即使傅秉常往見蘇俄之外交官，回答往往
都是機械式的，難以從他們口中得到任何重要資訊。[33] 而且「蘇方
向對於大使館不甚信任，以為不能守秘密，因使館人多，且辦事
須經一定手續，所經人手亦較眾，又須經由各該國之外交部，部
內人更多，更不相信」。這是邵力子的經驗之談。[34]

　　不單蘇俄政府看不起國民政府，英國等政府亦不見得重視
之。英國在太平洋會議之提案，「完全係在戰後如何幫忙日本，
保留日本在我東省之權利」，「雖為美代表所打消，但英政府對
我政策可見一斑，是以外交前途殊為可慮」。[35] 1942 年，王世杰
在蔣介石官邸與蔣討論英政府所提出之廢除在華特權草約。王世
杰指出，英政府並沒有提及九龍租借地。他謂「傅秉常次長甚遲
疑，似以為不可。其實九龍既與威海衞、青島同一性質，我何遲
疑之有。英政府未能自動提出，足見其無遠識」。[36] 傅秉常之態度
絕對可以理解，因為他根據自己在香港生活的經驗和對英國的認
識，覺得英政府不會輕易放棄香港。

　　這次傅秉常出任駐蘇大使，預料兩年後返回立法院。[37] 傅秉常
原打算 1 月底起行，但因時間太急迫和蔣介石亦希望他改期至 2
月 6 日始出發，故行程順應延期。[38]

33　如〈大使見拉次長會晤紀錄〉，1943 年 6 月 13 日，《傅錡華藏傅秉常檔案》，〈電報
　　文件檔〉。

34　《日記》，1943 年 1 月 13 日。

35　同上，1943 年 1 月 30 日。

36　《王世杰日記》，1942 年 10 月 31 日，上冊，頁 465。

37　《日記》，1943 年 1 月 16 日。

38　同上，1943 年 1 月 23 日。

　　起行之前，傅秉常爭取時間與家人相聚。兒子仲熊讀書成績好，他感到很高興。[39] 1 月尾，「余往保節街與瓊芳及錦培話別，彼等亦深為了解我之環境，故樂於返廣州灣奉侍母親」。[40] 他要在離華前安排好家人之生活。傅秉坤後與傅母等在柳州居住，當時傅秉坤在中央銀行工作。[41]

　　2 月 4 日，蔣介石接見傅秉常，提出其使俄具體工作方向。第一，獨山子油礦等案件，因為在中國境內發生，故應該在中國辦理。第二，中國應與蘇聯維持良好關係，因為中國與蘇聯接壤。第三，新疆問題方面，國民政府必須將主權收回，至於其他經濟利益，可以盡量讓步；但如組織合作公司，中方股本應佔 51%。第四，駐軍問題應由新疆方面漸漸提出，中方亦可在不經意之中提出，中央政府可以作為支持新疆之後盾。第五，有關飛機製造廠的問題，可由新疆方面提出，如此事可以先解決，飛機製造廠的紅軍便可先行撤退，在交涉哈密紅軍撤退可援此先例。第六，日本、蘇聯之戰不能免，蘇聯將會戰勝德國，日本必定攻蘇，因為德國倒下，日本不能獨自捱下去，因此國民政府要準備一切，以應付變局。到時中國可與蘇聯合作，或訂立軍事同盟。第七，中國亦應收回外蒙領土和主權。在經濟方面，可如新疆安排一樣。對外蒙要寬大為懷，且要協助其自主。第八，中共問題可以不提。第九，與史太林和莫洛托夫（Vyacheslav Mikhaylovich Molotov，1890－1986）晤面，代致問候。[42] 傅秉常

39　同上，1943 年 1 月 6 日。

40　同上，1943 年 1 月 29 日。

41　同上，1943 年 3 月 20 日。

42　《日記》，1943 年 2 月 4 日。

為外交部次長時，已負責獨山子油礦之交涉事宜。[43]

　　這樣的指示本身充滿問題。第一，自相矛盾，既說要在經濟上讓步，又說在合作公司方面中國要佔 51%。另外，既說要與蘇聯弄好關係，但又堅持收回新疆和外蒙。[44] 第二，蔣介石高估國民政府一方的力量。蘇聯政府看不起國民政府，並不急於與中國訂立任何軍事同盟。如果蘇方真的在乎與國民政府的關係，那麼傅秉常應常有機會與史太林晤面。可是傅秉常能親見史太林之機會少之又少。蔣介石的指示來得有點不切實際。

　　蔣介石又着傅秉常，要注意蘇俄中國大使館的外交排場，「蓋外交上用錢，係國家體面所必需，余（按，傅秉常）應立即改革，場面應與英、美大使館相同，如須〔需〕另款，可逕行向彼報告領取。黑市盧布亦須禁止購買。至於在大使館多訓練對蘇外交人才，甚為贊許」。[45] 傅秉常稱「余赴俄後，蔣公亦嘗年年電報相詢是否需款，余均未接受」。[46] 孔祥熙也表示「如館員生活太苦，需補助費時，彼可幫忙」，證明國府當局也意識到使館經費不足。[47]

　　蔣介石的指令如此矛盾，相信令傅秉常十分為難。

　　2 月 6 日，傅秉常正式離華赴任。出發當日，「瑞雪紛紛，

43　《翁文灝日記》，1942 年 9 月 17 日及 10 月 15 日，翁文灝著，李學通、劉萍、翁心鈞整理：《翁文灝日記》（北京：中華書局，2010 年），頁 811−812、819−820。

44　Yee Wah Foo, *Chiang Kaishek's Last Ambassador to Moscow: The Wartime Diaries of Fu Bingchang* (Basingstoke: Palgrave Macmillan, 2011), p. 29.

45　《日記》，1943 年 2 月 4 日。

46　《傅秉常先生訪問紀錄》，頁 104。

47　《日記》，1943 年 1 月 21 日。

為重慶多年所未見，有戲謂余已將蘇聯天氣帶渝（按，重慶）者」。[48] 此後六年，傅秉常經常面對着這樣的嚴寒天氣。

這時他最惦念其情人江芳苓。剛抵蘭州，即託人購三斤駱駝毛給江作禦寒之用。[49] 2 月 7 日起牀即寫信給江。[50] 傅秉常當天抵迪化，與盛世才（1897－1970）督辦會晤。[51] 蔣介石託傅秉常轉交二千部《中國之命運》給盛。[52] 盛世才是新疆的軍閥，政治傾向一直搖擺不定，唯利是從，曾經一度與蘇聯極親近，視蘇聯為再生父母，後因利益關係，漸漸疏遠蘇聯而親近國民政府。蔣介石希望爭取他的支持，盛亦表示歡迎。盛世才以後在新疆製造很多麻煩。所以處理好國府與盛世才的關係，也是中蘇外交重要一環。傅秉常對此甚感吃力。[53]

盛世才「在門迎候，並招待余等在東花園暫住，設備甚佳，食品陳列一如蘇聯」。晚上盛又為傅秉常舉行盛大規模的歡迎宴會，「席間盛致歡送歡迎辭，每人提及，亦仿蘇聯辦法，費時較多」。[54] 可見傅秉常也感覺到盛與蘇聯關係之深。蔣介石欲從俄人手上奪回新疆的話語權，困難重重。傅秉常與朱紹良（1891－1963）談到新疆省之外交，「余將委座指示告之，渠與醴泉均主慎重，正與余意相同」。[55]

48　同上，1943 年 2 月 6 日。
49　同上。
50　同上，1943 年 2 月 7 日。
51　同上。
52　同上，1943 年 2 月 4 日。
53　同上，1943 年 2 月 8 日。
54　同上，1943 年 2 月 7 日。
55　同上。

傅秉常感到，盛世才不是一個容易應付的對手。他與盛世才談外交形勢，及告以蔣介石之指示。盛世才聽了以後「甚明瞭」。[56] 這不過是敷衍的表現，因為傅秉常知道盛曾研究馬列主義，對三民主義研究也很深。傅秉常覺得中央政府派來黨部工作人員未必是他的對手。[57] 這個憂慮後來終成事實，盛世才 1944 年在新疆進行大清算，欲將異己如國民黨力量等，從新疆排擠出去。[58]

傅秉常訪新期間，察覺到迪化「全市無一書店，新省交化水準之低，殊出我意料之外」。他即與盛討論，請中央政府派專機運送文化用品和書籍至新疆。[59]

2 月 11 日抵伊犁和阿拉木圖（Alma-Ata），傅秉常與當地蘇維埃主席等會晤。[60] 12 日原定乘飛機赴塔斯干（Tashkent），但因天氣惡劣，飛機需折返阿拉木圖，唯有在阿拉木圖的招待所多逗留一些時日。[61] 15 日決定改乘火車赴蘇。[62] 24 日終抵古比雪夫。蘇聯外交部派出交際司等，和中國大使館方面劉澤榮參事各人在車站迎接傅秉常。[63]

56　同上，1943 年 2 月 8 日。

57　同上。

58　同上，1945 年 4 月 22 日。

59　同上，1943 年 2 月 10 日。

60　同上，1943 年 2 月 11 日。

61　同上，1943 年 2 月 12 日。

62　同上，1943 年 2 月 15 日。

63　同上，1943 年 2 月 24 日。

使館人員

在日記中，傅秉常記錄了他任中國駐莫斯科大使館各幕僚的名字。以下談其中較重要或有成就者。

勾增啟

勾增啟是大使館秘書。[64] 勾是東北人，俄文專修科畢業，在大使館工作多年。[65]1944 年轉任塔斯干總領事。傅秉常稱他「辦事尚穩健」。[66]

尹肯獲

尹肯獲是河北定縣人，1926 年開始任中國政府駐烏克蘭領事，精通俄文。[67] 1943 年初跟隨傅秉常到蘇聯。尹肯獲曾在俄國留學。[68] 傅秉常推薦他為阿拉木圖領事。[69]

唐盛鎬

唐盛鎬 1943 年為學習員，[70] 後為三等秘書。[71] 他是史學家唐德剛（1920－2009）的堂叔，來自非常富裕的家庭。[72] 他出身自中央

64　同上，1943 年 3 月 9 日及 1944 年 1 月 28 日。

65　湯晏：《蔣廷黻與蔣介石》（台北：大塊文化，2017 年），頁 181－182。

66　《日記》，1944 年 2 月 19 日。

67　〈尹正樞全身上下充滿活力〉，《今週刊》，2001 年。

68　《稿本日記》，1949 年 2 月 15 日。

69　《日記》，1943 年 5 月 30 日。

70　同上，1943 年 7 月 19 日。

71　《讀史閱世六十年》，頁 218。

72　中國近代口述史學會編輯委員會編：《唐德剛與口述歷史：唐德剛教授逝世周年紀念文集》（台北：遠流出版事業股份有限公司，2010 年），頁 15。

大學。後自費入讀哥倫比亞大學，獲博士學位。[73] 唐盛鎬在 1943 至 1945 年間在中國駐莫斯科大使館工作。[74]

陳定

陳定是駐俄大使館參事，[75] 字靜清，[76] 傅秉常對之最信任。陳定後來娶劉澤榮三女劉少蘭為妻。該女其實是劉澤榮甥女，生父為波蘭籍俄人。[77]

陳岱礎

陳岱礎是福建人。父親陳模字子範，在二次革命時殉難，林森照顧他一家。他是林森之義嗣。[78] 傅秉常謂「岱礎係林主席教養出來的人」。[79] 因陳岱礎與林森的關係，王寵惠為外交部長時曾着傅秉常安排陳岱礎為使館的一級秘書，但傅不同意。[80] 陳岱礎在中國駐莫斯科大使館為秘書。[81]

劉澤榮

劉澤榮（1892 － ?）字紹周，廣東高要人，生於廣州市。五歲時隨父至赴高加索的巴統生活。劉父是應俄人之聘，到當地指導製茶工作。1909 年畢業於巴統中學，旋考入彼得堡綜合

73　《日記》，1944 年 10 月 15 日；《日記》，1945 年 10 月 15 日；《讀史閱世六十年》，頁 218；《唐德剛與口述歷史：唐德剛教授逝世周年紀念文集》，頁 15。
74　〈唐盛鎬教授著文力証〉，《香港工商日報》，1959 年 11 月 11 日。
75　《日記》，1943 年 3 月 9 日。
76　《稿本日記》，1949 年 1 月 8 日。
77　《日記》，1944 年 11 月 24 日。
78　〈林主席森追思〉，見 http：//multilingual.mofa.gov.tw/web/web_UTF-8/out/2406/html/p59-1.html
79　《日記》，1943 年 8 月 4 日。
80　《稿本日記》，1941 年 7 月 15 日。
81　《日記》，1943 年 3 月 9 日。

大學物理系。劉澤榮 1914 至 1916 年間在高加索吉斯洛沃得斯克中學當數學教師。1916 年又回到俄京,進工業大學建築工程系,欲在畢業後回中國工作。1917 年 2 月俄國革命後,劉澤榮被選為中華旅俄聯合會會長,故未能繼續求學,至 1920 年末始回國。[82] 劉父居哈爾濱,[83] 而該地是俄人聚居地。可見劉澤榮長年在俄語的氛圍中長大,俄語自是十分閒熟。在傅秉常的駐蘇大使生涯中,劉澤榮擔當了一個重要的角色。傅秉常對劉澤榮相當尊重,以「紹周兄」稱之。[84] 另一原因,可能是因劉澤榮比傅秉常年長。

錢承庸

錢承庸是駐俄大使館三等秘書,其父錢晴峰曾是傅秉常的下屬。[85] 錢晴峰是廣東人,傅秉常介紹他加入國民黨。[86]

走馬上任

2 月 25 日,傅秉常與劉澤榮赴蘇外交部與次長 Lozovsky 晤面,是禮節性拜訪。傅秉常向蘇方祝賀紅軍之勝利,及感謝蘇方

---

82 劉澤榮:《旅俄回憶錄》(缺出版資料),頁 1。此書是油印本,或為內部參考資料。
83 《日記》,1943 年 4 月 7 日。
84 同上,1943 年 9 月 27 日。
85 《傅秉常與近代中國》,頁 153。
86 同上,頁 130−131。

沿途招待，表示希望能早日投遞國書。[87] 傅抵古比雪夫後，即着手研究舊案，以及透過土西鐵路運輸物資之問題。[88] 傅秉常在外交次長任內，亦曾參與土西鐵路的交涉。[89]

　　3月5日，傅秉常從古比雪夫乘火車到莫斯科。[90] 8日抵莫斯科，入住國民飯店。下午六時往克里姆林宮，與蘇聯外交部長莫洛托夫會面。莫洛托夫首先表示歡迎。然後傅秉常代表蔣介石和宋子文向他致意，並代蔣介石向蘇聯紅軍勝利致賀。莫洛托夫稱德軍力量強大，蘇聯不敢輕敵，要傾全力抵抗。他說在史太林告民眾書當中，亦覺此點最重要。莫洛托夫又言中蘇親善，他願盡力，又稱蘇方未能全力援助中國抗戰，是因為德國力量太強大，非不願幫，是不能也。傅秉常將國書副本交莫洛托夫，又謂孫科有信件給他及史太林。莫洛托夫說可代交史太林。傅秉常表示正式投遞國書後將再與他詳談，莫洛托夫同意。[91]

　　9日正午十二時，傅秉常正式投遞國書。先是上午十一時四十五分蘇聯外交部交際司司長乘坐政府車輛到國民飯店迎接。傅秉常與參事陳定、商務專員胡世杰、秘書陳岱礎和勾增啟等，分別乘車到克里姆林宮。克里姆林宮外有特警之汽車等候。特警之汽車先引導傅秉常至蘇聯最高蘇維埃主席團主席加里寧（Mikhail Kalinin，1875−1946）之辦公室。副官等在門外佇候，帶領傅秉常及交際司乘電梯到三樓，其他人員則行樓梯。傅秉常

87　《日記》，1943年2月25日。

88　同上，1943年3月1日。

89　《翁文灝日記》，1942年6月17日，頁784−785。

90　《日記》，1943年3月5日。

91　同上，1943年3月8日。

與他們會合後，交際司引領他們到加里寧的辦公室外室。加里寧副官接見傅等，引領他們到客廳會晤。傅秉常向他呈上國書並代表國府主席林森向加里寧致問候。[92]

加里寧向傅秉常表示，中蘇關係一向和睦。他很歡迎傅秉常在蘇聯當大使。他問傅秉常是否首次來蘇，傅秉常答謂 1938 年曾訪俄。傅秉常又因紅軍勝利向他致賀。加里寧表示德軍力量依然強大，絕不可輕敵。他又補充，蘇聯與中國均無領土野心，故應互相親善。傅秉常也說應該加強中蘇合作。傅更表示不獨在戰爭中，在戰後維護世界和平時，以及未來之建設，中蘇要繼續合作。他說中國在抗戰之初，曾得到蘇聯之協助，至為感激。[93] 加里寧語傅秉常，蘇聯未能給予中國太多協助，主因是蘇聯面對德國這個強敵，已無餘力助華。[94]

傅秉常與英國駐蘇大使卡爾（Sir Archibald Clark Kerr）[95]、美國駐蘇大使哈里曼（W. Averell Harriman）[96]、戰鬥法國（Fighting France）駐蘇代表嘉勞（Roger Garreau）[97]、接替嘉勞的法國大使卡杜勞（Georges Catroux）[98]、加拿大駐蘇公使（後為大使）威格斯（L.D.Wilgress）[99] 時有往來，從他們處所得外交資訊不少。他與英國和美國大使館的職員關係也不錯。美使館

92　同上，1943 年 3 月 9 日。
93　同上。
94　同上。
95　同上，1943 年 3 月 10 日及 6 月 16 日。
96　同上，1943 年 11 月 3 日及 15 日。
97　同上，1943 年 3 月 12 日及 11 月 27 日。
98　同上，1945 年 3 月 2 日及 1946 年 7 月 23 日。
99　同上，1943 年 3 月 29 日、5 月 7 日及 12 月 25 日。

曾表示可幫忙從美國運送食物給駐蘇中國大使館。[100]一如以往，
傅秉常勤於寫日記。初到蘇聯時，日記內容較為蕪雜，沒有具體
方向，甚麼記載也有，也許是不想錯過任何有用、可資報告的資
訊，稍後方向漸明。他比較關注的是以下幾方面的情況：第一，
土西鐵路；第二，歐戰進程；第三，第二戰場的開展；第四，蘇
聯戰事之勝利；第五，蘇日關係，主要是蘇聯參戰之態度等等。

　　傅秉常上任後，英國駐蘇大使館參事 H. L. Baggalay 率先
來訪。[101]以後傅秉常透過與其他大使、公使和使館人員的交往，
得到許多外交資訊，而這些資料是從蘇方正常外交渠道無法得
悉的。

　　H. L. Baggalay 告訴傅秉常，第一，他即將調往重慶接替
台克滿（Eric Teichman，1884−1944）。第二，土西鐵路之運
輸未能開通，責在美方，而非因印伊路未通。美國未能依時將
蘇聯用於阿拉木圖和哈密之間的運輸卡車運到。該批卡車原應
在 1942 年 11 月在美付運，但美國政府因各種原因，無法履行承
諾。蘇方指出，即使中國物資送到阿拉木圖，亦無法運送。因此
唯一方法是美國儘早付運運輸卡車。Baggalay 稱蘇方對這事態
度正面，沒有故意阻礙進度。第三，如德國沒有任何重大進攻，
外交團可望在 6 月搬回莫斯科。[102]蘇方則告訴傅秉常，在假道運
輸一事上，蘇方原則上已在 1942 年秋通過，至於在執行方面滯
後，責不在蘇方，指出延誤原因眾多，英方未能及時將車輛交付

100　同上，1943 年 3 月 25 日。

101　同上，1943 年 3 月 2 日。

102　同上，1943 年 3 月 2 日。

蘇聯便是其中之一。[103] 事實上蘇方一直沒誠意協助中國，在卡車運輸問題上，中、蘇雙方交涉多時，惟一直處於膠着狀態。蘇方向負責的胡世傑委員表示，「卡車自印度不待各問題之解決即便開來，似有意欲造成事實」，而且蘇方「又提出貨價種種之問題，似有意拖延」。胡委員認為，蘇方並沒有誠意，最初答應，只為英國能開新路，以利蘇聯運送物資。[104] 傅秉常請美大使斯丹利（William Standley）在美國跟宋子文談「假道運輸最近變化」。[105] 蘇方對於假道運輸事，答案一時一樣。胡委員與蘇聯對外貿易部代理司長會晤，對方表示「假道運輸事未定者，係技術問題，如運價、回運新疆食宿費等，並謂不日可提出具體方案，語氣又似非完全拒絕」。[106] 國民政府在此事上顯得相當被動。

《四國宣言》的中方簽字人

傅秉常有份簽署《四國宣言》。他視為一生中最大的成就。

早在 9 月尾，外交部已電告傅秉常。部方收到駐英大使顧維鈞的電文，稱英國外相艾登（Robert Anthony Eden，1897－1977）和哈里曼將赴莫斯科。外交部請傅秉常注意。傅秉常派劉澤榮往見英國駐蘇大使。英國大使謂蘇聯主張在莫斯科舉行，英國主張

103　同上，1943 年 3 月 11 日。

104　同上。

105　同上，1943 年 9 月 18 日。

106　同上，1943 年 9 月 28 日。

在倫敦,而美國主張在北非,然而當時尚未肯定在哪裏舉行。[107]

美國當時對國民政府尤其友善。羅斯福總統在美國會提出,修訂限制華人入境和入美籍不平等待遇的法案。[108] 美國大使館又請秘書發送羅斯福提案原文至中國大使館,並告知傅秉常美國國務卿赫爾(Cordell Hull,1871–1955)即將抵莫斯科。[109]

英國卡爾大使告訴傅秉常,艾登和赫爾日內可到,屆時可安排傅秉常與艾登會晤。[110] 艾登和赫爾在 18 日先後抵莫斯科,兩人將會與莫洛托夫會晤。國民政府外交部認為三外長會議與同盟國之前途大有關係,故多次發電予傅秉常,着其蒐集消息。傅秉常遂安排全館人員出動,參事劉紹榮與各家使館和蘇聯方面聯絡,而隨員胡濟邦(1911–1995)則與各國記者聯繫。[111] 鄭彥棻(1902–1990)亦謂「秉常先生獲知此事,認為我國抗戰最久,犧牲最大,對戰後和平問題,必須爭取發言地位」。[112]

20 日上午,傅秉常赴美國大使館往晤美國國務卿赫爾,談了約半小時,赫爾告訴傅秉常會議情況。傅秉常即電蔣介石報告。[113] 傅秉常與赫爾首次見面,敏銳地察覺到「彼對蘇聯政策懷疑之處,似尚不少」。赫爾問傅秉常對蘇聯之意見,傅秉常盡力為蘇聯說好話。傅秉常稱,蘇聯人民愛好和平,蘇政府絕無侵

107　同上,1943 年 9 月 27 日。

108　同上,1943 年 10 月 12 日。

109　同上,1943 年 10 月 13 日。

110　同上,1943 年 10 月 16 日。

111　同上,1943 年 10 月 18 日。

112　鄭彥棻:〈永懷傅秉常先生〉,《廣東文獻季刊》,第 5 卷第 2 期,1975 年 9 月,頁 63–66。

113　《日記》,1943 年 10 月 20 日。

略他國的野心；另外，如果不與蘇聯合作的話，世界沒有和平之可能。傅秉常「謝其對中國之好意，並言中國非加入此四強協定不可，力舉對華、對美、對世界，將來中國均須加入此協定之理由，渠甚以為然，謂渠將盡所能。但結果如何，尚不敢言，蓋或有主不宜加入者，其理由亦頗動聽也」。[114]

劉紹榮與捷克大使談。捷克大使認為就英國和美國自身利益計，第二戰場是一定要開展的，因為英國和美國沒有預料到德軍撤退得如此快，如果蘇聯先進入東歐，英國和美國絕不願看到這樣的情境。因此捷克大使認為第二戰場會在很短的時間開闢。至於武官方面，他與英國武官談到會議情況，英國武官稱在會上雖有談到第二戰場，但只談到原則。[115]

21 日，劉紹榮與加拿大公使談。加拿大公使 20 日見到艾登，「見其會議後神氣極佳，艾且告渠結果尚稱滿意」。劉紹榮又與蘇方外交部李司長晤面，對方稱會議情況未詳，但反應相當正面，可見蘇方態度也不錯。另外英國和美國記者均同意將新聞稿送傅秉常參考。[116]

23 日赫爾又與傅秉常談。赫爾向傅秉常透露連日開會情況，認為「前途甚可樂觀」，傅秉常即電蔣介石報告。[117] 赫爾向傅秉常透露：第一，他向傅秉常密告，四強協定的方案已在會議中提出，蘇聯贊成，僅對一些非重要的細節有所修改。美國原本主張通過，惟蘇聯主張稍緩。第二，蘇聯對於英國和美國在意大

114　同上，1943 年 10 月 24 日。
115　同上，1943 年 10 月 20 日。
116　同上，1943 年 10 月 21 日。
117　同上，1943 年 10 月 23 日。

利的軍事和政治計劃相當注意，英國和美國已將計劃全然告知。
第三，蘇方對英國和美國有關第二戰場計劃的解釋感到頗滿意。
第四，英國和美國不打算在會上討論疆界問題。[118]

24日，英大使卡爾安排傅秉常與艾登會面，「余遂於一時先
至，與艾外相談約二十分鐘」。艾登告訴傅秉常，「四強協定現
已無大問題，俟通過時將由赫爾國務卿通知閣下」。[119]可見英國
在這事上也同意。艾登指第二戰場開闢之困難，在於英倫海峽難
以渡越，之前英軍自法國和比利時撤退時，德軍力量強大；惟德
軍沒有乘勝追擊，皆因海峽為之阻隔。盟軍未有充足準備，未敢
在西歐登岸，因怕如果失敗的話，滿盤皆落索。艾登等向蘇方透
露實情，蘇方亦明白。艾登又表示，蘇方開會態度相當有誠意。
英國、美國和蘇聯三國為便聯絡，擬成立一常設組織，而此一
組織或設在倫敦。[120]

26日，傅秉常再與赫爾晤面，「彼滿面笑容，謂四強宣言草
案頃已在會中通過」。[121]赫爾謂：

> 但中國應否加入簽字為最困難之問題，蓋此次係三國
> 會議，忽加入中國，於原來召集會議之意旨不符，故蘇方
> 極力主張僅由英、美、蘇三國簽字出名。彼極力爭取加入
> 中國，其他經過困難甚多。又有提出中國由何人代表簽字
> 者，故渠極力主張中國方面可由余代表簽字，但須余即獲

118　同上，1943年10月24日。

119　同上。

120　同上。

121　同上，1943年10月26日。

得我政府授予全權。會議於本星期內即告結束,故余之全權苟於本星期五以前接到,中國不能於星期五或星期六簽字,則彼亦無法再爭,祗能由三國出名,是以勸余即電重慶,又恐有誤,勸余由華盛頓再轉一電,彼亦電重慶美大使,著其即與我政府接洽。余返使館,即照電委座及宋部長。[122]

傅秉常等當晚準備電報至凌晨三時始休息,可見準備工作之繁重。[123] 27 日,英國外相艾登跟傅秉常說,如果國民政府的全權訓示未能及時送達,「則予人藉口反對中國加入」。[124]艾登當然是指蘇聯。艾登請傅秉常再電蔣介石。英大使卡爾也相當焦急。[125]

28 日,傅秉常未收到蔣介石批示前,「赫爾謂須於明日簽字,全權非今日到不可。余計須明晚始來,故焦急萬分,決定余負此責任」。[126]傅秉常打算無論如何,簽了再說。其實早在 10 月 27 日,蔣介石已電傅秉常,請他代表國民政府簽字。[127]惟中蘇之間電報傳達需時,傅秉常未能即時收到蔣介石之命令。

幸好到了最後關頭,蔣介石的電報和宋子文的電報都及時到了。蔣介石其中一電報云:「宥電悉。中、英、美、蘇《四國宣

122　同上。

123　同上。

124　同上,1943 年 10 月 27 日。

125　同上。

126　同上,1943 年 10 月 28 日。

127　《王世杰日記》,1943 年 10 月 28 日,上冊,頁 548。

言》可即由該大使全權代表中國簽字，除另由外交部電達外，特復。中正。感。」傅秉常即通知赫爾，同時與他商討各項安排。[128]

29 日上午十一時，傅秉常往晤赫爾。傅秉常出示他致三外長之函件。赫爾與美國大使和法律顧問 Green Hackworth 討論傅秉常全權的字據。他表示為免引起蘇方的意見，要避去傅秉常參加會議之語句。傅秉常沒有堅持，同意赫爾等各項修改。[129] 可見反對中國參加最力者是蘇聯。

30 日，傅秉常收到赫爾的電話，稱簽字事宜仍在討論中，但請傅秉常在下午四時抵達會議場地，在美國代表處靜候。候至六時，蘇聯副官向傅秉常等稱，簽字儀式已安排妥當，請傅秉常前往會場簽字。傅秉常與參事劉澤榮同赴 White Marble Music Room，見到攝影和拍照的人均在。傅秉常進場時，三外長均有站立，以示歡迎。莫洛托夫坐在主席位，赫爾坐其右，艾登坐其左，傅秉常坐在赫爾的右方。各人簽字以後，互相道賀。傅秉常謂：「此次幸獲成功，除赫爾始終一力促成外，艾登亦極熱誠贊助，莫洛托夫對我國態度亦極佳。」[130]

傅秉常視此為一生的光榮，稱「為余生平最快樂之日」。[131]

赫爾對傅秉常說，《四國宣言》將中國加入，「已將中國地位提高，與英、美，蘇同處於領導世界政治地位，於中國前途關係極大，希望中國自己知其責任之重大，更為努力」。[132]

128　《日記》，1943 年 10 月 28 日。

129　同上，1943 年 10 月 29 日。

130　同上，1943 年 10 月 30 日。

131　同上。

132　同上，1943 年 11 月 1 日。

然而，值得注意的是，傅秉常並未參與《四國宣言》的討論，根據日記的詳細記載，傅秉常是「被通知」出席簽署儀式。明顯地，當時三國未視中國為真正的強國，讓中國簽字只是一個形式，向外表示同盟國之團結，和對中國艱苦抗戰之努力，予以肯定。傅鎀華十分恰當地指出，中國在莫斯科會議之參與是最小限度的（minimal）。[133] 傅秉常自己也很清楚中國的形勢，他認為「實則我國所處環境尚屬惡劣，宜即努力改革，否則擁強國之虛名，列強對我自不尊重，前途自不易獲得好果也」。[134] 方德萬則指出，美國只想用很少的資源來表示他對中國政府的支持。[135] 美國主張中國為《四國宣言》之簽字國，正反映這一思路。

在《四國宣言》中簽字是傅秉常一生中最光輝的時刻。可惜其母就在不久之後因病去世。[136]

第二戰場的開展

蘇方抱怨，第二戰場久未開通。蘇聯外交部次長 Vladimir Dekanozov 稱，德國從西線調動二十五師團至蘇聯，欲對南路

133　*Chiang Kaishek's Last Ambassador to Moscow: The Wartime Diaries of Fu Bingchang*, p. 116.

134　《日記》，1944 年 5 月 26 日。

135　Hans van de Ven, *China at War: Triumph and Tragedy in the Emergence of the New China 1937-1952* (London: Profile Books, 2017), p. 162.

136　《日記》，1943 年 11 月 29 日。

作戰。蘇聯被迫放棄數個要點。第二戰場開通無日，蘇聯獨力難支。1941 年冬天，德軍在莫斯科大敗，英、美未能乘時開闢第二戰場，錯失良機。這次德軍在史太林格勒（Stalingrad）慘敗，英、美又未開通第二戰場，一誤再誤，以致予德國喘息之時間。言談間 Dekanozov 對英、美尤表不滿。[137] 美大使斯丹利反駁，稱蘇方沒有向人民公佈美援，使他們以為美國未有給予援助，蘇聯要獨力支撐抗戰，有欠公允。斯丹利批評蘇聯，稱蘇方一向抱怨第二戰場久未開通。即使英國、美國在北非開闢戰場，轉移德軍大量軍力，減輕德軍對蘇聯的威脅，惟蘇聯反指北非已開闢為戰場，德軍估計英國、美國無法在法國開闢戰線，故德軍可從法戰線調兵往蘇聯作戰。卡爾也認為，德國自西線調動 25 師至蘇南路作戰，是蘇聯對國內人民之宣傳。[138] 法國公使向傅秉常透露，蘇聯對英國和美國確有很多不滿，「以為英、美軍事政治種種佈置，無一不為防蘇，是以蘇不得不表示其不滿意之反響，組織自由德國委員會係其一例」。[139] 可見英國、美國和蘇聯之間的分歧很深，埋下他日冷戰的伏線。

　　蘇聯對英、美久不開通第二戰場越發不滿。傅秉常察覺到「其辭意對英、美指為無信義，甚為明顯。余深為我同盟國前途慮也」。[140] 英、美官員私底下表示，明白蘇聯損兵折將，「對於第二戰場久不開闢，當所不滿」，[141]「蘇方以為非致德軍有重

137　同上，1943 年 3 月 10 日。

138　同上。

139　同上，1943 年 7 月 26 日。

140　同上，1943 年 8 月 8 日。

141　同上，1943 年 8 月 16 日。

大之打擊者，不能作為第二陣線，自係合理」。[142] 他們也知道蘇聯情況危重，美大使認為「惟於明年（按，1944 年）春間尚不開闢第二戰場，則美、蘇前途不堪設想」。[143] 蘇聯官媒指羅斯福（Franklin Delano Roosevelt，1882－1945）和邱吉爾（Sir Winston Churchill，1874－1965）晤面，蘇聯沒有必要參加，因為蘇聯要的是行動而非討論。[144] 8 月底，邱吉爾在加拿大發出廣播，指第二戰場事在必行，「但何時何地不能預言，祇希望不久」。[145] 傅秉常也覺得英、美軍在意大利的軍事進展緩慢，「是不為也，非不能也。英、美人自我之心，確須〔需〕蘇聯粗直手段對付」。[146] 在這一方面，他明顯同情蘇聯。

　　1944 年 6 月初，傅秉常間接從英方得到消息，指第二戰場即將開通。[147] 6 月 6 日，聯軍在法國登陸，且在卡昂（Caen）一帶推進。傅秉常謂：「此種消息蘇廣播於午後二時發播，聞在街上電車等，均全停止，民眾驚喜若狂，有即往店欲購酒歡祝者。」[148] 第二戰場之開闢，是蘇聯期盼已久之事。盟軍進展迅速，很快便佔拜如（Bayeux），及與在卡昂的軍隊聯繫上。[149]

142　同上，1943 年 8 月 17 日。

143　同上。

144　同上，1943 年 8 月 20 日。

145　同上，1943 年 8 月 31 日。

146　同上，1944 年 1 月 22 日。

147　同上，1944 年 6 月 5 日。

148　同上，1944 年 6 月 6 日。

149　同上，1944 年 6 月 8 日。

崎嶇滿途的中蘇關係

可惜蘇聯不太重視與國民政府之外交，以致傅秉常被當時中國一些無知之流，嘲笑他在駐蘇期間，從未見過史太林。[150] 史太林與美大使言，稱在戰後會與美國、英國和中國通力合作，[151] 這不過是騙人的話。

無奈這亦是事實的一部分。傅秉常自解謂「因蘇日關係，蘇對我不敢表示親善」，「半年以來，苦悶之情不可言喻，日習俄文以自遣。秋間，使館遷回莫斯科後，覺蘇聯與英美間誤會日深，更為焦急」。[152] 他聽說美方要求使用蘇聯空軍基地轟炸日方一事，史太林未有回覆。[153] 當時蘇聯對日態度模稜兩可，並不明顯。最令傅秉常氣餒的話，是蘇方為着自身利益，沒有斷然與日方中止外交關係。1944 年 3 月 31 日，傅秉常從《消息報》中得知蘇聯與日本簽訂條約之內容。他認為是「余到此以來，此係我最大之打擊及失敗。惟此亦非余力之所及，權絕非操諸我手。余深盼我國人士於此更知非自圖強不可，靠外交上別人扶助係屬幻想」。[154]

《消息報》報道該協定的內容如下：第一，日本歸還庫頁島（Sakhalin）油礦和煤礦兩項協定。第二，蘇、日漁業之協定續

150　〈傅秉常未見過史丹林？〉，《珠江報》，1949 年 4 月 7 日。

151　《日記》，1943 年 8 月 17 日。

152　同上，1944 年 1 月 1 日。

153　同上，1943 年 5 月 27 日。

154　同上，1944 年 3 月 31 日。

期 5 年。在原本條文之上，蘇方公佈相當長的說明文字。一，庫頁島油礦和煤礦是 1925 年 12 月 4 日蘇方批准日人開採，根據協定，日方在 1970 年始行歸還，惟在 1941 年蘇日雙方簽署中立協定之時，蘇方提出取消該項協定，松岡洋右（Matsuoka Yōsuke，1880－1946）同意在六個月內辦妥。日方看見德軍勢如破竹，原打算食言，但因紅軍擊潰德軍，日方被迫同意提前二十六年交還油礦和煤礦。二，蘇日漁業之協定內容也有修改。最令傅秉常憂心的是，即使德軍潰敗，蘇聯仍打算對日維持中立，而這一取態，直接影響國軍抗戰之進程。[155] 嘉盧向陳定謂「蘇聯此舉確於同盟不利，於中國影響尤大，殊不錯也」。[156]

蘇聯並不重視與國民政府之外交關係。蘇聯與中共關係密切，在雜誌中發表長篇文章，「首述中國抗戰經過，復述中共軍之功績，極力攻擊中國政府」。[157]

蘇聯自願從迪化的油廠退出。惟傅秉常批評蘇聯外交技巧拙劣，「蘇本可藉此向我表示好感，兩國邦交亦可藉此更密，但其執行方法之笨，不但不使人感激，反令人懷疑，蘇聯做事往往如此」。[158] 某次陳岱礎請傅秉常晚飯，「余等本要一魚一雞，但因冷食余等已吃一蚧，故臨時便告余等謂無雞，大約每人祇能食一肉，如此對待外交官，未免過於小氣，蘇聯到處均屬如此，亦不足怪」。[159] 又謂「此間天氣之走極端，亦一如其人，大約人之性

155　同上。

156　同上，1944 年 4 月 1 日。

157　同上，1943 年 8 月 15 日。

158　同上，1943 年 6 月 5 日。

159　同上，1943 年 6 月 30 日。

情與天氣不無關係也」。[160] 他不無抱怨的謂「在此任事三年餘，非有神經病，亦應有肺病者也」。[161] 傅秉常私底下對蘇聯諸多不滿。

蘇聯為了擴張領土，對中國邊境時有軍事行動。傅秉常收到同僚發來之電報，內稱 1944 年 3 月 11 日蘇機從外蒙飛越阿山區國軍剿匪部隊之駐防地上空，猛烈轟炸和掃射。12 日和 13 日，蘇機再次在原地轟炸，「機翼上均有五角紅色徽號」。[162] 以後數日，蘇機繼續偵測和轟炸。傅秉常為中蘇外交前景感到相當憂慮。[163] 傅秉常深以中蘇關係為慮，「晚上亦不能安睡，自思我到此以來，一事無成，深自愧惡」。[164]

蘇聯一直銳意在新疆擴展勢力。傅秉常聞說盛世才曾經因為親蘇，「命令新（按，新疆）邊五館人員唯蘇方之命是聽」，而當地之蘇聯外交和地方官吏直接與盛世才打交道，盛世才亦極度遷就俄人，「故五館人員實等於蘇聯差役」。[165] 傅秉常知道蘇聯不願放棄對新疆的控制，但為了大局，一切應以和為貴，以免再生事端，令蘇聯不快，「余亦極力主張對蘇方宜不使其難堪，以致發生不良之反響。年來中央對新省當局似過分敷衍，以致蘇聯以為我中央亦如新當局之反蘇，自然發生重大變故」。傅秉常很沉痛地指出，「我國現處之地位萬分困難，苟不堅忍，絕無復興之希望。盛苟愛國，亦應自悉其地位，不能再行戀棧；為公為私，

160 同上，1944 年 5 月 18 日。
161 同上，1946 年 5 月 25 日。
162 同上，1944 年 3 月 15 日。
163 同上，1944 年 3 月 22 日。
164 同上，1944 年 4 月 6 日。
165 同上，1943 年 7 月 2 日。

亦宜退避賢路」。[166] 劉澤榮與蘇方外交人員會晤，對方表示，對
新疆當局種種行為均不滿，如強行搜查蘇聯領事館人員等。蘇
方屢次向國民政府外交部反映，不是推搪，就是沒有下文。[167] 傅
秉常收到中國外交部轉來之答覆，「語多勉強，且辭句中亦露出
蘇方所言種種不為無因」。[168] 9 月，傅秉常終收到消息，謂盛世
才已調任農林部長，新疆省政府主席由吳忠信（1884－1959）接
任。[169] 農林部長是個閒職，只是給盛世才一個下台階而已。

　　傅秉常派劉澤榮到蘇聯外交部，請其通知對方新疆省政府主
席已換人。蘇方代表答謂，如這是為了改善中蘇關係，蘇方可視
為滿意之事情。[170]

　　問題是國民政府外交部沒有及時將國內情況告知傅秉常，對
蘇亦不理解。因為晚清、民國社會向看重英、美留學生，留俄學
生不受重視，而外交部中居高位者多是英、美留學生，故對蘇聯
的知識停滯不前。傅秉常謂：「部內同人對蘇恐亦不明瞭，於余
在此工作尤為困難，且多不充份合作，例如此次潘大使（按，潘
友新）離渝消息亦不電知，國內情形有關於中蘇關係者，亦絕不
電告，確使余萬分灰心。」[171]

　　傅秉常感灰心也不無理由。他是從蘇聯報紙得悉國民黨
十二中全會各案。他謂「而部事前並無通知，殊不合理」，「部

166　同上，1944 年 4 月 4 日。
167　同上，1944 年 7 月 12 日。
168　同上，1944 年 8 月 19 日。
169　同上，1944 年 9 月 2 日。
170　同上，1944 年 9 月 4 日。
171　同上，1944 年 5 月 22 日。

對駐外各使如此，安能責其執行職務，以視英、美使館所獲其國內及各方消息之多，真使吾人愧死！」[172] 有蘇方人士向傅秉常的同僚表示，中國方面對蘇聯相當冷淡，「蘇顧問亦被迫退出返國」。[173]

傅秉常感到在蘇聯辦外交荊棘滿途，左右做人難，而困難是來自國民政府和蘇聯政府兩方面。甚至連劉澤榮調任新疆交涉員，也是傅秉常之隨員聽中央廣播得悉的。劉澤榮感到相當不安。傅秉常也不希望他在中蘇外交惡劣時離開。[174] 然而這是蔣介石之命令。劉澤榮感到新疆交涉困難重重，故電外交部請辭。[175] 劉澤榮奉命調職，傅秉常感到十分苦惱，「惟此間彼去後，俄文好之人已無，余在此辦事，不免增加困難耳」。[176] 劉澤榮亦表示新疆事進展甚困難。司長卜道明奉命往新疆與蘇方討論經濟合作。蘇方原本已同意美方代運卡車五百架，後因伊寧事變一事，蘇方指路上不太安全，故需停止。[177]

潘友新在與傅秉常會晤時談到中蘇關係。潘友新認為當時中蘇關係尚未至於極端惡劣，但如果不及時調整，後果可能十分嚴重。1941 年中國對蘇聯甚好，此後漸漸轉壞，1943 年更差，重慶之報紙常登載反蘇言論。[178] 美國方面也憂慮中蘇關係轉差，

172　同上，1944 年 5 月 30 日。
173　同上，1944 年 5 月 25 日。
174　同上，1944 年 9 月 23 日。
175　同上，1944 年 9 月 24 日。
176　同上，1944 年 11 月 12 日。
177　同上，1944 年 12 月 27 日。
178　同上，1944 年 6 月 1 日。

影響世界和平之前景。[179] 美國對蘇聯印象亦欠佳,美參事肯南 George F. Kennan 指蘇方對外只有兩類人,一為敵人,二為奴隸,而絕無朋友之平等觀念。[180] 見微知著,從傅秉常之記載,可見冷戰的禍根早在二戰完結前夕已埋下種子了。

惟中蘇關係時好時壞,責任不單在中國一方。蘇聯一直致力擴展版圖,具侵吞中國領土的野心。1944 年,傅秉常向外交部報告,外蒙在庫倫舉行外蒙二十三週年紀念日慶祝會。傅秉常謂:「『所謂』總理崔寶山致詞,極言蘇聯親善關係,並祝蘇聯及反希同盟最後勝利。」俄羅斯共和國副主席亦有出席。[181]

傅秉常在 1945 年元旦謂:「回憶過去一年中我公私之情況,尚可說『平穩』兩字。對於中蘇關係,余自問已盡所能,而未獲顯著成果者,則過未必盡在余。我對國家、對委座,及對宋部長,均已竭盡忠能,知無不言,言無不盡。對於中蘇關係苟有可使其友誼加強者,靡不努力為之,絕不敢以個人之喜怒或關於個人不方便之事,而影響此志。」[182] 字裏行間可見他對中蘇關係已盡一己之力,無奈成果始終不理想。

蘇方對國民政府既是不重視,因此在很多情況下,傅秉常都要從外交往還文件中猜想蘇方的用意。1945 年 2 月,傅秉常接蔣介石在紅軍節中致史太林的賀電,其中謂「德寇崩潰之日,亦即為日寇逼近末運之時」,傅秉常認為蔣介石在致史太林的

179　同上,1944 年 6 月 3 日。

180　同上,1944 年 12 月 8 日。

181　《國民政府外交部》,〈外蒙二十三週年紀念日〉,中央研究院近代史研究所檔案館藏,館藏號 04-02-004-02-016。

182　《日記》,1945 年 1 月 1 日。

電報中，鮮會如此，他想或者蔣介石另有用意。[183] 蔣介石明顯是想試探蘇方對日作戰之態度。蘇方的回覆仍是模稜兩可。傅秉常與蘇聯外交部次長會晤，對方談到紅軍進展甚佳。傅秉常乘機提到國府等希望德國崩潰之後，同盟國可主力攻日。對方只巧妙回應，蘇聯如答應要做的事，一定可以做到，但當前的急務是打敗德國。傅秉常感覺蘇方回應是正面的。[184] 但從旁觀者來看，蘇方的回應可作多方面的詮釋，並不確切。在登載賀電一事上，傅秉常也感到蘇方輕視中國，蘇聯報紙等在登載各國賀電時，將蔣介石之電放在美國、英國和法國元首之後，「足見蘇聯重視法國較我國為重」，「蘇聯作風絕不顧是非，祇顧利害，大約目前須聯絡法國，自然如此」，「而蘇聯政府態度如此，自係其向來一貫之作風，不講道義，亦無足怪。是其重視時，固不足為榮；輕視時，亦不足為辱，吾人祇宜自行努力圖強耳」。[185] 蘇聯報紙亦登載毛澤東在紅軍節致史太林的賀電。傅秉常覺得情況罕見，故電外交部報告。[186]

蘇方之雜誌仍繼續攻擊國府，指中國軍隊待遇不均且不全部動員等。[187]《紅星報》又談到國共矛盾，問題在國府方面，稱何應欽仍是參謀長，孔祥熙仍是中央銀行行長，意即兩人均為不受蘇方歡迎之人物。傅秉常感慨地謂：「余以後在此工作，恐一如邵力子先生之時，一事不能辦，祇能萬分忍耐，待時而

183　同上，1945 年 2 月 22 日。

184　同上。

185　同上，1945 年 2 月 25 日。

186　同上，1945 年 2 月 28 日。

187　同上，1945 年 3 月 6 日。

動。」[188]

　　1945 年 4 月，劉澤榮告訴傅秉常，稱新疆情況稍為好轉，但伊寧方面問題仍嚴重，新疆之俄領亦難於應付。[189]

提升駐蘇大使館的形象

　　蔣介石在中國召見傅秉常時，請他注意外交排場與列國同，因此他也很注意其他使館這方面的情況。他留意到「瑞典大使請 Cocktail Party，地方陳設固佳，食品有自瑞典帶來者，女僕訓練亦好，余更覺我大使館之寒酸」。[190] 當時蘇聯物資極度短缺，傅秉常的個人物品也是請身駐他國的同僚代購。[191] 食物方面是行配給制，「余每月祇能購肉二公斤，麵包亦減三分之一」。[192] 可見生活是何等艱苦。

　　當時國民政府在古比雪夫的駐蘇大使館陳設很簡陋，「但邵大使在莫斯科傢具全未帶來，使館無梳化一張，空空如也。不得已，勉強利用中國國畫佈置一室，以作飯廳，實質余亦覺頗難為情。用人訓練亦不佳，以後我國派遣外交使節，確須〔需〕審

188　同上，1945 年 3 月 13 日。
189　同上，1945 年 4 月 22 日。
190　同上，1943 年 5 月 29 日。
191　同上，1943 年 6 月 14 日。
192　同上，1943 年 6 月 18 日。

慎也」。[193] 傅秉常對邵力子很有意見，傅秉常謂：「現我經到各使館與人比較，我大使館確不及一最小國之公使館，邵先生真使我在此無以自容。」[194] 因使館經費有限，傅秉常安排錢承庸等到伊朗購買食物回莫斯科。[195] 他指出，英國大使館和美國大使館可從本國運輸用品至蘇聯，而蔣介石又着傅秉常提升使館之形象，惟經費始終有限，館員生活又清苦不堪，傅秉常只好設法從德黑蘭（Tehran）採購物品。[196]

8 月中，國民政府駐蘇大使館遷往莫斯科。「一部份館員仍須〔需〕寓國民飯店，蓋余已決定，以後大使館職員辦公地方須〔需〕集中整潔，眷屬一律遷出，另行租屋與之居住」。[197] 一方面，傅秉常欲提升大使館形象。另一方面，在大使館為林森開弔時，陳岱礎夫人之行為令他丟臉，「竟聞館內琴音鏗鏗」，「始悉係陳秘書岱礎之夫人所為」。[198]

傅秉常雅好文藝，在蘇期間與不少蘇聯文學家及畫家來往。這亦可視為文化外交的一種策略。他與蘇聯著名畫家 Peter Petrovich Konchalovsky（1876−1956）甚投緣。傅秉常謂「彼係俄國兩大畫家之一」，「壯年曾在巴黎，故稍受法國之影響。世界畫家視其為近代蘇聯畫家之冠」。在蘇聯時，Konchalovsky 常到中國大使館吃火鍋，亦常到傅秉常在郊外的別墅。Konchalovsky

---

193　同上，1943 年 5 月 19 日。
194　同上，1943 年 5 月 29 日。
195　同上，1944 年 3 月 17 日。
196　同上，1944 年 4 月 8 日。
197　同上，1943 年 8 月 12 日。
198　同上，1943 年 8 月 4 日。

的畫作一般不售予外人，挪威大使與蘇聯政府交涉，最後約用了二萬五千美元才購得兩幅畫予挪威美術館。然而「彼夫婦因與余交厚，思有所贈，未得其當」。意即 Konchalovsky 一直想送一些東西給傅秉常作為回禮，但想不到該送甚麼。剛巧 1946 年蔣經國（1910－1988）往蘇一行，從中國帶來天津梨數十個，傅秉常請他們夫婦吃，他們夫婦很喜歡這種水果，Konchalovsky 問傅秉常，是否可給他幾個帶回家與家人共用，傅秉常欣然答應。數天之後，Konchalovsky 送傅秉常一張天津梨的靜態寫生，在着色和佈局方面遠勝售予挪威美術館之兩幅畫，傅秉常謂「莫斯科外交團朋友見之羨慕不已」。後來 Konchalovsky 又贈他水彩小品兩張。[199] 傅秉常的文化外交相當成功。

傅秉常時有邀請賓客到大使館火鍋。[200] 此即廣東人所謂的「打邊爐」。傅秉常以此奉客，自有他的考慮。其一，火鍋只是客人自己將食物燙熟，即使廚子手藝一般，問題也不大。其二，使館經費有限，火鍋材料所費不多，且不失體面，外國人亦有新奇之感。當然傅秉常等也有辦雞尾酒會。[201] 他亦從美國方面得到一些罐頭食物，謂「選擇亦較前兩批為佳」，可見罐頭的選擇並不多。[202]

傅秉常亦懂利用外國人對中國物品好奇的心理進行外交活動。在 1945 年 10 月 10 日的慶祝宴會上，美國大使館秘書剛好帶來宋美齡託他送給傅秉常的一瓶茅台。傅秉常即時開了它，

199　《稿本日記》，1956 年 2 月 4 日。
200　《日記》，1945 年 1 月 11 日、1946 年 1 月 3 日。
201　同上，1945 年 1 月 27 日。
202　同上，1945 年 1 月 11 日。

請莫洛托夫品嚐。俄人一向好飲烈酒，自然十分歡喜。美大使哈里曼亦淺嚐一酌，盛讚茅台之香氣。名畫家 Konchalovsky 和 Mugensong 也在宴會上嚐過茅台，視為珍味。澳洲公使更請傅秉常將茅台瓶贈他，帶回家留為紀念。[203] 宴會之上，賓主盡歡，可見傅秉常之「茅台外交」相當成功。

戰事之進展

傅秉常亦注意日方之一舉一動。傅秉常派武官打聽佐藤尚武（Satō Naotake，1882－1971）赴莫斯科事。原來佐藤訪蘇是談日蘇兩國的商船糾紛。傅秉常即將情況報告外交部。[204] 傅秉常又向澳洲代辦參事和美使館代辦打聽，「亦無特別消息」。另外蘇聯為和緩國際氣氛，宣佈解散共產國際。[205]1943 年 7 月，傅秉常得知佐藤已由莫斯科返回古比雪夫，「神氣似非得意」。[206] 國民政府外交部電傅秉常，指外間傳言德將敗亡，故日本為求自保，派出大批重要的人員，欲與蘇聯商談，「並著寧偽取消反共口號」，任命顏惠慶為外交部長，和派陳友仁赴蘇等。傅秉常回覆，指傳言不實。他認為「蘇聯當大敵在境，固須〔需〕向日本極力敷衍，惟與英、美現在共同作戰關係，未必與日有更進一步

203 同上，1945 年 10 月 10 日。
204 同上，1943 年 6 月 7 日。
205 同上，1943 年 6 月 10 日。
206 同上，1943 年 7 月 11 日。

之聯繫云云」。[207]

　　在歐洲戰場方面，英、法等國開始取回戰爭主導權。1943年 7 月，德軍在中路進攻，惟損失慘重。[208]稍後英美聯軍在西西里（Sicily）登陸。[209] 7 月尾，意大利在戰事上已處劣勢，墨索里尼（Benito Amilcare Andrea Mussolini，1883－1945）被迫辭職，傅秉常預期「此次墨辭職不久，義（按，意大利）將投降，德將不能單獨支持，不久即將繼之崩潰，歐戰結果之期將不在遠矣」。[210] 10 月初，德軍從基輔（Kiev）撤退，[211]可見軸心國力量大不如前。

　　英國在 1944 年 1 月初，大舉轟炸柏林，投下一萬三千噸炸彈。[212]蘇軍接連報捷。1 月初收復 Olevsk，推進至舊波蘭邊境。[213]旋又收復 Berdichev，割斷德軍力量。[214]蘇方又慶祝紅軍奪回 Kirovograd。紅軍經過四日血戰始收復之。[215]不久又攻下舊波蘭之 Sarny，直搗 Kovel，向華沙進發。[216] 1 月尾，阿根廷宣佈與軸心國斷絕外交關係。[217] 2 月初，蘇軍奪回 Rovno 和 Lodz，兩個地方均在舊波蘭之境內，及在基輔和基洛夫格勒之間，而

207　同上，1943 年 7 月 22 日。
208　同上，1943 年 7 月 6 日。
209　同上，1943 年 7 月 10 日。
210　同上，1943 年 7 月 26 日。
211　同上，1943 年 10 月 19 日。
212　同上，1944 年 1 月 3 日。
213　同上，1944 年 1 月 4 日。
214　同上，1944 年 1 月 6 日。
215　同上，1944 年 1 月 8 日。
216　同上，1944 年 1 月 13 日。
217　同上，1944 年 1 月 27 日。

北路亦已進入愛沙尼亞（Estonia）直搗 Narva，傅秉常認為蘇聯力量不容小覷。[218] 3 月 20 日，紅軍佔領 Vinnitsa 和 Mogilev-Podolski 兩處，德軍在戰爭中潰敗。[219] 3 月 28 日和 29 日，連克 Nikolaev 和 Kolomyia。[220]

美軍亦開始在太平洋取得優勢，美空軍在馬紹爾群島（Marshall Islands）登陸。該群島是日軍重要根據地。美軍出動大量武力攻堅，傅秉常「深覺快慰」。[221]

因為蘇軍一路勢如破竹，開始產生一種驕傲的心態。英美之記者「對於英蘇關係異常悲觀」。[222] 傅秉常在與美、加民間人士傾談時，覺得他們對同盟國與蘇聯之合作、歐洲和亞洲戰後之形勢，均不樂觀。他們相當懷疑蘇聯能否與英、美通力合作。[223]

3 月中，傅秉常收到來自國民政府軍令部的消息，指日本在華南的軍隊和艦隊，有改隸台灣軍總司令部之消息。另外，華南日軍為完成越南和雷灣之陸路運輸線，有可能在兩個月內攻擊廉州和欽州的可能。原因是日本本土與中南半島和南洋的聯繫，將有可能被同盟國切斷，故要打通另一運輸線，以利將來補給。[224]

日本佔領中國，在經濟上之政策是避免任何實質付出。它主

218　同上，1944 年 2 月 5 日。

219　同上，1944 年 3 月 20 日。

220　同上，1944 年 3 月 28 日和 1944 年 3 月 29 日。

221　同上，1944 年 2 月 2 日。

222　同上，1944 年 1 月 29 日。

223　同上，1944 年 1 月 30 日。

224　同上，1944 年 3 月 15 日。

要通過印鈔解決財政問題，[225] 結果必然釀成惡性通貨膨脹。

同盟國已開始在戰事中佔上風。中國方面，戰爭形勢亦開始好轉，5 月 18 日，國軍佔領 Myitkyina 機場等。[226] 稍後國軍在 緬甸和河南亦有進展。[227] 7 月，國軍收復騰衝。[228] 不過戰事一進一退，7 月日軍向廣州北進，韶關和英德等地已疏散。[229] 衡陽則尚在中國手上，日軍在此損失一萬六千人。[230]

傅秉常姪女傅惠梅在致傅的來信中談到，憂慮盟軍進攻香港時家人的安全。[231] 可見香港人已預計盟軍會在香港發動攻勢。傅秉常亦預料到，英國政府在戰後不會放棄香港。他從英國報紙得悉，英國副首相艾德禮（Clement Richard Attlee，1883－1967）在下議院回覆提問時，指出「香港地位包括在邱吉爾宣言『彼不收束大英帝國』之內」，英政府鼓勵英商，戰後回香港參與重建，及出口貨物至香港。傅秉常認為「英政府之政策可見一斑」。傅秉常不無感慨地謂「吾人應更自努力圖強，蓋自己力量苟尚未足時，無論如何有理，歐洲所謂強國者，絕不因顧全道義而送還其盜取物，良以邱吉爾輩，對於國際上絕不講求道德者也」。[232] 傅秉常在香港長大，深受殖民地文化影響，然而他這樣

225　Greff Huff, "Finance of War in Asia and Its Aftermath," in Michael Geyer and Adam Tooze (eds), *The Cambridge History of the Second World War* Volume III, (Cambridge: Cambridge University Press, 2015), pp. 56-93.

226　《日記》，1944 年 5 月 19 日。

227　同上，1944 年 5 月 24 日。

228　同上，1944 年 7 月 4 日。

229　同上，1944 年 7 月 6 日。

230　同上，1944 年 7 月 24 日。

231　同上，1944 年 10 月 22 日。

232　同上，1944 年 11 月 15 日。

的立論，是完全站在民族主義之立場發言。

　　1943 年 1 月 11 日，中美和中英新約分別在華盛頓和重慶簽字。傅秉常稱「在此一百年中，我國所受不自由、不獨立種種痛苦，吾輩辦外交者尤為感覺，總理遺囑中亦以為誥誡，現始廢除，誠我國歷史上重大事件。余事實上亦因參與商討交涉，覺甚快慰者也」。[233] 王寵惠抗戰時亦曾在一篇文章中指出，「廢除不平等條約，適在我抗戰第六年中實現，一方面為美國及其他諸友邦對我友好之表示，一方面亦為全國軍民在蔣委員長領導之下，五年餘以來艱苦奮鬥不惜犧牲所表現之光榮事蹟，獲得友邦之尊崇與重視」。[234] 可惜這種歡欣曇花一現，隨着歐戰漸到尾聲，英國又欲回復其遠東之殖民地政策。

　　美國總統羅斯福告訴記者，稱知道中國軍事情況嚴峻，副總統華萊士（Henry A. Wallace，1888－1965）亦有同樣表示。傅秉常對他們流露出不耐煩，謂「彼等現應知我方種種困難，多予接濟，少予批評矣」。[235] 他對英、美嘖有煩言，謂羅斯福和邱吉爾在魁北克（Québec）會晤，應該是討論對日作戰問題，「蓋英、美不盡力於遠東，陷我於困境，亦應自知對華不住者」。[236]

　　1944 年 11 月尾，美國重型轟炸機七十架，從塞班島（Saipan）

233　同上，1943 年 1 月 11 日。

234　〈廢除不平等條約之回顧與前瞻〉，載王寵惠：《王寵惠遺作》（台北：雲天出版社，1970 年），頁 151－164。該文在於 1943 年 1 月 16 日發表。

235　《日記》，1944 年 7 月 12 日。

236　同上，1944 年 9 月 11 日。

起飛，在東京、橫濱一帶狂炸。[237] 日本開始害怕蘇聯，而日方對戰事越來越悲觀，日方領袖則仍希望戰事一七直延長下去，認為如果日本能在中國將事情了結的話，英、美兩國便不會征服日本，然後在一定時間之後，便可達至和局。日本人民和商界對政府感到懷疑，塞班島失守三星期後始公佈，明顯是有封鎖消息之意。在緬甸方面，國軍已佔領畹町，而英軍亦已攻陷葉烏，滇緬路可再開通。[238] 1945 年初，美國空軍在越南海面炸沉二十五艘日本船隻，另外美國空軍和海軍又擊滅四十六艘日本船隻。[239] 傅秉常從中央廣播得悉滇緬公路經已重開，首批印度運載軍用品赴華的卡車，在 1 月 22 日抵達昆明，他認為對提振民氣極有幫助。[240] 2 月中，美國戰機空襲東京，傅秉常謂其「為遠東之最大轟炸」，是日本以往狂炸重慶之報應。[241] 中國同意共同召開舊金山會議。[242] 證明當時同盟國等認為大戰即將結束。傅秉彝及妻、傅金城兒子傅楹等這時期在廣西，從榴江逃到中渡縣藍黃村。[243] 傅錦培等則在 1944 年底到達重慶。[244]

2 月中，美軍在硫磺島（Iwo Jima）登陸。這一處是日軍的要塞。[245] 3 月中，外交部着傅秉常通知美國大使哈里曼，宋

237　同上，1944 年 11 月 24 日。
238　同上，1945 年 1 月 4 日。
239　同上，1945 年 1 月 13 日。
240　同上，1945 年 1 月 25 日。
241　同上，1945 年 2 月 16 日。
242　同上，1945 年 2 月 17 日。
243　同上。
244　同上，1945 年 2 月 22 日。
245　同上，1945 年 2 月 19 日。

子文將前往出席舊金山會議，完畢後才訪蘇聯。[246] 惟蘇方藉故推搪。[247] 緬甸曼得勒（Mandalay）的日軍已消滅，緬甸之戰應可完結，傅秉常謂「吾國經濟困難似有減輕之希望矣」。[248] 日本的敗勢已呈，傅秉常收聽印度的廣播，稱日本駐瑞士之代表曾向同盟國之代表提出講和之條件，同意在所有佔領區撤退，只希望保留東三省和北平附近之煤礦和鐵礦，但日本所求已被同盟國方面回絕。[249] 4 月，日方表示「對蘇方此次廢止中立協約及其措詞之強硬，彼深為驚異」。[250] 日方旋任東鄉茂德（Tōgō Shigenori，1882−1950）為外相，英、美評論視之為緩和蘇聯方面的舉動。[251]

3 月尾，國府發表舊金山會議代表團之名單。宋子文為總代表，其他代表計有顧維鈞、王寵惠、魏道明、胡適、吳貽芳（1893−1985）、李璜（1895−1991）、張君勱（1887−1969）、胡政之（1889−1949）、董必武（1886−1975），又以施肇基為高等顧問。人選皆一時俊彥，且涵括各黨各派，因此傅秉常認為「人選甚佳，尤以內有共產黨代表董必武為佳」。[252]

4 月 25 日是舊金山會議開會之期，傅秉常頗為言不由衷地謂：

246　同上，1945 年 3 月 18 日。
247　同上，1945 年 3 月 23 日。
248　同上，1945 年 3 月 20 日。
249　同上，1945 年 3 月 24 日。
250　同上，1945 年 4 月 8 日。
251　同上，1945 年 4 月 10 日。
252　同上，1945 年 3 月 26 日。

今日舊金山會議開幕，友人或以宋部長此次不派
余充代表，似欠公平。余謂莫斯科四國簽字時，余曾表
示為余生平最快樂之一天，蓋余覺美國已放棄其孤立政
策，蘇聯亦採取集體安全之政策，余與赫爾晤談經過，
更悉美國當局已充分覺悟世界和平端在扶植落後之民
族，禁止剝削別人。是以世界和平機構如何成立，世界
互相合作，以人民福利為前提，則此次戰爭種種犧牲亦
可望獲得良好之代價，余之歡樂全係在此，並非因余能
參加為四強代表之一。蓋余向來做事祇求事之成功，自
我自他，並未嘗覺有何分別。至此次中國代表團人選，
甚為適當，例如少川（按，顧維鈞）、亮疇（按，王寵
惠），均較余為強，苟派余往，亦無甚補益，而此間職務
因歐戰進展關係，確似不宜離開，是以反覺政府之不派
余充代表為適宜。友人或以余言為謙遜，實則係余由衷
之言。[253]

傳秉常在字裏行間，流露了絲絲失落。畢竟「立德、立功、
立言」是儒家知識份子一生追求的終極目標。傳秉常感到失望，
是完全可以理解的。

傳秉常一直注視歐戰之進行。他親眼見證了蘇聯政府宣佈歐
戰勝利。他謂「上午，余偕胡隨員至紅場，已人山人海」、「有
英國軍人在街上，為群眾高舉，並向空拋擲，以示親熱」，可見
俄人歡喜若狂。不過他從蘇方公佈投降日子一事看到，英、美和

253　同上，1945 年 4 月 25 日。

蘇之間互不讓步，「誠非合作前途之福」，可為確論。[254]

　　5月中，傅秉常在大使館將樓上辦公室搬遷，準備宋子文訪莫斯科。至於國內軍事情況方面，國軍亦已攻進福州。5月21日，國民黨六全大會閉幕，共選舉中執委二百二十二名，傅秉常名列七十一、孔祥熙一一〇、宋美齡一一九、顧孟餘八十九[255]，又指魏道明（一九〇）、顧維鈞（一二五）「則更後」。傅秉常認為，這證明國府對蘇聯外交相當重視。[256] 從傅秉常對魏道明和顧維鈞排名之反應一事上，可以看到，他在欣喜之餘，對自己沒有被選派為舊金山會議代表耿耿於懷。

　　他仔細研究這一次被獲選的名單，認為各方人馬均有，兩陳和黃埔系雖然仍有許多人，惟增加不算顯著，而各方人物增加如此之多，兩陳和黃埔系的比例自然減少。他認為蔣介石此策十分高明。[257]

　　戰爭方面，其實亦已到了尾聲。蘇聯的跋扈之氣日盛，英國公使 Frank Roberts 告訴傅秉常，在蘇聯工作相當困難，故對蘇政府相當不滿。日本獨力支撐戰爭，有強弩之末之勢，美空軍大力轟炸東京，全市陷入一片火海。[258] 連續轟炸之下，連日本皇宮也被波及。軍令部亦通知傅秉常，日本自南洋和非必要區撤退，轉而將兵力移往華北和日本。[259] 日本方面宣佈，當時東京已被炸

254　同上，1945 年 5 月 9 日。

255　原文作 89，疑為名列 189。

256　《日記》，1945 年 5 月 22 日。

257　同上。

258　同上，1945 年 5 月 25 日。

259　同上，1945 年 5 月 26 日。

至體無完膚。[260] 國軍收復福州之後，一路北上，又在南路獲勝，打敗日軍，敗軍退至越南邊境。[261] 6 月末，國軍收復台州，向杭州推進。[262] 8 月 6 日，美國向日本投下原子彈。[263] 8 月中，南京偽國民政府宣告解散。[264] 偽府樹倒猢猻散之後，傅秉常聞說「陳公博已自殺，尚佳，否則有何面目見人」。[265] 8 月下旬，傅秉常在日記中謂「英首相 Attlee 宣佈英軍將往香港，接受日軍之投降」。[266] 當時英國沒有考慮放棄香港。

在日本投降前夕，宋子文訪蘇。此事關係重大，但傅秉常刻意在日記中一句不提。

中蘇談判及其餘波

6 月 29 日至 7 月 13 日期間，傅秉常沒有任何日記。再有日記已是 7 月 14 日，傅秉常謂「早餐時，蔣經國提出胡世杰擬辭職回國，余祇能言我不願其離此，但權在經濟部，余不能作主」，「彼在此兩星期間，余覺其甚識大體，人亦甚能幹，前程

260　同上，1945 年 5 月 27 日。
261　同上，1945 年 5 月 28 日。
262　同上，1945 年 6 月 27 日。
263　同上，1945 年 8 月 7 日。
264　同上，1945 年 8 月 17 日。
265　同上，1945 年 8 月 29 日。按，當時陳公博（1892－1946）尚在世。
266　同上，1945 年 8 月 22 日。

不可限量之人也」。[267] 為甚麼胡世杰要在宋子文訪蘇之後立即辭職呢？

這意味着，宋子文此行一定出了一些問題。

1945 年 6 月 30 日，宋子文等抵蘇。莫洛托夫等親往機場迎接。[268] 傅錡華指出，傅秉常沒有在日記中記錄中蘇談判內容，因此談判之前的日記與傅秉常自己的速記等成為重要線索。[269] 之後的日記亦可看到一些端倪。在這個中蘇談判中，蔣介石希望用外蒙獨立，換取蘇聯在中共問題上讓步，以及保持國民政府在東三省之主權。[270]

各國駐蘇使節均欲從傅秉常處得悉談判的詳情，惟傅秉常表示談判在進行中，無可奉告。[271] 8 月 8 日至 15 日之日記、8 月 30 日至 9 月 5 日之日記又是付之闕如，證明中蘇談判再一次在進行中。在之後的日記中，他亦鮮有談到中蘇談判的內容。史太林在迭次談判中，不斷開出國府難以接受的條件。明顯地，外蒙不能滿足史太林的貪慾，他還想進一步染指東三省等。[272] 後來宋子文希望尋求美國之援助，落空以後，宋子文憤然辭去外交部長職。蔣介石立即同意，並以王世杰代之。傅秉常亦提出請辭，但

267　同上，1945 年 7 月 14 日。

268　*Chiang Kaishek's Last Ambassador to Moscow: The Wartime Diaries of Fu Bingchang*, p. 189.

269　Ibid, p. 190.

270　Ibid, p. 193 & 204.

271　《日記》，1945 年 7 月 14 日。

272　*Chiang Kaishek's Last Ambassador to Moscow: The Wartime Diaries of Fu Bingchang*, pp. 192-195.

沒有得到批准。[273] 傅秉常知道談判結果必然對國民政府不利，亦必引起舉國強烈反響。或許他不願因此背上千古罵名，故在日記中對談判一句不提。筆者現利用《王世杰日記》，補足《傅秉常日記》刻意略去的中蘇談判內容。

7月6日，王世杰謂「子文有電來，謂史太林對東三省問題尚可讓步，但對承認外蒙獨立一節則堅持」。蔣介石詢王世杰之意見，王世杰認為如果東三省問題能在無損主權的情況下解決，「則承認外蒙人民于戰後投票自決亦尚合算，因外蒙實際上已脫離中國二十餘年」。蔣介石同日下午又與孫科和于右任等討論，「最後決定主張外蒙獨立事可讓步」。[274] 以蔣介石的性格言，其實早有決定，與孫科等晤談，不過是表面功夫而已。

8日，王世杰與赫爾利見面，告訴他國府打算在外蒙問題上讓步，但希望美方在東三省問題上支持國府。[275] 9日，王世杰代蔣介石擬一電予宋子文，謂外蒙戰後獨立一事，「其宣告應由中國單獨宣告」，「但中國宣告後，蘇聯應照會中國，永遠尊重外蒙獨立」。[276] 11日，蔣介石在林園與王世杰討論給宋子文之訓令。宋子文來電報，謂史太林同意以人民投票解決外蒙獨立問題，且同意在戰後發表。史太林又謂旅順軍港部分應由蘇聯管理。另外，他又承諾將禁止軍火私運至新疆，不接濟中共軍械等。蔣介石則發電報予宋子文，指示他應着重國府在旅順附近區

273　Ibid. pp. 196-197.

274　《王世杰日記》，上冊，1945 年 7 月 6 日，頁 711–712。

275　同上，1945 年 7 月 8 日，頁 712。

276　同上，1945 年 7 月 9 日，頁 712。

域的行政權，中東和南滿鐵路平時不能供蘇聯運送士兵等。[277]

18 日，宋子文自蘇聯返國。他謂關於旅順問題，蘇方堅持軍港由蘇聯管理，一般行政權則歸中國。至於中東鐵路和南滿鐵路方面，蘇聯要求以蘇聯人為局長，大連問題則有待解決。[278] 24 日，宋子文跟王世杰說，欲辭外交部部長一職，盼王能接任，並謂他在 7 月底或 8 月初赴莫斯科時，請王世杰一同前往，結束中蘇談判。王世杰表示不願接任外交部長。宋子文將與史太林六次談話之記錄交王世杰。王世杰即晚細閱，讀至深夜。[279] 25 日下午，王世杰往見蔣介石。蔣命王世杰兼任外交部長。蔣介石謂，宋子文因中蘇談判中承認外蒙戰後獨立一事，「頗畏負責，其所以先行返渝，亦正為此」。王世杰覺得，宋子文之意在找人共同承擔責任。蔣介石指出，「外蒙早非我有，故此事不值顧慮」。王世杰則回應說，這確是事實，但他不知道承認外蒙一事是否有助於國府收回東北。因為如果讓步無成果，則只是單純的讓步。王世杰仍不允當外交部部長，但想到中蘇情況危急，他覺得不能再顧個人之毀譽。[280] 26 日，杜魯門和邱吉爾在柏林擬定中、英、美三國對日勸降之通告，文中暗示如日本不接受條件，蘇聯亦會對日參戰。杜魯門和邱吉爾等要求蔣介石二十四小時內覆電是否贊同，如二十四小時未獲覆電，英、美便會自行發表。[281] 可見英、美視中國為弱國，絕不予以尊重，兩國在國府背後與蘇

277　同上，1945 年 7 月 11 日，頁 713。

278　同上，1945 年 7 月 17 日，頁 715。

279　同上，1945 年 7 月 24 日，頁 716。

280　同上，1945 年 7 月 25 日，頁 716–717。

281　同上，1945 年 7 月 26 日，頁 717。

聯作秘密協定，自是絕對可能。30 日，原為宣傳部部長王世杰接任外交部部長。[282] 31 日，王世杰往見蔣介石，指在中蘇協定一事上，不可有任何秘密協定，外蒙問題在批准前亦應向立法院及參政會駐會委員會報告。[283] 證明王世杰也憂慮蔣介石會與蘇聯作秘密協定。

8 月 1 日，王世杰與宋子文談赴莫斯科談判一事。宋謂應由王世杰簽字，王世杰則要求共同簽字，宋子文認為不可，只謂如史太林簽字的話，他可以簽字。王世杰看清宋子文只想卸責，因為他知道蘇方將會由莫洛托夫簽字。[284] 2 日，王世杰向蔣介石提到，宋子文已向史太林應允外蒙獨立。在疆界問題方面，王世杰認為疆界的劃定須在承認前劃定，否則後患無窮。[285] 3 日，蔣介石跟王世杰說，旅順口外一百公里之島嶼，未經中蘇協商之前，決不可以承認有任何軍事建設。王世杰稱，此次中蘇談判，國府必須有確切的態度。王世杰又詢問蔣介石，是否一定要有結論，抑或在某些問題上必須堅持立場？蔣介石謂必要時可發電報請示。[286] 4 日，王世杰思考赴蘇談判的意義，認是為了統一、和平和保有中國在東北的主權。但他明白外界對外蒙問題有異議，如果輿論持不了解的態度，即使中蘇談判成功，中蘇感情依然有損，前途仍添變數。[287] 5 日，王世杰等起程赴蘇。王世杰

282　同上，1945 年 7 月 27 日及 30 日，頁 717–718。

283　同上，1945 年 7 月 31 日，頁 718。

284　同上，1945 年 8 月 1 日，頁 718–719。

285　同上，1945 年 8 月 2 日，頁 719。

286　同上，1945 年 8 月 3 日，頁 719。

287　同上，1945 年 8 月 4 日，頁 719。

謂「予一路反覆思此行之使命，肩上真如背負有萬斤之重擔。予
一生來從未感覺責任之重有如此者。此行結果無論如何，在國
人輿論及歷史家評斷總不免有若干非議」。[288] 其想法正與傅秉常
同。王世杰覺得蘇聯進入東三省後，國府將更難將之收回，且
中共會得蘇聯之助。[289] 6 日抵德克蘭。[290] 7 日，宋子文和史太林
已開始討論旅順各問題，「一切對話幾乎完全由宋、史對談，予
僅偶插一二語，莫洛托夫亦然」。宋子文、史太林所談是有關旅
順、大連、中東鐵路、南滿鐵路、外蒙疆界和中蘇盟約等。王
世杰立即將商談結果電蔣介石。[291] 美國在 8 月 6 日投原子彈於廣
島（Hiroshima）。8 日晚上七時三十分，王世杰與傅秉常往晤
莫洛托夫，莫洛托夫「旋即宣讀其對日本宣戰之聲明書」。[292] 這
是蘇聯惺惺作態之表現。9 日，王世杰與米高揚會晤。又美國投
原子彈於長崎（Nagasaki）。[293] 10 日，王世杰聽 BBC 廣播，得
悉「日本已聲明願投降」。王世杰認為是二枚原子彈的威力，「倘
無原子彈，則雖有蘇聯參戰，日本亦決不致投降如此之速」。故
王世杰與蔣經國等商量，在中蘇談判中，中國應採之態度。第
一，是表示仍願議約。第二，不會作任何重要讓步。晚上，史太
林與宋子文和王世杰談大連灣時，王世杰等之態度即時變得比較
強硬，謂行政權必須歸還中國。史太林「沉吟一番」，並作出讓

288　同上，1945 年 8 月 5 日，頁 720-721。
289　同上。
290　同上，1945 年 8 月 6 日，頁 721。
291　同上，1945 年 8 月 7 日，頁 720-721。
292　同上，1945 年 8 月 8 日，頁 721-722。
293　同上，1945 年 8 月 9 日，頁 722-723。

步。[294] 11 日，王世杰等與莫洛托夫討論外蒙疆界。[295] 12 日，或許因日本敗局已定，蔣介石之態度亦變得強硬起來，「謂對外蒙疆界問題，必須有圖且于承認前經勘定疆界；否則交涉停頓亦所不惜」，王世杰指「此事顯然辦不到」。因為蘇聯已大舉入侵東三省，不能再拖。王世杰謂宋子文、蔣經國和傅秉常「均主張不顧蔣先生電示，逕與史達林解決」。王世杰反對，認為應發電向蔣介石說明一切，請其授權予他及宋子文處理。另外，在有關外蒙之問題的換文中，加入「外蒙疆界應以現有疆界為限」之句。宋子文等勉強同意，晚上亦暫不與史太林談。[296] 13 日，宋子文主張與史太林繼續談判，不待蔣介石之覆電。王世杰謂，應先待蔣介石覆電和應允。宋子文同意，並約史太林晚上十二時繼續談判。[297] 13 日晚上至 14 日凌晨，宋子文與王世杰與史太林討論各項議題。在外蒙之問題上，王世杰等要求以現有疆界為界線，史太林同意。然後是旅順、大連等問題，史太林亦有讓步。在討論大連問題時，史太林要求國府不將國府管有之港口碼頭和設施等租給其他國家，王世杰等不肯書面承認，只同意口頭答應。史太林鄭重要求中方不要反口。宋子文同意。史太林狂妄依舊，提到紅軍在東三省之費用事。中方指中國財力不逮，未可運鈔票至東北。史太林則稱如是這樣的話，「則蘇軍將自由在東三省徵取民物，只發收據」。實與強搶無異。蘇方無視中國主權，至為明顯。王世杰謂「非所以待盟邦之道」，此事需向蔣介石請示。

294 　同上，1945 年 8 月 10 日，頁 723。

295 　同上，1945 年 8 月 11 日，頁 723。

296 　同上，1945 年 8 月 12 日，頁 724。

297 　同上，1945 年 8 月 13 日，頁 724。

14 日上午十一時，王世杰與莫洛托夫晤面，商定條約，蘇方再略有讓步，且雙方決定在晚上十時簽字。[298] 15 日上午六時，正式簽字，但蘇方早在數小時前廣播，稱雙方已簽字。這是蘇聯之詭詐。在簽約時，史太林也有出席，蘇方由莫洛托夫簽字。[299]

16 日，王世杰等正式起程回國。[300] 20 日，王世杰與孫科談，「彼極力贊成訂約」。[301] 當然也有很多人反對。[302] 不過最後在參政會駐院委員會的會議中通過了，「左舜生、傅斯年等均贊成批准」。[303]

可見傅秉常在中蘇談判中只是一個配角。宋子文和王世杰才是主要的談判者。

另外，我們亦可從傅秉常之後日記的記載，找到中蘇談判的一些蛛絲馬跡。

蘇聯公然染指國府在東三省的主權。傅秉常謂蘇聯外交部次長 Lozovsky 曾與他討論東三省紅軍貨幣的問題。Lozovsky 稱宋子文謂在重慶便可提出辦法，但至今尚未見到任何方案。[304] 這可能是宋的援兵之計。Lozovsky 進一步催迫傅秉常，指紅軍進入東三省已有三星期了，購買日用品刻不容緩，因此蘇聯政府提議由紅軍總司令印發一種在東三省行使之貨幣，顏色與國幣略有差異，將來由國民政府回收，其數由日本賠償中取回。傅秉常謂當

298　同上，1945 年 8 月 14 日，頁 724－725。

299　同上，1945 年 8 月 15 日，頁 725。

300　同上，1945 年 8 月 16 日，頁 725。

301　同上，1945 年 8 月 20 日，頁 726。

302　同上，1945 年 8 月 23 日，頁 727。

303　同上，1945 年 8 月 24 日，頁 727。

304　《日記》，1945 年 8 月 29 日。

立即報告政府，Lozovsky 指此事要儘快解決。[305] 蘇聯此舉無視中國在東三省的主權。外交部回覆，同意蘇聯方面在東三省發行特別之國幣券，惟請蘇方將預計發行量告知國府，並在協定之內清楚規定每月發行之數預告國府。[306]

澳洲公使與傅秉常言，「中蘇各約使中國方面吃虧太甚，彼深感不平」。傅秉常答謂這是邱吉爾之錯，英國保守黨不惟不協助中國抗戰，且在簽字時亦犧牲盟友，傅秉常指邱吉爾「則直一無賴耳」。[307] 9 月 16 日，蔣介石與蘇聯駐華大使言：「欲外蒙即辦總投票，投票時由中國政府派員參觀，並於投票後，於十月十日派代表到渝報告投票結果，蘇聯政府已將此意轉知外蒙政府。」[308] 事由蘇聯政府轉告外蒙政府，可見兩者之關係。

傅秉常在 10 月 9 日謂「蘇外交部通知，明日本館慶祝雙十節，莫洛托夫外長等均來。彼到使館係第一次，是以須特別準備」。[309] 10 月 10 日，「莫洛托夫外長於六時半親臨，彼來使館係第一次，是以來賓均驚異，外交團遂作種種之推想。彼神志甚佳，見總理像，即 [310] 有極端聰明之表現，悉余曾隨總理，詢余是否對下甚嚴，余告以對於交辦事項，自然嚴格，但對個人生活習慣向少干預，量度極宏」。[311] 莫洛托夫平時不會有這些表

305　同上，1945 年 8 月 29 日。

306　同上，1945 年 8 月 29 日。

307　同上，1945 年 8 月 31 日。

308　同上，1945 年 9 月 17 日。

309　同上，1945 年 10 月 9 日。

310　原文有「謂已」兩字，疑為衍字。

311　同上，1945 年 10 月 10 日。

現。這或反映，蘇聯在與中國談判時佔盡便宜，故對中國態度如此親暱。

戰爭中的讀書生活

以下是傅秉常在 1940 至 1945 年間所讀過的書，雖然書目不算完整，但我們可以藉此了解他的閱讀興趣，及他對國際和中國政治的看法。

表 3-1　1940 至 1945 年間《傅秉常日記》中所記載傅秉常曾閱讀的書籍

年份	作者	書名	讀後感
1940	Count E.F. Pucker	*How Strong is Britain?*	全日在家讀 *How Strong is Britain* by Count Pucker translated from the German by Edward Fitzgerald (George Routledge & Sons, London)，甚佳 。[312]
1940	H.G. Wells	*The Fate of Man*	全日在家請〔讀〕H.G. Wells's *The Fate of Man*，甚有道理。渠批評英國及張伯倫尤為爽直。[313]

312　《稿本日記》，1940 年 1 月 11 日。
313　同上，1940 年 4 月 19 日。

（續上表）

年份	作者	書名	讀後感
1941	E.N. Kleffens	*The Rape of the Netherlands*	讀 E.N. Kleffens 的 *The Rape of the Netherlands*。E.N. Kleffens 是不幸的荷蘭外長。他所描述德國攻擊荷蘭前後幾天的景況，能喚起人們對如此熱愛和平荷蘭人之憐憫和同情。毫無疑問，極權主義者所採之方法是不合理的。我們也面對着同樣的事情——或者是不人道日本的最慘烈暴行——不禁有一種最深切的同病相憐之感。作為宣傳之作，此書相當成功，但作為一本文學作品，王寵惠作為權威對之過譽了。有些地方亦屬過火。[314]
1941	Cato	*Guilty Men*	讀 Cato 的 *Guilty Men* (Gollancz,1940)。作者對保守黨領袖們的大錯和疏忽指控，毫不留情，認為它們差不多與犯罪同。此書在英國立即風行一時，因為它真實反映人民普遍的意見。這亦同時反映一個真正民主國家得着言論自由之眷顧。[315]
1941	劉義慶（403－444）	《世說新語》	讀宋臨川王劉義慶所撰之《世說新語》，非常有趣。[316]

314　同上，1941 年 3 月 2 日。評論原文為英文，由筆者翻譯。

315　同上，1941 年 6 月 7 日。評論原文為英文，由筆者翻譯。

316　同上，1941 年 6 月 8 日。評論原文為英文，由筆者翻譯。

（續上表）

年份	作者	書名	讀後感
1941	Louis Levy	*The Truth About France*	讀 Louis Levy 的 *The Truth About France*(Penguin 1941)。讀竟。談不幸的法國共和國在被「謀殺」前後的運作與人事，非常有用。此書提供非常多資訊，特別是有關各黨派的運作。[317]
1941		《詞學入門》、《學辨》	讀《詞學入門》、《學辨》，頗不錯。[318]
1941		《德國勞働〔動〕服務制度》	讀《德國勞働〔動〕服務制度》。無論我們如何說納粹黨，勞動服務制度對重建新德國真是有貢獻的。即使 Henderson 也盛讚它。[319]
1941	William A. Robson	*Labour Under Nazi Rule*	又讀 Robson 的 *Labour Under Nazi Rule*，甚多資料。[320]
1941	Hans Jürgen Koehler	*Inside Information*	讀 Hans Jürgen Koehler 的 *Inside Information* (Pallas Pub Co.Ltd, London)，孫科院長轉來的。一本頗有趣的書，作者參與納粹黨的日常工作，因此能夠知道很多事情。[321]
1943	Joseph E. Davies	*Mission to Moscow*	讀 Joseph E. Davies 的 *Mission to Moscow*，非常有趣及資料豐富。[322]

317　同上，1941 年 6 月 8 日。評論原文為英文，由筆者翻譯。
318　同上，1941 年 6 月 11 日。評論原文為英文，由筆者翻譯。
319　同上，1941 年 6 月 13 日。評論原文為英文，由筆者翻譯。
320　同上。
321　同上，1941 年 6 月 22 日。評論原文為英文，由筆者翻譯。
322　《日記》，1943 年 1 月 10 日。評論原文為英文，由筆者翻譯。

（續上表）

年份	作者	書名	讀後感
1943	蔣介石（由陶希聖1899－1988代筆）	《中國之命運》	車中，讀委座所著《中國之命運》，對於戰後中國之外交政策尤為卓見。其對於中共部分，愚意以為此時不必如此說法也。[323]
1943	袁大化（1851－1935）修；王樹枏（1852－1936）、王學曾纂	《新疆圖志》	車中。讀《新疆圖志》古蹟、金石、藝文各篇，甚佳。[324] 車中。讀《新疆圖志》禮俗，及左宗棠、劉錦棠之奏議。其對於用兵新疆、設置省置，及開化各族，均甚有見地，深可敬佩。圖志百餘卷，袁大化撫新時所編，材料甚為豐富，盛督辦不寶貴之，殊可惜也。[325]
1943	許仲琳	《封神榜》	夜不能睡，以看《封神榜》，俾忘憂慮。[326]
1943	Mikhail Aleksandrovich Sholokhov	*And Quiet Flows the Don*（《靜靜的頓河》）	讀英譯 M.Sholokhov's *And Quiet Flows the Don*，描寫 Cossack（按，哥薩克）農民生活。所寫係 1914 年間情形⋯⋯我國重禮教者固夢想不到有此種醜行，即歐洲各國恐亦聞而掩耳。但梳氏為近代兩大文豪之一，俄人對其作品極端崇拜，余誠惑焉。[327]

323　同上，1943 年 2 月 20 日。
324　同上，1943 年 2 月 21 日。
325　同上，1943 年 2 月 21 日和 2 月 22 日。
326　同上，1943 年 2 月 26 日。
327　同上，1943 年 5 月 28 日。

（續上表）

年份	作者	書名	讀後感
1944	H. W. Blood-Ryan	*The Great German Conspiracy*	昨夜哭母，至夜深尚不能睡，起來讀自英使館借來 H. W. Blood-Ryan 所著之 *The Great German Conspiracy*，其所述德外長 Ribbentrop 之歷史及其對希特拉之影響，並末章所言波蘭 Piłsudski、Beck、Kazimierz Sosnkowski、Śmigły-Rydz 等，種種好高鶩遠、不尚實際、親德反蘇，對內專事壓迫民眾，對少數民族尤為苛待，排猶運動更甚希德，以致大好河山為敵佔領，人民顛連失所等等，均所未聞者，甚覺有趣。著者在德從事印刷業多年，著述甚富，與德、波要人均過從甚密，故珍聞如是之多，余不覺直讀至今晨四時半始已。[328]
1944	K.M.Panikkar	*The Future of South-East Asia*	連日讀潘尼嘉 K.M.Panikkar 所著《亞洲西〔東〕南區之將來》一書 *The Future of South-East Asia*，其觀察雖多袒英者，但亦明白指出各地民族自由之運動，不能再為阻止 …… 該書著者係一研究歷史之人，並曾充印度王公委員會之秘書，是以對於各區之情形研究所得不少。其所指出之毛病，除關於英國及荷蘭部分外，均似不無見地，祇對荷印主張，過於袒荷矣。[329]

328　同上，1944 年 1 月 14 日。
329　同上，1944 年 1 月 25 日。

（續上表）

年份	作者	書名	讀後感
1944	Pearl Buck	*Asia and Democracy*	連日讀賽珍珠 Pearl Buck 所著之《亞洲與民治》一書。彼力主美國改正種族觀念，並極讚揚中國文化，其對中國歷史文化具有極深刻之觀察，即中國學界亦不多得者，殊為可佩。彼對美國黑人力主平等，尤具遠見。[330]
1944		偵探小說[331]	沒有評價。
1944	Paul Brunton	*A Search in Secret India*	連日讀英人 Paul Brunton's *A Search in Secret India*，歷述其在印與各修練之 Yoga 談處經過（按，原文如此），多有興趣。此種人之思想舉動，西方人不易明瞭也。[332]
1944	Joseph C. Grew	*Ten Years in Japan*	連 Ambassador Joseph C. Grew's *Ten Years in Japan*，歷述九一八以後，日軍閥在其國內蠻橫之情況，及美國盡力避免戰爭之經過。足見苟日軍不攻珍珠港，則美方今日恐尚不對日宣戰，吾國更受壓迫。實則救中國者係日軍閥，更使我更相信佛氏因果之說矣。[333]
1944	Vincent Sheean	*Between the Thunder and the Sun*	連日讀 Vincent Sheean's *Between the Thunder and the Sun*，彼對邱吉爾佩崇備至，尤以其在英國危急時期，兵力極弱之際，調遣重兵赴北菲及近東，以救「大英帝國」之淪亡，彼以為英國政治家無敢冒此大險者。[334]

330　同上，1944 年 2 月 8 日。
331　同上，1944 年 6 月 25 日。
332　同上，1944 年 8 月 3 日。
333　同上，1944 年 9 月 20 日。
334　同上，1944 年 11 月 12 日。

（續上表）

年份	作者	書名	讀後感
1944	Fyodor Dostoevsky	*The Insulted and Injured*	描寫俄貴族之壞，甚佳。余閱至不能停止，直至翌晨七時半。余之不敢多看小說，亦因余每讀一小說必不能止，常至天亮，費耗精神過多也。[335]
1945	鄭毓秀	*My Revolutionary Years*	連日讀伯聰（按，魏道明）夫人自傳 *My Revolutionary Years*。彼人確有精神，惟未免過於自誇。古人對人，主隱惡而揚善，今人則自己為之，似於古禮教不符。[336]
1945	Sumner Welles	*The Time for Decision*	連日讀 Sumner Welles's *The Time for Decision*。依照其 1940 年代表羅斯福赴歐時與 Ciano 所談經過，則 Ciano 之見解確較墨氏為高明，與余從前對 Ciano 之觀念不同。是則墨氏實對其婿不住，且誤其國，Ciano 欲救而未能耳。彼（Welles）對遠東民族解放之主張，對國際安全組織之建議，均甚有見地。至分隔德國為三區，則世界學者多所批評，目為全書最可訾議之一節。總之，該書內容異常豐富，以其掌美國外交數十年所得，自多良好之見解，至其對美於珍珠港以前之外交為之辯護，似未免稍過耳。[337]

335　同上，1944 年 12 月 30 日。
336　同上，1945 年 1 月 14 日。
337　同上，1945 年 1 月 28 日。

（續上表）

年份	作者	書名	讀後感
1945	Robert Parker	*Headquarters Budapest*	連日讀美聯社駐東歐主任柏嘉所著《匈都大本營》一書 Robert Parker's *Headquarters Budapest*，歷敘 1939 至 1944 年巴爾幹各國，及波蘭、土耳其之政治、外交、軍事情況，及英、德、俄在各該國活動情形，足參考之資料甚多。彼對德國多將其陰謀暴露，而對英政策亦頗多批評，詳述各該國腐敗情形及領袖無能、人民智識低落，政治佳話尤多。全書尚佳。[338]
1945	Markoosha Fischer	*My Lives in Russia*	連日讀 Markoosha Fischer's *My Lives in Russia*，對蘇聯之攻擊甚於其夫，尤以對於清黨描寫為甚。彼父婦之同情托派無疑。實則在此時期寫此種書，於公於私有何補益？謂非另有用心，其誰信之？[339]
1945	Somerset Maugham	*The Razor's Edge*	讀 Somerset Maugham's *The Razor's Edge*，描寫美國青年思想及生活情況，甚佳。[340]
1945	Pierre Cot	*Triumph of Treason*	讀 Pierre Cot's *Triumph of Treason*，則法國尚不少有欲推翻共和重立帝國之份子，殊堪為法前途悲也。[341]

338　同上，1945 年 2 月 9 日。
339　同上，1945 年 2 月 19 日。
340　同上，1945 年 3 月 3 日。
341　同上，1945 年 3 月 10 日。

（續上表）

年份	作者	書名	讀後感
1945	Walter Lippmann	*U.S. War Aims*	連日讀 Walter Lippmann's *U.S. War Aims* 原書，蘇聯報紙昨有論文，批評該書，蓋書內對於蘇聯尚多表示懷疑之處。尤使蘇方不滿者，為其直指蘇聯民眾不自由，政府之統制消息等等；並以為苟民眾無真正民治之自由，則合作仍不能穩固。[342]
1945	Omar Khayyam	*Rubaiyat of Omar Khayyam*（《魯拜集》）	下午在舊書店購得一佳本 *Rubaiyat of Omar Khayyam*，讀之不能釋手。此翁為中古時代（死於 1123，享有高壽）伊朗名人之一，於天文、算學均極顯著，代數即為其所發明，其詩更為世所崇奉。彼與首相 Nizam al-Mulk 友善，那顯貴時，彼衹要求資助研究學問，彼詩中所言，多為人生哲學，與老子相同。[343]
1945	Major George Fielding Eliot	*Hour of Triumph*	讀 Major George Fielding Eliot's *Hour of Triumph*，歷述美國外交之經過，及結論謂美應取英第一次大戰前之地位，與英國聯合而為海軍國，與將來兩大陸軍國，即蘇聯及中國，聯合維護世界和平，亦有道理。[344]

342　同上，1945 年 3 月 17 日。

343　同上，1945 年 3 月 19 日。

344　同上，1945 年 3 月 29 日。

（續上表）

年份	作者	書名	讀後感
1945	Aleksandr Korneichuk	*Mr. Perkins' Mission in the Land of the Bolsheviks*	讀 Korneichuk 所著 *Mr. Perkins* 之劇本，無甚精采。[345]
1945	Count Carlo Sforza	*Contemporary Italy*	連日讀 Count Carlo Sforza's *Contemporary Italy*，其所述教皇之守舊及法國戰前及戰時內閣之腐敗情形，深足為吾人警誡也。[346]
1945	John L.Strohm	*I Lived with Latin Americans*	兩星期來讀 John L.Strohm's *I Lived with Latin Americans*，誠南美臥遊之佳品也。[347]

　　從上表我們可歸納出數點：第一，傅秉常閱讀興趣廣泛，但大部分都與世界政治有關。傅秉常長期從事外交工作，對世界政治感興趣也是理所當然的。他也承認「對於國際關係之書籍雜誌閱讀特多，蓋非此不足以明曉世界情況，於余職務上不能勝任愉快」。[348] 他在重慶當外交部次長時，曾在國府紀念週談外國戰況和國際戰局。[349] 這些書籍是他演講的參考資料。第二，着重資料搜集。第三，有反帝國主義和反殖民主義之傾向。傅秉常曾向美

345　同上，1945 年 4 月 16 日。
346　同上，1945 年 4 月 26 日。
347　同上，1945 年 4 月 27 日。
348　同上，1945 年 1 月 1 日。
349　《翁文灝日記》，1942 年 6 月 29 日及 9 月 7 日，頁 789、807。

國公使表示，美國從人道角度考慮，應該主張解放殖民地，不可以維護帝國主義。[350] 又他談到 Lloyd George（1863−1945）之死訊時，指「彼政治見解甚為前衛」，「對土地改革及反對帝國侵略政策，均甚有見地」。[351] 另外，當法國外長卑都（Georges Bidault，1899−1983）在聯合國大會上提供到法國管治殖民地和代管多哥（Togo）和喀麥隆（Cameroon）時，傅秉常認為「殊不足以動人」，又言法國政府反動。[352] 第四，政治上主權宜和折衷主義，認為要審時度勢，要在適當的時候使適當的事。為着大目標，可以捐棄小分歧。這在他評論《中國之命運》時便可見到。

戰後世界

　　傅秉常奉國府命出席聯合國大會，為中國代表團成員之一。[353] 傅秉常在會上看到英、美與蘇之分歧。這些分歧是他日冷戰之序曲。

　　1946 年 1 月 11 日，在第二次大會上，新任主席致辭後，處理提案，烏克蘭代表立即提議，以後選舉需要先提出候選人。烏克蘭代表此舉其實是向新任主席表示不滿。傅秉常認為「蘇聯代

350　《日記》，1944 年 7 月 2 日。
351　同上，1945 年 3 月 29 日。
352　同上，1946 年 1 月 19 日。
353　同上，1946 年 1 月 4 日。

表慣用此種高壓手段，在議場上將失人同情者也」。[354] 蘇聯明顯要在聯合國大會中，事事取得主導權。在選舉安全理事會非常任理事上，蘇聯代表要求延期一星期，表示蘇聯欲有多一些時間考慮，美國務卿反對，認為不成理由，蘇方應該一早考慮清楚。投票結果，蘇方提議不獲通過。中國為免得失蘇聯，投棄權票。[355] 在 13 日之大會，「蘇代表加羅米高（按，Andrei Gromyko）大使處處表示對英提案疑有其他作用」，傅秉常認為是「怕上當」，根本就是怕被英國和美國所騙。[356] 14 日，新西蘭和南斯拉夫競逐經濟暨社會理事會席，各不相讓，南斯拉夫當然有蘇聯在其背後支持，最後英、美勸新西蘭退下，問題始解決。[357] 蘇聯之野心昭然若揭。

傅秉常認為，蘇聯一直害怕英國和美國利用聯合國作為制衡蘇聯之工具。[358] 1 月 22 日，聯合國經濟委員會開會，討論聯合國善後救濟總署之問題，蘇聯和美國都有提出修正案，惟英國對美國曲意讓步，對蘇聯則十分強硬。[359] 在安全理事會上，又討論到伊朗問題，此議題是衝着蘇聯而來，故英、蘇代表在會上言辭互有火花。[360] 在總務組會議，傅秉常覺「蘇代表此種作風殊不高明，會場空氣已不佳，仍硬主投票，投票失敗，始要求將案撤

354　同上，1946 年 1 月 11 日。
355　同上，1946 年 1 月 12 日。
356　同上，1946 年 1 月 13 日。
357　同上，1946 年 1 月 14 日。
358　同上，1946 年 1 月 19 日。
359　同上，1946 年 1 月 22 日。
360　同上，1946 年 1 月 25 日。

銷。此種蠻橫高壓手段，直使其他代表對之不懷好感耳」。[361] 其實傅秉常之意思，是蘇聯輸打贏要。在討論荷印問題時，維申斯基強烈批評殖民主義，指出殖民國家應放棄部分主權，以維持公共之利益。[362] 這當然不是英國和法國等願意接受之意見。

返國之行

1946 年 2 月 23 日，傅秉常回到睽違三載的中國。[363] 此行之目的，是出席二中全會。[364] 傅秉常今次能夠返國，可能是因為王世杰已接替宋子文外交部長一職。[365] 傅秉常在剛下機的晚上，便到王寵惠家晚飯，與他討論東北情況，然後往王世杰處討論外交等問題。[366]

傅秉常出席中央聯合紀念週，蔣介石訓話，謂「關於東三省事件，謂吾人應堅忍，並認為中蘇間必須友好」，傅認為是為了平息眾怒，因為當時有大規模遊行。傅秉常又往訪時為行政院院長之宋子文，與他討論東北問題。他又詢問傅秉常，是否願意調往倫敦。傅秉常謂「在蘇將來交涉日益困難，倫敦工作較輕，自

361　同上，1946 年 1 月 29 日。
362　同上，1946 年 2 月 10 日。
363　同上，1946 年 2 月 23 日。
364　同上，1946 年 2 月 1 日。
365　同上，1946 年 2 月 23 日。
366　同上。

當願意」。宋子文回應傅秉常，指親身到了莫斯科，完全明白在蘇生活之清苦，所以希望傅秉常不要再過這樣的生活。不過這只是宋子文的想法，蔣介石不願傅秉常離任駐莫斯科大使一職。[367] 或許宋子文希望對傅秉常有所補償。皆因他明白中蘇條約令傅秉常受到不少委屈。王世杰則着傅秉常儘快返莫。[368] 蔣經國亦表示蔣介石希望他早日返任。[369] 傅秉常往訪宋子文。宋子文稱曾與蔣介石談傅秉常調職事，「謂決定著余先返莫斯科，並非余不適宜於倫敦，實則余不能離莫斯科，彼對此深為抱歉」。宋子文又批評王世杰，指他做事欠果斷且反應太慢。[370]

1946 年 3 月，仍有傳傅秉常繼顧維鈞為國民政府駐英大使。[371] 顧維鈞離任駐英大使時向英皇辭行，英皇「承詢繼人，並詢及我駐蘇聯大使調英之說，足見此間對兄好感。經電陳委座以及宋、王二公，以供有力參考」。[372]

1946 年 2 月 28 日，蔣經國陪同傅秉常往樂歌山面見蔣介石。傅秉常報告蘇聯情況、聯合國大會等。蔣介石詢問傅秉常有關東北問題和國府對蘇聯政策的意見，彼此會面兩小時，然後請傅留下來午飯。[373]

傅秉常得悉其友在抗戰時期生活都過得很差。王寵惠「經

367　同上，1946 年 2 月 25 日。

368　同上，1946 年 3 月 18 日。

369　同上，1946 年 3 月 25 日。

370　同上，1946 年 3 月 26 日。

371　〈我駐英大使傳將更選傅秉常繼顧維鈞〉，《工商晚報》，1946 年 3 月 16 日。

372　〈駐英大使館來電〉，1946 年 6 月 28 日，載《傅錡華藏傅秉常檔案》，〈函電檔〉。

373　《日記》，1946 年 2 月 26 日。

濟困難至自己管賬」，吳鐵城亦將屋賣去，換取家用。[374] 王甚至
為傅秉常歡迎和餞行也合併為一餐。傅秉常謂：「彼人素輕財重
交，現在如此，非萬不得已不然，實則余知其經濟狀況，請余一
次已不知幾許辛苦，余感激之餘，極抱不安者也。」[375] 高級官員
姑且貧窮如此，中、下級的官員生活應該過得更差，人心浮動，
自是可料。

　　他又得到美方消息，指美國反對陳果夫兄弟，如果他們繼續
執政，會強化蔣介石專橫之傾向。至於孔祥熙，美國認為他太愛
財，孫科則能力未足以勝任重要事務，且孫科兩子利用孫科地位
在美國圖利，亦令美方印象甚壞。宋子文方面，美國認為宋的行
政能力很強，而張群則深有才幹，能肩負大任。另外，如東三省
問題能解決，美方能立即將物資大量輸華。[376]

　　蘇聯久踞東北，國府中瀰漫着仇蘇情緒。孔祥熙「對於蘇聯
之力量極端懷疑，以為我國對蘇應多表示強硬，不宜過於讓步，
否則我自己不說話，安能請美國採強硬政策」。傅秉常知道孔祥
熙在這事上是鷹派，多說亦無法改變其看法，所以也不說甚麼
了。[377] 孔祥熙的看法很有代表性。因為白崇禧對蘇聯也有懷疑，
梁寒操亦然。[378] 傅秉常與朱家驊談到中蘇關係，看到「彼對蘇似
尚有些小〔少〕成見」。[379] 正如在二中全會第二次大會中，有人

374　同上，1946 年 3 月 1 日。
375　同上，1946 年 3 月 24 日。
376　同上，1946 年 3 月 1 日。
377　同上，1946 年 3 月 2 日。
378　同上，1946 年 3 月 3 日。
379　同上，1946 年 3 月 7 日。

質問既然日本已投降，為甚麼國府還要與蘇聯簽訂中蘇條約。[380]
張公權（1889－1979）負責交涉東北之事宜，是個溫和派，但
也清楚看到蘇聯欲排除美國在東北建立任何力量。而且即使蘇
聯願意將東北交還國府，仍會為中共在東北保留部分實力。張公
權也感到蘇方提出四十餘種工業合作項目，數量太多，國府難
以接受，故只能選擇其中七項不甚重要的項目回應，惟蘇方覺
得國府毫無誠意。董彥平亦指蘇方不合作。[381] 實則這是蘇聯的政
治技倆，故意開出不切實際的條件，使國府知難而退。國府中人
對蘇聯態度十分惡劣。雖然王世杰在報告外交情況時勸各人要克
制，不要痛罵蘇聯等友邦，要顧全大局，但與會各人怒火中燒。
鄒魯大肆攻擊王世杰，指他不公開政策，禁止登載所有外交新
聞，認為王世杰封鎖消息不對，因為民眾有知情權。白崇禧談
到有一營國軍在營口被消滅之來龍去脈、蘇軍以練習為藉口，
及新疆事件等，批評外交當局軟弱，奉行噤聲政策，既不許發表
事實，也不許外國記者到各區採訪。他認為這樣的政策很有問
題，應該改變。王正廷批評中蘇條約，認為不該在勝利時與蘇聯
簽訂不平等條約，故主張修約和更換外交部長。胡秋原（1910－
2004）反對中蘇條約和秘密外交，指立約時無視專家意見，並要
求對蘇方不可再退讓。傅秉常與李曉生（1888－1970）談東北和
蘇聯問題，傅覺「彼亦似有成見」。傅秉常也明白蘇聯行徑十分
可疑。[382]

380　同上，1946 年 3 月 2 日。
381　同上，1946 年 3 月 4 日。
382　同上，1946 年 3 月 5 日。

在二中全會上，各人不斷批評蘇聯。有些人指蔣經國在東北事上有秘密交涉之虞。有些人主張修約，更有些人認為應向蘇聯宣戰。方治認為應將東北事件提交聯合國安理會討論，或提交國際公決。齊世英報告東北事件，謂「我非不欲親蘇，奈蘇不欲親我何」。王寵惠也打算批評「Yalta 議決有三國尊重中國在東三省主權之完整，何以中蘇條約反刪去不提」，傅秉常謂：「余起草東三省之約時，迭次均有加入，子文自己將之刪去，故余懇其勿提，恐子文誤會，以為係余意見告彼提出。」傅秉常也明白，蘇聯所作所為，實難以替其辯護，因此最好保持沉默。[383] 中蘇之間的裂縫益發擴大。

傅秉常留華期間，孫科勸傅秉常留下來。傅秉常當然希望能留下來，但一則不能予人逃兵之感，二則國內也沒有合適的職位。[384]

連帶蘇聯之外交問題是中共力量之崛起。白崇禧在二中全會上提到，中共勢力在冀、察等地日漸壯大。[385] 蔣介石在訓話中，指出「吾人應有自信之心，並不可亂批評別人。例如，此次與各黨派合作係屬必要，代表中央之人，係擔任一最困難之工作，吾人不可對彼等肆意批評。對於政治協商會決議，除憲法部分外，應完全接受，此事由渠負全責」。[386] 蔣介石所說之話，當然是為了回應白崇禧等之意見。

傅秉常與王世杰談到處理東北問題之意見。他認為東北問題

383　同上，1946 年 3 月 6 日。
384　同上。
385　同上，1946 年 3 月 9 日。
386　同上，1946 年 3 月 11 日。

應早日着手，與蘇方進行交涉，以免夜長夢多。傅指出中、蘇兩國應親善合作。當然，如蘇聯有錯，中方應該強硬應對，但不必要的刺激則可免則免。另外，要維持蔣介石之信譽，蔣經國在蘇聯向史太林承諾的約定，中方應儘量實踐；不應將蘇聯推上沒轉彎之田地，而國府中亦不應有反蘇情緒，同時不能令蘇聯有錯覺，認為國府是美國政府之工具。[387] 這是傅秉常的善良願景。然而，以當時中、蘇情況而言，實在有點不切實際。蘇聯在東北有領土野心，對東三省不會輕易放手。蔣介石亦承認，蘇聯雄踞東北，國府不可在二三個月內收回東北，或要在二三年後才能取回，所以勸各人不可急燥冒進，且如有其他方法可行，應儘量避免戰爭。[388] 王世杰可能囿於民情，對蘇聯主張亦開始變更，認為不能再讓步。[389] 4 月 3 日，蔣介石在林園舉行宴會，傅秉常到後，蔣介石請他留宿。沈昌煥（1913－1998）向傅秉常謂，蔣介石鮮有如此，又告訴傅秉常謂，蔣介石對傅印象甚好，只有陳果夫兄弟暗中攻擊他。[390] 翌日，蔣介石與傅秉常談到東北問題。蔣介石贊成傅秉常的看法，認為應該儘快解決。傅秉常謂蔣介石「深以為然，並謂彼深知無論如何，吾國必須與蘇聯友好」。蔣介石希望傅秉常立刻返蘇聯。[391]

吳鐵城請傅秉常吃宵夜餞行，向傅秉常說了這樣的一番話：

387　同上，1946 年 3 月 12 日。
388　同上，1946 年 3 月 18 日。
389　同上，1946 年 4 月 2 日。
390　同上，1946 年 4 月 3 日。
391　同上，1946 年 4 月 4 日。

　　彼以為余苟在英二三年，必返國任外長。即在蘇，再
過數年亦可因國內黨內外交人才缺乏，亮翁已退伍，復初
（按，郭泰祺），雪艇（按，王世杰）係「半路出家」，不
得已而用少川，與黨關係不深，委座未能相信，是以種種
方面言，外長已輪到余身上。近年來，彼在委座左右，細
察其對余種種經過，覺甚有可能，著余勉之。岳軍（按，
張群（1899－1990））亦多勉勵之言。[392]

　　吳鐵城的看法是相當正確的。

神秘女子

　　抵蘇之初，傅秉常仍時有寫信予江芳苓。[393] 沒多久，胡濟邦
闖進傅秉常的生命之中。胡濟邦的名字在日記中出現的頻率漸
多，取代了江芳苓的位置。傅的外交同儕稱胡濟邦為傅秉常之女
秘書，[394] 證明二人的關係相當高調。

　　但是我們對胡濟邦所知不多，特別是她早年的情況。

392　同上。

393　同上，1943 年 5 月 22 日。當日傅秉常發了許多封信，江芳苓那一封是第一封。

394　何鳳山（1901－1997）:《外交生涯四十年》（香港：中文大學出版社，1990 年），
　　　頁 624。

　　胡濟邦是浙江永康人，出身中央大學經濟系。[395] 1934 年加入中國共產黨。[396] 胡濟邦是王崑崙同鄉，很早與王崑崙及其妹王楓認識。他們組織了一個讀書會，研究和學習馬克思主義。[397] 後胡濟邦在南京當家庭教師。當時其兄胡濟時是國民黨兵工署預算署主任，深得時任署長的俞大維（1897－1993）所信任。胡濟邦因胡濟時之介，任俞大維兒子的英文教師。[398] 不久，胡濟時介紹胡濟邦加入外交部。[399] 在蘇聯時，胡濟邦在莫斯科大學研究計劃經濟。[400] 有謂胡濟邦英語極佳，令俞大維讚不絕口。[401] 此一說或有誤。胡濟邦俄語當然了得，但英語水平似乎不高，在蘇聯時傅秉常指導她學習英文文法。[402] 傅謂「渠人甚好學，在館工作亦優，每日除館工作及大學功課外，尚習英文」。[403]

　　胡濟邦的優秀俄語曾幫助傅秉常克服許多困難。傅秉常也承認，「差幸胡隨員在此間大學研究計劃經濟，所得材料不少，且介紹與蘇聯文學、藝術各界名流接觸之機會尚多，而彼亦敏而好學者，確係余之一助也」。[404] 當然，傅秉常對胡也有一些批評，「祇惜彼究係女子，氣量稍狹，未能充分與館中人合作，否

395　陳撫生：《烽火玫瑰胡濟邦：蘇德戰場上唯一的中國女記者》（北京：人民出版社，2015 年），頁 5。

396　《烽火玫瑰胡濟邦：蘇德戰場上唯一的中國女記者》，頁 215。

397　同上，頁 12。

398　同上，頁 14－15。

399　同上，頁 22－23。

400　《日記》，1944 年 1 月 4 日。

401　《烽火玫瑰胡濟邦：蘇德戰場上唯一的中國女記者》，頁 15。

402　《日記》，1944 年 1 月 5 日。

403　同上，1944 年 1 月 4 日。

404　同上，1945 年 1 月 1 日。

則其成就將更有可觀。但尺有長短，寸有所長，不能於渠過於責善也」。[405]

傅秉常初抵蘇聯時，已鼓勵大使館人員學習俄文或其他語言，「余每月由館費設法津貼其學費，每一科壹百盧布，以兩科為限，以獎勵同人於暇時求學」。[406] 他自己也跟老師學習俄文。最初的俄文教員是 Sofia Donskaya，是對外協會介紹的。[407] 傅秉常學習俄文，相當勤奮，「余此兩月之用功，即在香港大學時亦不過之也」。[408] 他抱怨俄文活字變化太多，難以記憶。[409] 又謂俄文數目字之變格是世界上最複雜的。[410] 傅秉常的俄語程度遠非運用自如，在與蘇聯官方聯繫時，常要他人幫忙。

傅秉常的俄文後來有相當進步，但並不靈光。在 1945 年的日記中，傅秉常已可用俄文表達一些簡單意思。1945 年初他謂自己認識逾二千俄文之字。[411] 他不斷想辦法，希望能學好俄文，故「試驗 Hamilton 所言之 Card System」。[412] 1945 年 12 月，傅秉常跟隨蔣經國與史太林晤面，他說自己也能聽懂二人對話之大概。他稱「余之俄文程度雖不佳，但彼等討論因余已知題目，是以亦可知曉六七成」。[413] 1946 年 1 月，蔣經國再與史太林晤面，

405　同上，1944 年 5 月 9 日。

406　同上，1943 年 4 月 5 日。

407　同上，1943 年 4 月 20 日。

408　同上，1943 年 6 月 22 日。

409　同上，1944 年 3 月 24 日。

410　同上，1944 年 5 月 22 日。

411　同上，1945 年 1 月 3 日。

412　同上，1945 年 1 月 4 日。

413　同上，1945 年 12 月 30 日。

傅秉常謂「經國與斯談，係用俄文，余不能全曉，但大致係對於東三省工業問題」。[414]

破滅的先兆

不少外國人士來華報道戰爭情況，越發看到真實的中國情況，對中國內政的批評日見增加。傅秉常讀美國雜誌所載文章，對中國語多批評，指陳果夫和陳立夫兄弟把持黨部和教育，又攻擊黨部不民主，無人敢出來說真話。傅秉常認為政府應抱聞過則喜的態度。[415]英國人亦批評國軍在河南失利和國內種種情況。[416]德方亦指國軍「戰鬥力甚弱」，傅秉常「聞此異常痛心」。[417]

錢泰在致傅秉常的信中謂，日軍大舉侵華，「我國以餓兵應戰，據路透電載，逃兵幾及每師之半，雖不無過火，或並非全行捏做」。錢泰認為，英、美報紙多方批評國民政府，例如認為中國國力甚弱，不配為四強之一，士兵戰鬥力薄弱等等。原因很多，一則國民政府對新聞檢查過嚴格，二則美國人到中國後，發覺現實與想像有所差距，三則教士生活過得不好等。凡此種種，都影響到外國人對國民政府的觀感。而且政府內部也不團結，「T.V.（按，宋子文）與極峰（按，蔣介石）意見不合，中

414　同上，1946 年 1 月 3 日。
415　同上，1944 年 6 月 6 日。
416　同上，1944 年 6 月 9 日。
417　同上，1944 年 6 月 11 日。

國銀行董事長已辭去」。[418]

　　1944 年 9 月中，參政會開會，張治中（1890－1969）代表國民政府報告與中共洽談經過，林伯渠（1886－1960）代表中共方面報告。這是一個公開的討論，旁聽者超過三十人。報告之後，參政會議決派王雲五（1888－1979）、胡政之、冷遹（1882－1959）、陶孟和及傅斯年（1896－1950）赴延安視察，回來商討後再向國民政府作建議。傅秉常從兩方報告推測，談判結果未如理想，分歧仍然很大。[419]

　　1945 年初，蔣介石打算提早頒佈憲法。外交部亦發電給駐外使節，要與共產黨方面以和為貴。[420] 1945 年 1 月，蘇聯《消息報》載 1944 年尾美國眾議院議員 Michael Joseph Mansfield 到中國訪問，回國後公開發表的一些觀察。例如，Mansfield 指出國軍之軍隊不太好，徵兵亦腐敗。在蘇區方面，它們沒有受蘇聯接濟。另外，他亦看到蔣介石有困難。傅秉常認為 Mansfield 的觀察比較膚淺，但國民政府應虛心接納人家合理的批評，又謂「實則我國對於蘇聯，自宜採取親善之政策」，「蔣主席以前對於政學系、研究系種種，盡量容納，對於前進者，反不能起用，似未免稍為失策，此吾人亦不能不歸咎於岳軍、果夫、立夫、敬之、庸之諸君者也」。[421] 傅秉常之意，實隱含了對蔣介石不懂用人，且只過信一小撮人之批判。傅秉常在談到國共談判決裂的消息時，反思中國政治的前途，一針見血地指出「根本問題係在我

418　同上，1944 年 7 月 18 日。
419　同上，1944 年 9 月 16 日。
420　同上，1945 年 1 月 1 日。
421　同上，1945 年 1 月 31 日。

中央內部之改革如何。苟絕不下大決心作根本上之改革，仍舊走反動之路，則國民黨內部必將分裂，不待外人之責難。苟我中央能知以前之失計，澈底改革，對於兩陳把持黨政、特工人員之恐怖政策，以及待從室之豎宦弄權，致有責之大員絕無絲毫之權，群賢結舌之不良狀態，一掃而新之」，則國民黨自有強健的體魄，無懼任何風風雨雨。[422] 後來外交部來電報，稱國共談判尚未決裂，國府提出若干讓步之點，例如容許中共參加軍委會和行政院，同組戰時內閣等。[423] 蔣介石亦下令在 1945 年 11 月召開國民大會。[424] 4 月初，美國駐華大使赫爾利（Patrick J. Hurley，1883－1963）發表談話，指中共請美國直接提供軍火予中共軍隊，赫爾利稱美國未能辦到。[425] 4 月中，宋子文與美國總統杜魯門晤面，杜魯門表示美國將盡力援助中國，而宋則表示，中國之貨幣問題是可以解決的。[426] 錢承庸從伊朗返莫斯科，途經開羅時曾與謝保樵會晤。謝保樵指國府改革並不透徹，特工機關猶在。另外中共力量日益增強，而重慶生活又日益困難。[427]

　　1946 年 7 月，傅秉常又往巴黎出席和平會議。[428] 11 月 6 日始返莫斯科。[429]

422　同上，1945 年 2 月 24 日。
423　同上，1945 年 2 月 28 日。
424　同上，1945 年 3 月 1 日。
425　同上，1945 年 4 月 3 日。
426　同上，1945 年 4 月 20 日。
427　同上，1945 年 4 月 27 日。
428　同上，1945 年 7 月 13 日、22 日、27 日。
429　同上，1945 年 11 月 6 日。

中蘇交惡

　　1945 年 4 月 5 日，新任蘇聯駐華大使往訪傅秉常。傅秉常
勸他到中國後，多與孫科和王寵惠來往，「不可聽不負責人士之
妄言，更不可對於少數人之批評或言論太過重視」。[430] 傅秉常深
知中國有很多對蘇聯不友善的人。

　　新疆問題一直困擾傅秉常和劉澤榮等。9 月中，劉澤榮電傅
秉常，「言新疆局勢極為吃緊」，如無入侵，尚可維持，「否則當
即失陷，則該省大局不堪設想」，傅秉常向蘇方提出這一問題，
希望能妥善解決。[431] 可見新疆之亂局多少與蘇聯有關。

　　傅秉常接中方消息，指蘇聯軍隊打算長期佔據張北。[432] 蘇聯
久踞東三省，蔣介石深以為憂，故在 1945 年 12 月派蔣經國赴
蘇，與史太林等談判。東三省是談判其中重要一環。[433] 蔣經國語
史太林，蔣介石指日本在東三省共設有工業組合六十四個，蘇方
視之為蘇聯的戰利品，只同意分一半予國府。故建議合組一中蘇
大企業公司，股份各佔一半。中方不希望為戰利品的解釋，因為
容易令國人有不良印象，且蘇方元帥開出條件，要求先解決這一
問題才撤兵，中方認為不妥。因此蔣介石提議將這些產業視作中
方應得的產業，而華方為感謝蘇方解放東三省，願意贈送一半予
蘇聯，將六十四個工業組合分組合作公司，分別運作。惟要在蘇

430　同上，1945 年 4 月 5 日。
431　同上，1945 年 9 月 15 日。
432　同上，1945 年 9 月 18 日。
433　同上，1945 年 12 月 30 日。

軍全面撤退後再談。史太林同意蔣介石此一建議。[434] 其實蔣介石只是承認既成事實，希望掙回一個名分。再由此推之，不難想像在宋子文與蘇方的談判中，蔣介石願意作出的讓步更大更多。另外，史太林與蔣經國言「絕不許美軍進入東三省，是以反對美艦運輸華軍在大連登陸」。[435] 蘇聯完全視東三省為其勢力範圍。

12月31日，傅秉常與蔣經國談到與史太林會晤之情況。兩人均認為不宜以電報向蔣介石報告。蔣經國決定在1946年1月6日回國。即他打算回國後再報告。蔣經國向傅秉常探詢，對蘇聯狀況有何意見。傅秉常認為蘇聯絕不會放棄東三省，而且國府不可心存僥倖，以為利用美國便可打破蘇聯吞噬東三省的企圖。傅秉常謂「我方苟愈欲利用美以制蘇，則遠水絕不能救近火，徒招其疑忌，對我更甚，我自己亦無力抵抗，所失更大」。故他認為國府應努力自強，一方面加強自己的力量，一方面在新疆和東三省仍與蘇方合作，才有望扭轉劣勢。[436] 傅秉常之言相當務實中肯。

史太林是一個反覆無常的人。在1946年1月3日，他與蔣經國再晤，又推翻蔣介石有關分配日本在東三省工業組合之建議，仍堅謂它們是戰利品，由蘇聯分一半給國府。史太林又認為國民黨可與中共合作。不過他對國民黨有不滿，批評何應欽特別尖刻，對國民黨人大多沒有好評，稱只信蔣介石一人。[437]

蔣經國告訴傅秉常，史太林對國民黨諸多批評。史太林指國民黨有兩副嘴臉，一方面表示親蘇，但另一方面又反蘇。另外

434　同上，1945年12月30日。
435　同上。
436　同上，1945年12月31日。
437　同上，1946年1月3日。

國民黨中人亦多窩囊之輩，他看不起馮玉祥、閻錫山（1883－1960）之流，而且國民黨應該有自己的政策和主意，如在東三省門戶開放一事上，要有主見，不應事事緊隨美國。史太林亦認為國民黨須與中共密切合作，蔣介石應改變過去妥協之政策，國民黨應准許中共加入國民黨，且國民黨亦該改革，強化自身之力量。史太林又強調蘇聯對新疆和東三省沒有企圖，惟反對別國入侵。[438] 史太林說話之語氣，儼然如家長訓斥子弟。

　　蘇聯在二戰勝利後，對國民政府態度明顯有變。1948 年，傅秉常觀察到蘇聯「欲將我新邊五館逐漸撤銷」，「其在新疆之領館亦覺不甚重要，因伊寧等區事實上已在其勢力範圍也」。[439] 有關蘇聯要求國民政府撤銷位於斜米之領事館，外交部着傅秉常向蘇方提出抗議，指中國亦有權撤銷其駐華之領事館。傅秉常認為這種態度很恰當，因為蘇方看見新疆形勢對其有利便有意將中蘇之約定推翻，背信棄義。[440] 孫科是中蘇文化協會會長，開始發表反蘇之言論。[441] 國民政府之運輸機由瀋陽飛青島途中，被蘇聯戰機射擊。[442] 蘇聯之報紙回應事件，指運輸機經旅順之天空，故蘇方要迫其降落。[443] 外交部長王世杰稱，「中國外交在十二個月內將為最困難之時期」，「對蘇外交應極審慎」，「至於旅順、大連之收回問題，全視我國力如何」。[444] 王世杰在國民大會發言時，

438　同上，1946 年 1 月 4 日。
439　《稿本日記》，1948 年 1 月 16 日。
440　同上，1948 年 1 月 24 日。
441　同上，1948 年 3 月 6 日。
442　同上，1948 年 3 月 11 日。
443　同上，1948 年 3 月 15 日。
444　同上，1948 年 3 月 27 日。

談到中蘇關係欠佳，是因為蘇聯不遵守中蘇之間訂立之盟約，同時他亦主張增加國民政府在東北的軍事力量。[445] 可見國民政府與蘇聯的關係，已到了十分嚴峻的境地。

新疆的情況也很壞。伊寧方面，因倚仗蘇聯勢力，並無合作之誠意。伊寧、塔城、阿山三個區域已獨立，「蘇聯方面自然同情於伊寧一方，希望其勢力能獲勝」。[446]

傅秉常閱蘇聯之報紙，在討論中國戰事時，蘇方曲意取巧，又載毛澤東在 12 月 25 日之演講全文。[447] 但在國民政府慶祝行憲時，史太林亦有致電蔣介石道賀。[448] 蘇聯刻意如此，是不想予人蘇聯一面倒支持中共之感。事實上，傅秉常已察覺蘇方態度向中共傾斜。他從《真理報》（Pravda）看到蘇方登載長文談共軍之捷報，且頗多不實之語。[449] 傅秉常讀《真理報》的記載，他批評「反中央之黨員，於去月中在香港召集會議，選何香凝、馮玉祥、柳亞子、蔡廷楷〔鍇〕、譚平山為中委，李任潮（按，李濟琛）為監委，甘為共黨利用，實則彼輩對於國民黨主義，生平何嘗有半點認識？馮、李、蔡係十足軍閥；何、柳、譚是十足共產黨」。[450] 蘇方報紙不斷稱許中共之勝利。傅秉常推測中共在東北將「大有企圖」。[451] 陳岱礎從美國大使館秘書方面得悉，蘇聯在

445　同上，1948 年 4 月 14 日。

446　同上，1948 年 3 月 22 日。

447　同上，1948 年 1 月 7 日。

448　同上。

449　同上，1948 年 1 月 13 日。

450　同上，1948 年 1 月 14 日。

451　同上，1948 年 1 月 21 日。

東北有意協助中共成立政府。[452] 9 月初，《真理報》又載，華北蘇區舉行人民代表大會，集會凡三十天。8 月底，宣佈成立華北人民政府，選出董必武等二十七人為代表。傅秉常認為此事很嚴重。傅秉常與剛抵莫斯科的卜道明談到這件事，「均以為蘇方不致於承認該政府，但將由北韓政府與之直接聯絡，由北韓間接供應其軍用品」。他又想起《真理報》之前的評論，「讀其前數天之文章，謂美國將表面維持中立，而利用南韓政府接濟軍用品與我中央，便可知其將由北韓接濟中共」。[453] 傅秉常對蘇聯開始到了忍無可忍的地步。他指出，「蓋蘇聯作風，每欲做一違法之事，必先罵人如此做法，以為其做法之辯護」。[454] 王世杰在聯合國大會演說，批評蘇聯對韓之政策。傅秉常覺得，國民政府對蘇聯之態度顯著變差，「或係受美方影響」，「余在此工作恐日益困難矣」。[455]

幾年之後，韓戰爆發。禍根早在這時已種下了。

蘇聯敵視國民政府的態度越發明顯。傅秉常從《真理報》看到蘇方對張群赴日的評論。《真理報》指張群對外宣稱是私人遊歷，但到日後即與麥克亞瑟和日本首相會面。《真理報》引述法國通訊社的推測，是為了籌建日本、韓國、中國、緬甸和荷屬印度的反共產黨聯盟。《真理報》又引上海的《展望》雜誌，指美國可以利用這個聯盟，透過日本、韓國，將大量軍火送到中國手上。美國對外仍可維持表面的中立。所以這個聯盟亦有反蘇性

452　同上，1948 年 1 月 27 日。

453　同上，1948 年 9 月 5 日。

454　同上。

455　同上，1948 年 9 月 24 日。

質。蘇方認為國民政府沒有念及中蘇盟約。《真理報》引用《大公報》之見解,指中日親善就是協助日本侵略者振興。《真理報》認為中國應該遵守波茨坦有關解除日軍武裝之宣言,主張及早訂立和約,以及在和約未簽訂前中日之間不應進行直接外交。《真理報》又指連中國輿論也對張群訪日感到不妥。[456]

陰霾滿佈

抗日戰爭結束,理應迎來太平盛世,但隨之而來的,卻是內戰。國、共雙方分歧太大,談判已無法解決問題,結果釀成國、共雙方開戰。1946 年 7 月,傅秉常從廣播得悉「中共準備全面戰爭」。[457] 22 日,傅秉常指「戰爭恐不能免」。[458] 12 月初,王世杰打算赴延安作最後努力,希望能避免戰爭。[459] 12 月尾,周恩來表示如國府不接受聯合政府之條件,中共將採軍事行動。[460] 1947 年初,「張治中返京,恢復和談之空氣甚濃」。[461] 1 月中,孫科主張以圓桌會議的方式恢復和談。[462] 延安方面,拒絕國府派員

456　同上,1948 年 8 月 30 日。

457　同上,1946 年 7 月 10 日。

458　同上,1946 年 7 月 22 日。

459　同上,1946 年 12 月 9 日。

460　同上,1946 年 12 月 27 日。

461　同上,1947 年 1 月 4 日。

462　同上,1947 年 1 月 14 日。

前往，再作和談。[463] 1月尾，英國廣播謂中共佔領棗莊，國軍五十一師全師覆沒。[464] 一位武官向傅秉常表示，陳誠（1898－1965）對戰事感樂觀，認為兩個月內，不單山東全部共軍可以解決，在保定一帶的劉伯承部隊亦可解決。[465] 2月10日，武官指國府已收復臨沂。中共以此為魯南根據地九年，「又言中共近由河北調往魯南，增援不少」。[466] 12日，傅秉常謂「上海經濟大波動，美金漲至一萬八千元」。[467] 可見經濟災難已迫在眉睫。13日，蘇報記載，中共不承認國府與各國所訂條約。[468] 15日，立法院討論經濟困局，會上有人高呼宋子文下台。[469] 國府下令緊急處理金融波動問題，「在國內禁止使用外幣，並禁止黃金買賣，禁止工廠罷工，並將國營工業轉交民營」。[470] 2月尾，共軍在魯南進展頗快，在東北亦將發動攻勢。[471] 3月初，共軍大舉調往魯南作戰。1日，宋子文辭職。[472] 3月初，「中共攻青島，膠東戰事將展開矣」。[473] 美方亦對中國戰事悲觀，謂「軍事方面，不久中央軍恐受大打擊，美國訓練之兩師人近在山東完全消滅」，「謂中共軍戰鬥力仍強，委員長所得之情報，並不準確。高級指揮官用

463　同上，1947年1月20日。

464　同上，1947年1月24日。

465　同上，1947年2月3日。

466　同上，1947年2月10日。

467　同上，1947年2月12日。

468　同上，1947年2月13日。

469　同上，1947年2月15日。

470　同上，1947年2月17日。

471　同上，1947年2月26日。

472　同上，1947年3月1日及3月2日。

473　同上，1947年3月8日。

人不當,每因政治關係而任用」。[474] 3 月中,英廣播謂共軍在長春戰敗。[475] 國軍則攻進延安。[476] 4 月中,國府改組,「將來行政院將由院長負責,換而言之,蔣主席左右及黨部再不能藉蔣主席之名義壓迫各院,自係此次最大之改革」。[477] 4 月尾,蘇報又痛罵國府。[478] 5 月中,國府下令不舉行紀念週。[479] 可見國府局勢已經很不妙。5 月尾,傅秉常謂:「國內消息異常惡劣,學生罷課、工人罷工風潮日益擴大。軍事上長春又受威脅,物價高漲,人民無以為生,殊覺苦悶也。」[480] 7 月和 10 月的日記都記得很簡略,可見他對時局感到很灰暗。11 月更赴瑞典和挪威等,在瑞典度假和與吳尚鷹會晤。[481] 顯然是覺得時局動盪,無可作為。11 月 19 日返莫斯科。[482] 12 月底,傅秉常從武官方面得知,中國戰況激烈,尤其是東北方面。[483]

1948 年初,傅秉常從英廣播得悉,中央軍隊在瀋陽和長春兩地擊敗共軍,瀋陽困局已經打開。傅秉常觀察到,俄方報紙在談共軍力量時,相當樂觀,「暗示東北方面必可得勢,瀋陽可下」。他認為蘇方高估共軍力量。[484] 傅秉常經常與中方人員討論

474　同上,1947 年 3 月 11 日。

475　同上,1947 年 3 月 17 日。

476　同上,1947 年 3 月 18 日。

477　同上,1947 年 4 月 18 日。

478　同上,1947 年 4 月 22 日。

479　同上,1947 年 5 月 22 日。

480　同上,1947 年 5 月 28 日。

481　同上,1947 年 11 月 4 日及 10 日、11 日、14 日。

482　同上,1947 年 11 月 19 日。

483　同上,1947 年 12 月 30 日。

484　同上,1947 年 1 月 2 日。

最新戰況。有武官跟他說，共軍在瀋陽失敗，大概三個月後才能捲土重來。[485] 國共相峙之下，形勢漸對中共有利。國民政府承認中共佔有錦州的新立屯，傅秉常謂「東北形勢甚為緊張」。[486] 有武官向傅秉常表示，對東北戰事甚憂慮，進而批評胡宗南（1896－1962）。[487] 東北戰況一進一退，2月時瀋陽情況對國軍來說稍有好轉。[488] 3月，傅秉常從武官方面得悉，「東北戰事困難，我中央無兵力可抽調，是以僅能困守，仍以瀋陽尚可維持」。至於華中的情況，劉伯承（1892－1986）部「經六個月的流蕩戰，損失自然甚大」，因此最多只有二萬多兵力，相比半年前減少了三萬多左右。國軍在蘇北方面亦稍有成績，津浦鐵路已通車至濟南。[489] 白崇禧又發表談話，指馬歇爾（George Marshall，1880－1959）阻撓國民政府在東北之軍事行動，致令中共在東北漸有優勢。[490] 3月中，國民政府「宣佈已放棄吉林，大概中共軍隊已集中向長春推進」。[491] 空軍武官譚顯勇到莫斯科。他跟傅秉常說，國內經濟及軍事情況均不好。[492] 另外，在國民大會上，蔣介石表示不能與中共合作。[493] 3月尾，傅秉常從新德里廣播得悉張家口至大同一帶之共軍已清除，傅作義（1895－1974）已返回防地。[494] 蔣介

485　同上，1948年1月13日。
486　同上，1948年1月29日。
487　同上，1948年2月3日。
488　同上，1948年2月17日。
489　同上，1948年3月2日。
490　同上，1948年3月11日。
491　同上，1948年3月15日。
492　同上，1948年3月26日。
493　同上，1948年3月30日。
494　同上。

石看到政治情況有點失控，故「不擬競選總統，並希望能選出一無黨派之人士承任」。傅秉常推測，因太多人出來競逐副總統之位，且多是國民黨之人，故蔣介石出言嘲諷他們。[495]

實在蔣介石工於心計，戀棧權位，從沒有想過放棄總統之位。他這樣做，是要做給美國政府看，說到底也是為了美援。蔣介石找人競逐副總統一職。孫科後來回憶「因前次競選，彼本不願意。但蔣親自到其家勸駕，責以為黨國應任之義務。復派蔣夫人親來勸出。彼遂不得不勉強為之。而蔣對彼之競選，絕無盡力；失敗後反怪彼不努力，故已談虎色變」。[496] 蔣介石為穩定人心，在國民大會上稱 6 個月內「可將黃河南岸之中共肅清」。[497]

7 月初，傅秉常從英廣播得悉國軍在開封南部大敗共軍。共軍在此有二十萬人佈防，死傷超過八萬人以上。[498] 美、蘇失和亦已浮面。7 月 4 日美國國慶，美國駐蘇大使史密夫將軍在使館接待使團，蘇方只派一外務次長出席，「各界人士絕無一人前往」。[499] 美國內反蘇情緒亦相當激烈。[500] 美國要求蘇聯撤換蘇聯駐紐約總領事。蘇方提出抗議，要求美國撤退領館，蘇方會撤退紐約和洛杉磯兩館，而美方則撤退海參崴和列寧格勒兩館。可見雙方關係非常惡劣。[501] 國軍又收復泰安。國民政府為解決經濟困

495　同上，1948 年 4 月 5 日。
496　同上，1952 年 2 月 28 日。
497　同上，1948 年 4 月 9 日。
498　同上，1948 年 7 月 3 日。
499　同上，1948 年 7 月 5 日。
500　同上，1948 年 8 月 18 日。
501　同上，1948 年 8 月 25 日。

局，決定發行新貨幣。[502] 國民政府發行之新貨幣，四元新幣兌美金一元，「薪水各項支出不動，物價亦統制」。[503] 但似乎無法安定人心。蔣介石又禁止國人由上海往香港。[504] 反映時局動盪，人心不安。9月尾，傅秉常連日收聽英國廣播，指中國軍事情況相當緊張，共軍快攻下濟南。[505] 共軍很快便在濟南獲勝，國軍情況相當不妙。國內經濟情況不穩，「物價雖統制，但人民將物資藏而不售，是已〔以〕即上海方面，亦不易購買糧食物品」。[506] 10月中，有武官告訴他，共軍可能向青島和徐州進攻。[507] 傅秉常聽英廣播，得悉錦州已在共軍手中，蔣介石見形勢危急，親往瀋陽督戰。[508] 英國和美國報紙也指國軍士氣欠佳，「政府有遷都廣州或台灣之可能」，「蔣總統演說亦認為局勢嚴重，是已〔以〕余等均異常焦慮」。[509] 11月中，財長王雲五辭職，由徐堪（1888–1969）接任，因南京發生搶米，同時公佈貨幣貶值的提案。[510] 20日，國民政府批准以金圓券換硬幣和黃金。[511]

　　戰事仍是一進一退。國民政府宣稱在徐州會戰碭山一役勝

502　同上，1948 年 7 月 5 日。

503　同上，1948 年 8 月 19 日。

504　同上，1948 年 9 月 7 日。

505　同上，1948 年 9 月 23 日。

506　同上，1948 年 9 月 28 日。

507　同上，1948 年 10 月 12 日。

508　同上，1948 年 10 月 17 日。

509　同上，1948 年 11 月 6 日。

510　同上，1948 年 11 月 11 日。

511　同上，1948 年 11 月 21 日。

利。[512] 但稍後國軍又從河北保定撤退。[513] 徐州戰事一直在拉鋸。[514] 12 月初，傅秉常觀察到「連日戰事重心似移於蚌埠」，所以國軍已從徐州撤離，南下作戰，「南京方面傳我政府準備遷移往廣州或重慶，因此政府正式宣佈絕無遷都之意。京、滬連日想必不太安靜矣」。[515] 蚌埠戰事一路在進行中，戰況激烈。[516] 中央社記者郝志翔與傅秉常談國內情況，「彼言軍隊方面，確屬腐敗」，「又言各方面對雪艇不好。至敬之確與兩陳合作，返國時真有欲任行政院院長之意，後觀立法院方面反對，知通不過而止。又言哲老與岳軍表面上尚好，但未有密切之聯繫。立法院方面，立夫勢力尚不少，兩陳去年有所謂『打鐵』運動，攻擊鐵城，但委員長對之仍信任。又言李（按，李宗仁）、白（按，白崇禧）軍事上勢力仍甚大，長江、華中一帶，仍係其勢力，將來德鄰（按，李宗仁）確有代蔣之可能云云」。[517] 國民政府派系鬥爭激烈，在國家危急存亡之際，依然如此。

12 月中，共軍圍攻北平和天津，戰事相當激烈。[518] 傅秉常又「接部電，蚌埠、宿縣間戰事，我方有進展」。[519] 傅秉常這時的情緒很壞，一連數天不是沒有日記，[520] 就是記得相當簡略。[521] 傅秉

512　同上，1948 年 11 月 12 日。

513　同上，1948 年 11 月 15 日。

514　同上，1948 年 11 月 23 日及 11 月 24 日。

515　同上，1948 年 12 月 1 日。

516　同上，1948 年 12 月 2 日。

517　同上，1948 年 12 月 3 日。

518　同上，1948 年 12 月 16 日。

519　同上，1948 年 12 月 17 日。

520　同上，1948 年 12 月 18 日和 19 日，只有日子和天氣，沒有內容。

521　同上，1948 年 12 月 20 日。只記「下午學法文。」

常從武官方面得知，「華中及華南，中央實力尚在，北方則較薄弱。」[522] 12 月尾，國軍方面仍以為戰事有希望。[523] 不過都是假像。京、滬一帶已陷於一片混亂。[524]

國民政府情況急劇轉差。1948 年的雙十節，傅秉常「奉部令本年不必舉行慶祝」，他認為「但從世界大勢及我國國內形勢而言，均無可慶祝之處」。[525] 傅秉常「追懷往事，有無限今昔之感」。[526] 翌日更「補國慶放假」。[527] 可見國事維艱，傅秉常意興闌珊。蔣介石請美國積極向國民政府提供協助。[528] 可是傅秉常從馬歇爾的回應中看到，美國對援華一事，並不積極。[529] 即使宋美齡訪美，美方亦只是冷淡回應。[530] 傅秉常感覺到，國勢在急促傾頹。11 月尾，在中央聯席會議上，蔣介石提出任孫科為行政院院長，立法院迅速通過任命。[531] 大概國民政府中人多認為只有美援才是拯救時局的萬靈丹，故孫科上任幾天之後，即公開表示「彼將建議政府任命一美國最高軍事顧問，予以充分權力，並對美方準備作合理的讓步。華盛頓方面對此未作任何之評論，祇言美國顧問在華工作，多不能滿意云」。[532] 為了拯救時局，孫科四

522　同上，1948 年 12 月 21 日。
523　同上，1948 年 12 月 28 日。
524　同上，1948 年 12 月 29 日。
525　同上，1948 年 10 月 10 日。
526　同上。
527　同上。1948 年 10 月 11 日。
528　同上，1948 年 11 月 18 日。
529　同上，1948 年 11 月 25 日。
530　同上，1948 年 11 月 27 日。
531　同上，1948 年 11 月 26 日。
532　同上，1948 年 11 月 28 日。

出與人接洽，傅秉常謂「哲老連日在滬，與各界商談挽救局面辦法、改革政治辦法」。[533] 顧維鈞又表示，國民政府願意在美國政府監督下使用美元。[534] 可見國民政府當時的經濟和政治狀況已經到了絕望的地步。孫科內閣任用不少太子派人士，吳鐵城任行政院副院長兼外交部長，吳尚鷹任土地部長。[535] 劉維熾任工商部長。[536]

12 月初，宋美齡（1897－2003）與馬歇爾在美會晤，傅秉常謂「英廣播對我批評甚烈，英國人甚無遠見也」。[537] 當時國民政府處於倒台前夕，英國人看不起國民政府，也是正常不過之事。惟國民政府向美方要求太多，竟向美國政府索取三十億美元援助，分三年發放，又請美國派遣著名軍事將領協助整理國軍，提升國軍作戰能力。[538] 美國方面考慮到之前史迪威（Joseph Warren Stilwell，1883－1946）事件，應該是猶有餘悸的。[539] 傅秉常密切地留意着中國的事態發展。宋美齡與杜魯門總統見面，只談了半小時，傅秉常認為「出又無甚表示，似極冷淡」。[540] 另外，英國首相在英國會報告外交情況，在提到中國時，表示無能力提供援

533　同上，1948 年 11 月 29 日。

534　同上，1948 年 12 月 2 日。

535　同上，1948 年 12 月 23 日。

536　同上，1948 年 12 月 25 日。

537　同上，1948 年 12 月 4 日。

538　同上，1948 年 12 月 5 日。

539　有關史迪威事件的討論，詳參梁敬錞（1892－1984）：《史迪威事件》（台北：台灣商務印書館，1982 年。）及 Barbara W. Tuchman (1912-1989), *Stilwell and the American Experience in China,1911-1945* (New York: Random House, 2017).

540　《稿本日記》，1948 年 12 月 10 日。

助。[541] 杜魯門在 12 月底向記者表示「不準備於最近期間與蔣夫人再晤」，傅秉常觀察到「足見蔣夫人此次在美工作困難，成就恐不多」。[542]

傅秉常讀寄自倫敦的《大公報》，感到「國內局勢，深為可慮。陳布雷自殺，係對時局失望所致，讀其遺書可知。渠人甚忠誠，惜無膽向委座直言，故自覺未盡己職，良心所使而自殺，亦誠可憐也」。[543] 當時有一胡姓友人寫信給傅秉常，「勸余不可返國。實則余早已決定如此矣」。[544] 傅秉常已立定決心，寓居海外。

美國方面亦錯估中國的軍事情況。美國駐蘇大使史密夫將軍告訴傅秉常，「以為中共攻勢已被阻，實則其力量亦不能佔領全中國」。[545] 不過史密夫將軍很恰當地指出，籌組聯合政府對國民政府百害而無一利。[546]

傅秉常輾轉從史密夫將軍處得悉，史太林對蔣介石的看法。史太林「以為係戰時一良好領袖，治時非所長云云」，因此「英美方面對我軍事失敗，自有此種批評」，另外傅秉常又得知「司徒大使缺乏經驗，館內部與渠不一致，彼亦無法云云」。[547] 這個「司徒大使」就是毛澤東（1893－1976）〈別了，司徒雷登〉的主角司徒雷登（John Leighton Stuart，1876－1962）。

顧維鈞向傅秉常發電報，查詢各事，又指在美國得到情報，

541　同上，1948 年 12 月 9 日。
542　同上，1948 年 12 月 31 日。
543　同上，1948 年 12 月 14 日。
544　同上，1948 年 12 月 16 日。
545　同上，1948 年 12 月 23 日。
546　同上，1948 年 12 月 23 日。
547　同上，1948 年 12 月 15 日。

指蘇聯駐美大使曾與美國當局秘密聯繫，指「如美政府積極予我援助，蘇政府將視為不友誼之舉」。傅秉常回覆顧維鈞的電報，稱「蘇聯報紙所載，向係代表政府政策。對於美國援華，雖有攻擊，但向未目為對蘇不友誼之舉。近數月[548]來，對於我國戰事消息、中共軍事進展，絕不登載。其目的似係在表示與中共無密切關係。由此測之，則所傳駐美蘇大使向美政府表示一層，似不可信」。傅秉常認為「至蘇對歐亞政策無異，惟在亞洲方面，其進行方法，係利用各地共產黨，而非積極出面參加，意在避免與歐美各國正面衝突」。[549]傅秉常在蘇多年，頗了解蘇聯國情，所言自是恰當。

駐蘇使館的經費亦很困難。外交部所批准之增加幅度遠遠不及實際要求之額。傅秉常即電外交部，指經費需每月增加一千五百元、低級職員每月最少得一百元補助，否則只好批准他們調往他處。傅秉常稱「余亦在此五年，愧無建樹。現在情形雖欲勉強維持，亦屬勢所不能，請其准予辭職云云」。[550]經此力爭，經費略有增加。[551]國民政府亦陷於財困。傅秉常亦希望美援能早日到位，「使我國內局勢稍為好轉，余便可有機會早日離此」。[552]傅秉常請陳岱礎返國時，將蘇聯之實況和他欲退休之意轉告張群和王寵惠。[553]陳岱礎寫信給傅秉常，轉述張群和王寵

548　原稿較模糊，從上文下理推論，應為「月」字。

549　《稿本日記》，1948 年 12 月 14 日。

550　同上，1948 年 2 月 6 日。

551　同上，1948 年 2 月 14 日。

552　同上，1948 年 2 月 6 日。

553　同上，1948 年 2 月 7 日。

惠所言,「均認為目前我政府對於外交異常審慎」,所以轉調一事,沒有希望。[554]

1948 年 12 月尾,傅秉常聽「中共廣播,稱蔣及夫人、傅作義、孫科等四十五人為戰爭罪犯」。[555] 惟國民政府仍與蘇聯維持基本外交關係。他「接蔣總統致蘇主席賀年電,即譯轉。足見其對蘇外交仍極慎重,余一時尚無離此之希望矣」。[556] 傅秉常對中蘇外交感絕望,一心求去。

「不眠憂戰伐,無力正乾坤」[557]

1949 年是中國近代史上最關鍵的一年。

這一年,國民政府敗象已呈。傅秉常謂「國內情況,尤使余極抱悲觀」。[558] 時局急轉直下,傅秉常萌生退意,「加以自覺身體健康,已漸不如昔,益增余退休之初願」。[559] 這時期他與孫科關係亦一般,他稱「此次哲生院長重任行政院,對余如此冷淡,我甚以為快。因覺自此以後,我退出政治範圍,復修吾之初服,良心上已無對任何人不住」,「是以我現決定苟有機會,不需余

554　同上,1948 年 8 月 19 日。

555　同上,1948 年 12 月 27 日。

556　同上,1948 年 12 月 30 日。

557　語出杜甫(712−770)〈宿江邊閣〉。

558　《稿本日記》,1949 年 1 月 1 日。

559　同上。

圖 3-1　傅秉常 1949 年 1 月 1 日的稿本日記。言詞充滿灰暗的感覺。
Image courtesy of C.H. Foo, Y.W. Foo.

在此負責時，余將脫離政治，優遊渡〔度〕此余年矣」。[560] 他當時也學習法文。[561] 他的法文程度遠比俄文好。早在 1948 年初已能讀莫泊桑（Guy de Maupassant，1850－1893）之《強如死》（*Fort Comme La Mort*）法文本。傅秉常謂「近來讀法文學書已較容易，讀巴黎報紙已能諳八九成，均不用字典。大約再過二個月，便可自由誦讀及談話。因自己覺有進步，故興趣更濃。是已〔以〕決定暫定學俄文兩月，專事法文」。[562] 他亦可用法文寫信。[563] 他一向熱衷學習俄文，認為要辦好對俄外交，必先學好俄文，如今他改變學習計劃，反映他早在 1948 年已看清中蘇外交沒有出路。

當時國民政府一方處於劣勢。蔣介石在新年文告中稱可與中共展開和談。蔣表示可以辭職，但附帶若干條件。[564] 傅秉常指「美方人士以為該項條件如憲法之維持，及關於軍政統系等，非中共方面所可能接受」。[565] 蔣介石又稱「決定性之戰爭不久便可決定」。[566]

國民政府在作最後垂死掙扎。

孫科又向中共廣播，促請中共停止軍事行動，及與國民政府合組聯合政府。可惜中共在三次廣播之中，均完全拒絕他的呼籲；對於蔣介石新年文告全然不理，只是重新宣佈蔣介石為頭號

560　同上。
561　同上，1949 年 1 月 1 日。
562　同上，1948 年 1 月 10 日。
563　同上，1948 年 4 月 5 日。
564　同上，1949 年 1 月 1 日。
565　同上。
566　同上。

戰犯。[567] 傅秉常謂:「首都情況想必異常混亂矣。」[568]

　　國民政府的軍事形勢急轉直下。1月初,中共軍隊已向天津發動猛烈攻勢。[569] 國民政府請英、美、法、蘇調停中國之戰事。[570] 孫科與時任外交部長之吳鐵城向傅秉常發了一個電報,請傅向蘇聯外長說明以下幾點:第一,國民政府在提倡和平方面,具十足誠意,蔣介石文告的內容和措詞,旨在統一內部意見。國民黨內部已傾向一致,對和平的主張,沒有任何異議。第二,政府邀請四國協助促成和平之舉動,是經過閣議一致同意。第三,邀請四國協助促成和平一事,未必一定需要四國同時行動,如果蘇聯方面願單方面協助雙方達成和議,絕對歡迎。[571] 傅秉常與陳定談到這件事,「均以為孫、吳此舉,係外交上之大錯誤。因各國未必接受此項任務,而我在國際上之地位,已一落千丈,其丟臉無以復加」。[572] 這令他想起二年前發生的事。1947年,在莫斯科會議之時,蘇聯方面要求討論中國問題,傅秉常認為蘇方此舉是干涉中國內政,曾大力反對使其打消主意。[573] 傅慨嘆「而今則面求人干涉我之內政,喪失主權。苟有補益,未嘗不可。但余預料其必無結果。此種喪權辱國之舉,真使我萬分傷心」。[574]

　　對於老朋友孫科,傅秉常有一番很深刻的見解,批評孫科做

567　同上,1949年1月2日。
568　同上。
569　同上,1949年1月8日。
570　同上,1949年1月9日。
571　同上,1949年1月10日。
572　同上。
573　同上。
574　同上。

事毫無章法。他認為孫科這次不應當行政院長，「初則表示對美讓步，如接受美方軍事、財政監督等等。余以為其必曾與美方有所接洽，乃完全無之，美方對之亦甚冷淡」。至於對內方面，孫科立場搖擺不定，底線不斷改變，「初則異常強硬，謂作戰到底。再則言能戰後能和。今則忽轉而絕對言和，不三旬而政策三變，步驟零亂，無以復加」。因為孫科「性情衝動，本不能應負〔付〕此困難之局面」，加上「其左右又均無知之輩」，「余真為其前途慮，亦為我國前途憂也」。[575]

法國方面派參事向傅秉常探詢，蘇聯方面對於國民政府邀請四強調停之意見。傅秉常稱尚未與蘇方聯繫，所以沒有回應。法方人員又問傅秉常之個人意見，認為法國方面應採甚麼對策。[576]傅秉常一向是個出言十分謹慎的人，當然不會提供任何意見；事實上他說自己不清楚南京的情況[577]，也不是藉口，南京情況一夕數變，對於傅秉常來說，情況是很隔閡的。

傅秉常向法參事詢問，究竟孫科、吳鐵城與法國駐華大使曾討論過甚麼。法方人員透露，孫科曾與法國駐華大使密談兩次，「孫意最好四強能迫中共重開和談，苟不能成功，則四強可發表宣言」，惟法參事本人認為「此舉蘇方必不同意」。傅秉常希望法國駐華大使能多與孫科、吳鐵城晤談。[578]

共軍氣勢如虹，國軍已不能久守天津，「中央似將軍隊集

575　同上，1949 年 1 月 10 日。
576　同上，1949 年 1 月 12 日。
577　同上。
578　同上。

中固守長江以南」。[579] 而且在蘇的中國人員亦有不少轉而同情中共。傅秉常從他人口中聞悉，一個他們熟悉同僚之幼子謂「蔣介石係中國最壞之人，毛澤東最好」。[580] 童言無忌亦最真。1 月中，傅秉常接部電，「杜聿明軍團恐已完全被消滅矣」。[581]

1949 年 1 月中，莫洛托夫曾派人邀傅秉常討論中國時局。[582] 惟討論過後，一切當然不了了之。國軍在內戰中失利，傅秉常收到部電，指國內戰況嚴峻，國民政府會在必要時，遷到南方，屆時會先通知駐華各使節，及為他們的人員和家屬提供交通工具，方便他們一同南遷。如各國因保護僑民或商務關係，需預留一定人員在京、滬等地照料，國民政府不會反對。國民政府將會在廣州設立臨時招待所給駐華各使節等。「倘屆時使節本人主張留在京、滬觀望，執事應竭力設法暗示駐在國政府，召回該使述職，令其代辦隨我政府遷移云云。」[583] 國勢傾頹如此，傅秉常當有無限悲感。

1 月 14 日晚上，傅秉常接孫科和吳鐵城電，關於四國協助促成和平一事，司徒雷登大使已將美國答覆面交，答案當然是否定。[584]

美國政府明確指出，「謂美政府已〔以〕往幾度努力調解，終以雙方未能實踐協議，一切終告失敗」，「美國政府深信，

579　同上，1949 年 1 月 11 日。

580　同上，1949 年 1 月 12 日。

581　同上，1949 年 1 月 14 日。

582　〈政府續與各派人士商談和戰問題莫洛托夫亦邀傅秉常〉，《工商晚報》，1949 年 1 月 18 日。

583　《稿本日記》，1949 年 1 月 14 日。

584　同上，1949 年 1 月 14 日。

即使美國依照中國政府之建議，再度出面斡旋，恐亦將歸於無效」。孫科和吳鐵城推測，有兩個可能，一是美國政府恐單獨斡旋會沒有結果，二是美國政府對共同斡旋暫不表示意見。故兩人請傅秉常與蘇方接洽，因為他們相信，如果蘇聯、英國和法國願意斡旋，美國不會反對。[585] 孫科和吳鐵城的想法，有點一廂情願。

傅秉常回覆兩人的電文，指出英國態度相當冷淡，「關鍵純在美、蘇」，然而以國際形勢而言，美、蘇於敵對狀態，對華問題又是兩國利益衝突之所在，美、蘇冰炭不相容，一定不會邀請對方。傅秉常提出一個折衷之法，即請法國政府出面。[586] 果如傅秉常所料，英方不願介入，指出中國問題應由中國人自行解決，「英國政府對華政策，以其所同意之《莫斯科宣言》為根據」。[587] 蘇聯亦不願參加，指「蘇聯一向並繼續維持不干涉他國內政之原則，故對於中國政府所請之調停，未便接受」。[588]

國民政府手上的籌碼越來越少。天津已為共軍所佔領，「國內局勢想甚嚴重矣」。[589] 當時謠言滿天飛，香港友人寫信給傅秉常，指香港方面盛傳，邵力子將再出使蘇聯，而傅秉常將返中國任外交部長。傅秉常聞訊謂「實則哲老之不請我任外長，我私願竊慰。臨危受命，並非佳事也」。[590] 1 月 18 日，傅秉常接部電，謂如和局開展不成，外交部將先遷往廣州辦公，惟遷台灣一說不

585　同上，1949 年 1 月 14 日。
586　同上，1949 年 1 月 15 日。
587　同上，1949 年 1 月 16 日。
588　同上，1949 年 1 月 17 日。
589　同上，1949 年 1 月 15 日。
590　同上。

正確。另外，又談到安排優先交通工具予外交人員和其檔案。外交部將直接通知蘇聯駐中國大使。傅秉常認為「和局似已無希望矣」。[591] 駐蘇中國武官與傅秉常討論軍事形勢。他們認為國軍形勢惡劣，杜聿明所率領之部隊，是國民政府最有力量者，惟業已被消滅，國軍戍衞京、滬之力量所餘無幾，軍隊人數只是十餘萬，「防守之綫如是之長，防止中共渡江，事實上為不可能」，「故京、滬之失陷，最多在二三個月內。廣州偏安局面，亦不過多延長二三個月而已」。[592]

1月20日，傅秉常接部電，謂國民政府從當日起移往廣州。[593] 翌日，部電云：「自今日起，電報費須由公費內開支。」中宣部宣佈蔣介石辭總統職，李宗仁繼任總統。蔣介石返回奉化。[594] 國民政府兵敗如山倒，局勢急轉直下。

傅秉常對和談仍抱一絲希望，認為「至於蘇方態度，似亦主中共與中央言和」。英國廣播言，陳立夫等二十五人隨蔣介石離京，宋子文辭廣東省政府主席已得批准。另外，傅作義辭職，北平決定投降；孫科派遣人員往延安言和。[595] 國民政府駐蘇大使館人心惶惶。有武官「表示憂慮，尤以個人將來為念」。[596]

吳鐵城發電通知傅秉常，「謂政府近為決心覓取和平，行政院議決先停戰，並指定和談代表五人。同時希望共產黨亦選派和

591　同上，1949年1月18日。

592　同上。

593　同上，1949年1月20日。

594　同上，1949年1月21日。

595　同上，1949年1月22日

596　同上，1949年1月25日。

談代表，並指定地點。惟歷時五日，共黨迄無反應，而共軍仍節節進迫」。[597] 足見國民政府已走向末路。

當時一直盛傳傅秉常接任外交部長。[598] 惟他已感時局無可作為。在舊曆年初一，他很感慨的說了以下一番話：

> 今日為舊曆己丑年元旦日，我已五十四歲。回顧去年一年所經，則自秋季起，國內變化之速，殊出人意料之外。余在此之應付，亦甚不容易，幸尚能避免大錯，差堪自慰，而精神上之痛苦，真不堪言。常憶余父生時常訓余以「祇問心無愧，則成功失敗，不必介意。」又云：「天下無不散之筵席。」余於最不得意時，每以此而自慰。余料今年情況將更困難，但我只能遵父親遺訓，不做對人不住之事，及絕不做有辱祖宗之事，或可應付而已。至我個人私願，則我為國民黨做事已逾三十年，當中雖無錯誤，但自問已盡所能。現黨之慘遭失敗，自係異常痛心之事。雖咎不由我，我為黨員之一，亦應負責，是以甚思引退，以讓賢路。如於最近期間，有機會使我可告退，於良心無愧者，則係我祖宗之靈也。[599]

沒多久，中共提出先行逮捕蔣介石等戰犯為和談先決條件，傅秉常認為「和談恐甚困難矣」。[600] 這一年的舊曆生日，傅秉常

597　同上，1949 年 1 月 26 日。
598　同上，1949 年 1 月 26 日。
599　同上，1949 年 1 月 29 日。
600　同上，1949 年 1 月 31 日。

因「國事關係，決不舉行慶祝」。美國駐蘇代辦告訴傅秉常，稱連日來李宗仁態度已變，認為和談不會有結果。傅秉常又從英廣播得悉，何應欽同意指揮京、滬戰局。[601]

　　共黨方面亦曾嘗試說服傅秉常投共。傅秉常謂王崑崙在 2 月 1 日離開莫斯科返中國。他稱王崑崙「此次秘密經此，不敢見人，余亦未與晤談。彼曾向余勸告，意甚誠懇。但士各有志，不可強同者也」。[602] 雖然傅秉常沒有明言王崑崙跟他說過甚麼，但從王崑崙的背景推測，當然是勸說傅秉常投共。

　　國內戰爭持續。2 月初，傅秉常預期長江的戰事即將開始，和平之機會越發渺茫。[603] 中共方面宣佈，不接受邵力子領導的官方代表團，只接受顏惠慶所領導的私人代表團，傅秉常認為和平已沒有可能實現。[604] 李宗仁則命令顏惠慶代表團停止赴北平，而張群則在重慶召集軍政首長會議。[605]

　　傅秉常與印度駐蘇大使潘迪特夫人（Vijay Laxmi Pandit，1900－1990）討論中國局勢。潘迪特夫人認為宋美齡之赴美求援，最為不智，「蓋美方朝野，對委員長夫婦態度，早甚明瞭，何必多此一行？」[606] 蔣介石等的公眾形象當時已跌至歷史低點。而孫科復與李宗仁不協，國民政府岌岌可危。[607]

　　國軍方面，仍以為共軍不易渡江。武官張國疆向傅秉常言，

601　同上，1949 年 2 月 1 日。
602　同上，1949 年 2 月 1 日。
603　同上，1949 年 2 月 22 日。
604　同上，1949 年 2 月 8 日。
605　同上，1949 年 2 月 9 日。
606　同上，1949 年 2 月 11 日。
607　同上，1949 年 2 月 18 日。

蔣介石集中其軍隊在江、浙、閩一帶，其嫡系軍隊合計應有八十萬至九十萬人，即使在京、滬、杭一帶，亦應有五十萬至六十萬人，因此共軍渡江作戰，是有難度的。[608]

2月末，毛澤東與邵力子和顏惠慶等代表團會晤，傅秉常認為「和平尚有希望」。[609] 邵力子和顏惠慶從北平回南京，均言「和平甚有希望」，另外孫科從廣州赴南京，出席李宗仁主持之和平會議。[610] 張國疆仍認為國軍兵力可以適時補充。[611]

傅秉常感到，蘇聯政府對駐莫斯科中國大使館刻意留難。[612] 傅秉常與駐蘇英國大使館關係一向良好。惟英國駐蘇大使 Sir Maurice Peterson 與他關係一般。傅秉常與前任駐蘇英國大使私交甚篤，能得悉許多無法從蘇聯外交部得來的外交情報，惜 Maurice Peterson 對傅秉常不太理會。傅秉常知道他離任之後，只云：「此人愚而好自用，早去於外交團不無補益也。」[613]

蔣介石另一親信戴季陶在 2 月 12 日服安眠藥自殺身亡，傅秉常是從香港《大公報》得知的。據說在自殺前一晚，戴季陶與于右任談時局變化至深夜。官方宣稱戴季陶是死於心臟病。傅秉常批評戴季陶「彼與委員長交情之深，有如骨肉，本可引諸正途。乃不出此，反倡復古，增長其帝皇之陳舊氣習。蔣、胡分裂，彼與有過。蓋棺定論，功過恐不能補也」。[614] 這亦是對蔣介

608　同上。
609　同上，1949 年 2 月 25 日。
610　同上，1949 年 2 月 28 日。
611　同上，1949 年 3 月 1 日。
612　同上，1949 年 2 月 11 日。
613　《日記》，1946 年 12 月 14 日；《稿本日記》，1949 年 2 月 12 日。
614　《稿本日記》，1949 年 3 月 2 日。

石之批評。

3 月初，中共選定周恩來（1898－1976）、董必武等為議和之代表，而中央政府亦指派孫科草撰和平方案。[615] 似乎和平之望仍未幻滅。

可惜孫科也決定辭職，因為一則立法院不滿他將政府遷往廣州，二則他與李宗仁在和談上意見分歧。傅秉常認為「實則彼此次出任行政院院長已極不智，就任後措施，尤其對於外交，錯誤甚多。彼近年來，因其夫人、兒子與及藍小姐關係，使其往昔之親信均一一離去。和議須〔需〕派鍾天心，足見『蜀中無大將，廖化作先鋒』，其失敗自是意料之中者也」。[616] 傅秉常太了解孫科的性格和能力了。

立法院開會時對孫科猛烈攻擊，因此孫科提出請辭。李宗仁立即批准，並由何應欽接任行政院院長，傅秉常覺得這種安排「殊所不解」。[617]

傅秉常是一個知所進退的人。他也意識到，國民政府時日無多。3 月 10 日，他很感慨地謂：「今日為余呈遞國書任駐蘇大使之六週年，正忙於檢拾行李，準備去職，往事真不堪回首記也！又接培兒（按，傅錦培）函，廣州小屋已落成，但恐余現已有家歸未得耳。」[618] 他認為如果由何應欽繼任行政院院長，則和議前途更不容樂觀。[619] 至於孫科，傅秉常閱巴黎版 *New York Herald*

615　同上，1949 年 3 月 3 日。

616　同上，1949 年 3 月 8 日。

617　同上，1949 年 3 月 9 日。

618　同上，1949 年 3 月 10 日。

619　同上，1949 年 3 月 11 日。

Tribune，得知原來立法院不滿孫科還有其他原因。監察院打算彈劾其內閣各部長之舞弊行為，當然孫科亦不能倖免。傅秉常認為「實則此次哲老所用私人確實過多，且均係愛財如命之流，走其夫人及兒子與走藍小姐之路者尤多，自無好結果。晚節如此，真為可惜也」。上海《密勒氏評論報》（*Millard's Review*）亦對孫科有所批評。[620]

國內的情況亦相當混亂，葉公超（1904－1981）從南京向傅秉常發電報，指「所得印象不覺和平之易期」，且共軍戰意高昂。[621]

3月，何應欽編定新閣名單，傅秉常列名外交部長。[622] 任命傅秉常為外長一事，觸發中國政壇產生嚴重分歧。中國的自由份子「非要他不可，否則撤回對新閣支持」；保守份子則「深懼傅秉常任職外長，將劇烈改變中國對外政策」。[623] 當時有人認為任命傅秉常為外交部長是為了討蘇聯歡心。[624] 傅秉常向以謹慎見稱，當時的報章謂「傅氏秉性忠厚平易，膽小謹慎」，「記得他在重慶擔任外交部次長時，每星期代表外交部出席當時國際宣傳處主持的記者招待會，從來不敢在書面文告以外，多講一個字的。對於記者的問題，一律以『恕我未能即奉告』作答，弄得後來許多記者一等他出來報告，就起身走了」。[625]

620　同上，1949 年 3 月 12 日。

621　同上，1949 年 3 月 14 日。

622　〈何應欽編定新閣名單將電廣州呈中執會通過〉，《工商晚報》，1949 年 3 月 21 日。

623　〈外長人選難決新閣最大障礙〉，《華僑日報》，1949 年 3 月 21 日。

624　〈傅秉常「失蹤」！〉，《香港新聞》，革新號 4，1949 年，頁 15。

625　〈傅秉常的外交路線〉。

　　傅秉常不是親蘇，但他「不反蘇，那卻是事實」。[626] 留在廣州的立委痛罵傅秉常，因為他們認為傅秉常親蘇。[627] 這些立委所言，是毫無根據的。

　　傅秉常獲任命後，並未立即做決定，理由是久居國外，對中國情況有所隔膜。[628] 金問泗 4 月初與傅秉常談到外交部長事，金察覺傅「似仍無意就外長職，又聞其已定十五日由倫敦啟飛英機東行，則似將停留香港觀望」。[629] 傅秉常返廣州後，態度甚為消極，「始終未表示就職」。[630]

　　十二年後，傅秉常回憶當時的情況：

　　　　八時半張曉峯（按，張其昀）來談，公達（按，楊公達）告以中興大學校長事，彼分晰異常清楚，講話對朋友亦極誠懇，誠不可多得之友好。彼又言張國疆在陽明山訓練班對眾言，1949 年發表我為外交部長時，有人詢我政策，我答言，我並不當蘇聯之部長，亦不當英、美之部長，我係當中國國民黨部長云云，詢我是否有此。我答誠有之。我又告以當時我欲犧牲自己以為保存長江以南情形，又告在港曾由宋子文請示總裁，始決定不就外長之經過。我覺曉峯實一值得交好之益友，故盡情告之。[631]

626　于千：〈傅秉常激起的巨浪〉，《鈕司》，革新號 15，1949 年，頁 12－13。

627　〈傅秉常激起的巨浪〉。

628　〈傅秉常未決定將否就任外長我外交政策或不變〉，《華僑日報》，1949 年 3 月 24 日。

629　《金問泗日記》，1949 年 4 月 9 日，下冊，頁 948－949。

630　〈傅秉常辭掌外交甘介侯可能繼任傳係李代總統舉薦〉，《香港工商日報》，1949 年 5 月 8 日。

631　《稿本日記》，1961 年 5 月 30 日。

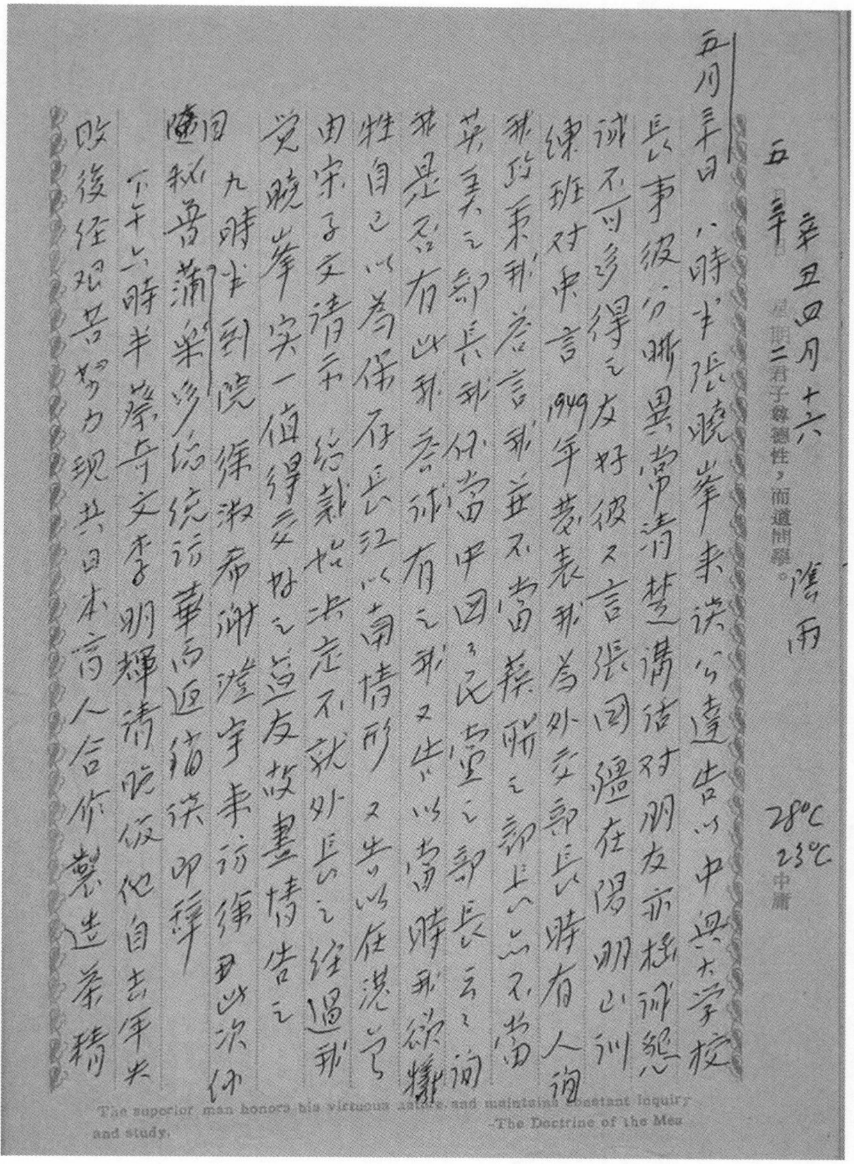

五（年）辛丑四月十六　星期二　君子尊德性，而道問學。　陰雨　28°C　23°C　中庸

五月三十日　八時半張曉峯來談　遠告以中興大學校長事彼分明異常清楚　遇話對朋友亦極誠懇　誠不可多得之友好　彼又言張回疆在陽朋山訓練班對史言1949年表我為外交部長時有人詢我政東荊荅言我並不當蘂莳之部長以不不當英美之部長我仍當中因之民盦之部長云之我是忍有此那荅述有之我又告以當時我欲性自己以考保在長江以南情形又告以在港之由宋子文請示　給就恰以不就外長之經過我党曉峯實一值得交友故盡情告之九時生到院續湖布洲湛宇來訪續里此次任回秘吾蒲祭沙統訪華山近編談叩拜下午六時半蒙守文李明輝請吃飯他自去年兴吹後往視吾努力現共日本商人合作蒙造榮稿

The superior man honors his virtuous nature and maintains constant inquiry and study.　—The Doctrine of the Mean

圖 3-2　傅秉常 1961 年 5 月 30 日的稿本日記原文，談到他沒有接受外長一職之經過。
Image courtesy of C.H. Foo, Y.W. Foo.

4月1日，胡濟邦離開莫斯科中國大使館。臨行前留下了一封很短的信，信中錯別字不少，顯然是在匆忘之間一揮而就的。這封信情感相當真摯，可以想見當時胡濟邦走筆淚下的情景：

> 親愛的常哥：
>
> 　　這時我心頭十分酸痛。在異國幾年的相共相處，今朝終須遠別了！你對待我的摯情、愛護我的無微不至，我怎麼會忘記他〔它〕呢？我平日的不良皮〔脾〕氣，請你原諒我！在別離中她會不斷地追悔呢！希望她永遠不忘記枯寂的莫斯科生活中的伴侶，她的勇敢地追求真理，希望她的這一點長處也能夠鼓動你的勇氣，願我們倆人在艱難的的新生的國土裏[632]再攜手呀！親愛你，願你尊重！
>
> 　　　　　　　　你的小邦於四月一日晨臨別前刻。[633]

這封信寫在有傅秉常名字的特製信紙上。[634]胡濟邦說話的口吻似是一個小女孩向一個比她年長的情人話別。以文字而言，比較生硬。胡濟邦是記者，遣字造句的能力應該比較高明的，可見她寫信時心緒混亂。而且從信的內容推斷，胡濟邦曾勸傅秉常投共。

632　原信多一「手」字，應為衍字。

633　〈胡濟邦致傅秉常函〉，1949年4月1日，載《傅錡華藏傅秉常檔案》，〈信函檔〉。這一封信夾放在1949年《稿本日記》中。

634　〈胡濟邦致傅秉常函〉。按，傅秉常亦把日記寫在這種信紙上。

　　傅秉常對她念念不忘。金問泗在其日記云：「胡小姐赴法，秉常自瑞典京城來電話，先請胡濟邦聽話，告以胡已離比往法。」[635]

　　1949 年 9 月，傅秉常在香港孔聖堂出席陳策的追悼會，當時孫科夫婦和俞鴻鈞（1898－1960）等均在香港。[636]

635　張力編輯校訂，沈呂巡序：《金問泗日記》下冊（台北：中央研究院近代史研究所，2016 年），頁 949，1949 年 4 月 9 日。

636　〈昨午數百人集會追悼陳策將軍〉，《香港工商日報》，1949 年 9 月 18 日。

第四章

寄寓法國

弟不才，為明主所棄，寄居異域，學農學圃，終
日折腰以待花木。老妻耄矣，亦祇忙於飼雞餵鴨。育
兒之事，早留諸兒女輩矣。

〈傅秉常覆王寵惠函〉，《稿本日記》，
1952 年 6 月 15 日。[1]

1　「不才明主棄」一語出自唐代詩人孟浩然（689－740）之〈歲暮歸南山〉。

異鄉新客

　　1950 年代初是一個充滿未知數的年代。中華人民共和國在 1949 年 10 月 1 日正式成立，國民政府退守台灣。對於身處海外的國府前官員，他們所面臨的，是去或留的人生抉擇。他們大多都是中年人，要開展第二人生，過新的生活，絕非易事。

　　1949 年初，羅家倫（1897－1969）仍是國民政府駐印度大使。[2] 他與尼赫魯（Pandit Jawaharlal Nehru，1889－1964）關係良好。[3] 3 月，羅家倫指如果國共和談結果是籌組聯合政府，將不能續任大使一職。他不打算返國，擬在印度暫住，「尼赫魯謂自然歡迎，並予以各種利便」。[4] 羅家倫最後去了台灣。

　　傅秉常選擇留居海外。而他在莫斯科中國大使館的許多下屬和同事，都選擇在 1949 年後留在國外和台灣。陳定和錢承庸在法國定居。錢在法國開設餐館。[5] 唐盛鎬 1944 年自費赴美留學。[6] 後在美國生活，成為著名中國問題專家。[7] 陳岱礎仍當外交官，兒子在香港大學唸書。[8] 後來陳岱礎成為中華民國駐美國大使館

2　《稿本日記》，1949 年 3 月 9 日。

3　同上，1949 年 2 月 11 日。

4　同上，1949 年 3 月 9 日。

5　此據傅錡華博士言。

6　《日記》，1944 年 10 月 15 日。

7　《稿本日記》，1959 年 10 月 21 日；〈唐盛鎬教授著文力証〉。

8　同上，1959 年 12 月 21 日。

公使。[9] 劉正堉在美國生活，並在當地逝世。[10] 勾增啟後為駐伊拉克代辦，且定居台灣。[11] 郭德權也去了台灣。[12] 尹肯獲與家人去了美國，曾開雞場，後來一家都在美國工作。[13] 劉澤榮[14] 等則留在中國。

1950 年初，傅秉常一家已在法國安頓下來。[15] 1 月 6 日英國正式承認北京政府。為免護照出現問題，傅仲熊在當天早上十一時五十分乘火車赴倫敦。[16] 這時傅秉常與王寵惠和吳尚鷹仍有書信往來。[17] 1949 年末，王寵惠卜居香港薄扶林道，生活相當清苦。[18] 王寵惠妻在 1951 年 4 月前後往台灣定居。[19] 夏晉麟一家則在美國生活。夏太太稱美國生活程度甚高，且不太舒適。[20] 吳尚鷹寫信給傅秉常，「否認其在美有何政治活動，謂目前祇係謀生重要而已」。[21] 黃強亦決定從香港遷往法國，尋找新生活。[22] 郭泰祺

9　〈陳岱礎接吳世英任駐美使館公使〉，《華僑日報》，1971 年 4 月 28 日。

10　《稿本日記》，1965 年 5 月 26 日。

11　〈我駐伊拉克代辦勾增啟昨抵港管傳琛同機經港赴任〉，《華僑日報》，1955 年 8 月
　　18 日；《稿本日記》，1964 年 1 月 31 日。

12　《稿本日記》，1957 年 5 月 28 日。

13　同上，1959 年 6 月 5 日。

14　劉澤榮回國後曾編撰《俄文文法‧詞法》（北京：北京市中蘇友好協會俄文教育部，
　　1953 年）和《俄漢新辭典》（北京：時代出版社，1956 年）等書。

15　《稿本日記》，1950 年 1 月 2 日。

16　同上，1950 年 1 月 6 日。

17　同上，1950 年 2 月 9 日。

18　陳克文撰，陳方正編輯、校訂：《陳克文日記：1937－1952》（台北：中央研究院近
　　代史研究所，2012 年），下冊，頁 1277－1278。

19　《稿本日記》，1951 年 5 月 8 日。

20　同上，1952 年 1 月 23 日。

21　同上，1952 年 2 月 20 日。

22　同上，1952 年 2 月 22 日。

1952 年在美國逝世,「彼與余係三十余年舊交,對余甚好,彼數年來病頗深,書信亦不易自寫。前星期尚有函哲兄向余問訊,聞之深為哀悼」。[23] 可見郭泰祺已患重病多年。

　　1950 年 2 月 11 日傅秉常友人、外交官段觀海告傅秉常,鄭天錫(1884－1970)因護照簽證問題,不能來法國。另外,周恩來曾電中共駐倫敦代表,請其動員段觀海投共。[24] 舊曆大除夕,傅秉常請吳南如(1898－1975)公使夫婦和段觀海公使夫婦晚飯。傅秉常在日記謂「吳適自瑞士來。瑞館於昨日封閉,彼即乘晚車於今早到此」。吳南如說,會在法國逗留兩星期,然後即赴美國,稱「美雖生活程度較高,但有求生之可能」。瑞士政府待他也不錯,准許他永久居留,「赴美簽證亦(可)一年後來回」。[25] 寥寥數語,道盡「忽值山河改」之餘哀。舊曆大除夕是中國人的喜慶日子,吳南如當時心情如何,不難想像。

　　2 月 20 日(按,即農曆正月初四)是傅秉常的舊曆生辰。他在家中宴請各人,大部分都是外交界中人,計有段觀海夫婦、蔣用莊總領事全家、陳雄飛(1911－2004)參事等。[26] 他們大都是外交官。傅秉常的生活圈總離不開外交部同儕。徐謨(1893－1956)及其妻當時亦在法國。[27] 傅秉常女兒傅慧明和傅錦培都在這一年出嫁。[28]

23　同上,1952 年 3 月 3 日。

24　同上,1950 年 2 月 11 日。

25　同上,1950 年 2 月 16 日。

26　同上,1950 年 2 月 20 日。

27　同上,1950 年 4 月 12 日。

28　《稿本日記》,1950 年 4 月 13 日;《傅秉常與近代中國》,頁 218。

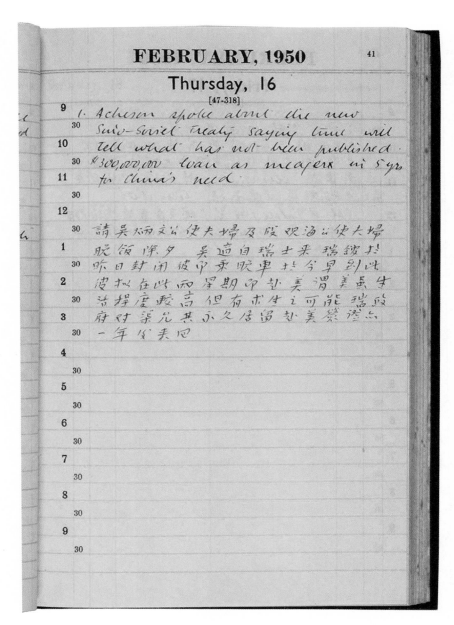

FEBRUARY, 1950 41

Thursday, 16

[47-318]

9 1. Acheson spoke about the new
30 Sino-Soviet Treaty saying time will
10 tell what has not been published.
30 $300,000,000 loan as meagere in 5 yr
11 for China's need.
30

12
30 請吳炳文公使夫婦及段观海公使大婦
1 脫領除夕 吳適自瑞士来瑞錢於
30 昨日封閉彼即束脫事於今早到此
2 彼擬在此兩星期即赴美謂美生
30 活程度較高但有求生之可能瑞政
3 府對策尤其不久居留赴美繁誌点
30 一年後表回
4
30
5
30
6
30
7
30
8
30
9
30

圖 4-1　傅秉常 1950 年 2 月 16 日的稿本日記原文，談到外交官吳南如的處境。
Image courtesy of C.H. Foo, Y.W. Foo.

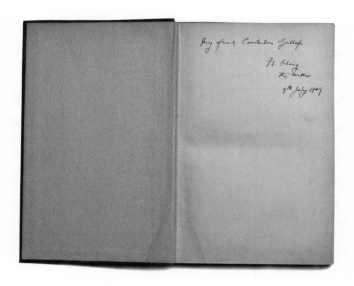

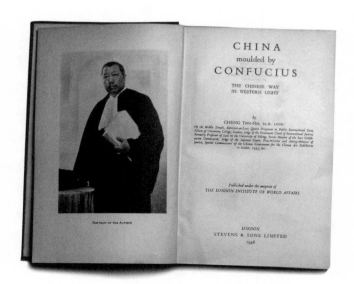

圖 4-2　傅秉常親家鄭天錫英文著作 *China Moulded by Confucius* 簽名本
（1946 年，1949 年 7 月 9 日鄭天錫贈友人 Constantine Gallop）
筆者藏。

金問泗的處境亦很困難。3 月 11 日，金問泗請傅秉常等在使館晚飯，「賓主十人，欠費四個月，仍不能避免應酬，亦苦事也」。[29] 中國駐意大利使館因經費被減三分二，「故無法升火」。[30] 蔡芳藹前為國民政府駐河內領事，與其德裔妻子往訪傅秉常。他跟傅秉常說自 1950 年離任之後，與妻暫居於其德國岳父家中。他岳父住在德國法佔領區，加上他又怕再有大戰爆發，有波及德國之可能，故偕妻赴法，擬在法貸屋而居。[31]

中共自建國後，積極動員流寓在外的中國精英回國。這時期段觀海是傅秉常的重要訊息來源。段告訴傅秉常「聞黃莫京靠攏」，但傅秉常不相信，指黃強當時尚在台灣高雄當市長，且打算到法國居住，由是觀之，不似靠攏。[32] 翁文灝（1889－1971）當然是中共爭取對象之一。1951 年 1 月，段觀海告訴傅秉常，翁文灝原已接受一所美國大學的聘書，且薪金相當優厚，年薪高達美金一萬元。段觀海花了很大的力氣，才從美國大使館替他辦到簽證，船票亦已買好。可是翁文灝忽然更改計劃，退回船票。段觀海從英國大使館秘書處得悉，翁文灝曾往大使館申請簽證，欲經香港往中國，惟香港政府不批准。段觀海聞言「甚驚異」，因為翁文灝所得美方簽證是由段觀海擔保，證其與中共沒有關係。美方得段觀海承諾，始同意發給簽證。[33] 翁文灝對返國事，始終守口如瓶。稍後傅秉常等與翁文灝聚會，傅秉常覺「翁談話口飛

29　《金問泗日記》，1950 年 3 月 11 日，下冊，頁 994。

30　《稿本日記》，1951 年 12 月 26 日。

31　同上，1951 年 1 月 12 日。

32　同上，1951 年 1 月 1 日。

33　同上，1951 年 1 月 21 日。

〔氣〕仍非親共」,「觀海、立武(按,杭立武(1903－1991))亦以為彼往投中共或係謠傳」。[34] 可見翁文灝將事情掩飾得很好,沒有令人懷疑。

後來,翁文灝在 5 月前後到了上海。[35] 據說傅秉常亦曾受到中共動員回國,但最終不為所動。[36] 當時國民黨方面亦爭取傅秉常到台灣。段觀海曾游說傅秉常到台灣去。[37] 國民黨中央改造委員會曾致函傅秉常,請其答覆。雖然傅秉常沒有在日記中詳言此函之內容,但從回覆中可以猜到,那是一封請他到台灣的信。傅秉常在覆函中謂「余自前年(按,1949 年)解除駐蘇大使任後,因肝、膽石病來法醫理,已報告政府在案」,「因為尚未痊癒,未便起行」,[38] 這完全是託辭。傅秉常一直在觀望,對國民政府始終未有太大的信心。王寵惠亦屢勸他赴台。[39]

台灣方面又爭取孫科到台灣去。王寵惠寫信給傅秉常,謂:「此間友好因李宗仁彈劾案,連想到副總統補選問題,不知哲老有無來台之意?」[40] 傅秉常以此向孫科相詢,孫科想起競逐副總統一事之不愉快回憶,怒上心頭,請傅秉常代婉拒之。[41] 傅秉常在回信稱,孫科決定依照原定計劃,往歐洲各處遊歷,考察最新情

34　同上,1951 年 2 月 9 日。

35　同上,1951 年 5 月 4 日。

36　此據傅錡華博士所言。

37　《稿本日記》,1952 年 3 月 10 日。

38　同上,1951 年 3 月 5 日。

39　同上,1952 年 3 月 10 日。

40　同上,1952 年 2 月 28 日。

41　同上。

況，故不打算到台灣去。[42] 王寵惠也寫信給鄭天錫，邀請他到台北擔任大法官。鄭天錫回覆，指大法官的薪水不足以維持一家十口的生活。[43]

1952 年 10 月，趙冰（1891－1964）在香港寫信給傅秉常，邀請他加入太平洋政論會（National Liberal Party of China）。[44] 傅秉常稱趙冰「是個好人，但不夠聰明。在現今爾虞我詐的社會，愚蠢是會吃大虧的」。[45] 傅秉常在抗日戰爭前已認識趙冰。他曾送贈《民法》二卷予趙冰，惟該書與趙冰其他藏書一併在抗戰中化為灰燼。[46] 趙冰是廣東新會人，早年是同盟會會員，1909 年從香港拔萃書室畢業。[47] 他學問精深，曾在英、美留學多年，是芝加哥大學政治學士、哈佛大學法律學士、哥倫比亞大學外交碩士、倫敦大學哲學博士、牛津大學民法（Civil Law）博士。回國後先後任教中央政治大學等，又曾任外交部次長等職。他在香港為執業大律師，並與錢穆（1895－1990）等創辦新亞書院，任董事會董事長。[48]

趙冰在信中提到，早在徐州會戰時已打算寫信給傅秉常，但沒有傳的地址，只好作罷。趙冰謂徐州會戰後，在華僑大學教了

42　同上，1952 年 3 月 9 日。

43　同上，1952 年 3 月 10 日。

44　"Letter from Chao Bing to Dr. Foo, 13 October 1952," 載《傅錡華藏傅秉常檔案》，〈信函檔〉；《張發奎口述自傳》，頁 679。原函黨名是英文，中文名根據《張發奎口述自傳》。

45　《稿本日記》，1941 年 1 月 5 日。原文是英文，由筆者譯作中文。

46　"Letter from Chao Bing to Dr. Foo, 13 October 1952."

47　〈趙冰大律師獲高院批准執行職務〉，《華僑日報》，1949 年 8 月 27 日。

48　〈新亞書院董事長趙冰昨腸癌逝世〉，《工商晚報》，1964 年 10 月 17 日。

一年書。廣州解放前三個月到了香港。1949 年 8 月獲准在港執大律師業。他又提到「太平洋政論會」這個組織，說在 1950 年 1 月 1 日，該會在香港舉行全會。會上決定開除林東海的黨席和主席之位，因為他在廣州投共。另外，取消該會一人主席制，代之以九人小組領導。該會相信「團結就是力量」，以光復為職志。[49] 趙冰告訴傅秉常，該會由許崇智（1887－1965）所領導，吳尚鷹亦打算參加，故特邀傅秉常加入。[50] 傅秉常保留了原函。但他如何回覆，我們不得而知。

　　未知是否與趙冰之招有關，1952 年 11 月台灣方面委任傅秉常為外交顧問。報載「政府方面解釋，外交部任命過去駐外國之大使為外交部顧問乃一貫作風」。[51]

　　當時許多廣東籍的要人都留在海外觀望。李漢魂（1895－1987）在美國「在家教子，生活尚安定」。李宗仁也在美國，無事可做。宋子文和孔祥熙「均不甚活動」。[52] 後宋子文據說在一次投機活動中，輸掉三十萬美元。[53] 可見宋私囊甚豐、腰纏萬貫，對比一貧如洗、千瘡百孔的國府，難免令人對之痛恨不已。傅秉常聞說「紐約華僑對於子文，即酒樓餐館亦聯合抵制之，即請宋作客之酒席亦不接辦云云」。[54] 而且「美國人對孔、宋亦不好，每談國民黨失敗，即指為禍首。大約因其過於有錢，及仍保持其舊架

49　"Letter from Chao Bing to Dr. Foo, 13 October 1952." 原文作 "Canton"，通常是指廣州。

50　Ibid.

51　〈傅秉常任外交顧問〉，《華僑日報》，1952 年 11 月 15 日。

52　《稿本日記》，1951 年 2 月 15 日。

53　同上，1953 年 9 月 7 日。

54　同上，1955 年 12 月 16 日。

子之故」。[55] 傅秉常一向對孔、宋兩人的印象都很壞，曾謂「孔祥熙做財政部長言而無信」，與宋子文亦不睦，「搞到見面時都不招呼」。[56] 宋子文本身形象亦欠佳，張繼（1882－1947）稱他「有目中無人之架子」。[57]

黃強的情況比較好些。因黃法文靈光，後來去了非洲島國馬達加斯加（Madagascar）發展，不過最初幾年發展一般。[58] 人窮思舊債，黃強曾想向友人討回借款，傅秉常在信中謂「余覆以不必思此，因新亞飯館欠債尚多，恐無餘力」。[59] 馬達加斯加是法國前殖民地。因黃強入了法國籍，得以在安巴通德拉扎卡（Ambatondrazaka）開設一商店，法人予其在當地售賣煙酒之專利權，故生活甚富足。[60] 黃強後來曾託人轉贈一瓶 Christian Dior 香水予傅秉常。[61] 另外，他曾寄贈與馬達加斯加總統之合照予傅，[62] 可證他在馬達加斯加頗有地位。

在法國時，傅秉常與郭有守（1901－1977）常有聯繫。[63] 又因已將自宅租出，傅秉常在郭有守家中租住地方。[64] 郭字子杰，四川資中人，巴黎大學文學博士，歷任教育部高等教育司第二科

55　同上，1955 年 12 月 31 日。

56　〈我所知到的傅秉常〉。

57　《日記》，1946 年 3 月 8 日。

58　《稿本日記》，1956 年 1 月 23 日。

59　同上，1956 年 1 月 23 日。

60　同上，1962 年 3 月 27 日。

61　同上，1963 年 9 月 13 日。

62　同上，1962 年 5 月 10 日。

63　如《稿本日記》，1952 年 2 月 18 日等。

64　《稿本日記》，1953 年 10 月 15 日。

科長、教育部專員、中波文化協會理事、四川省教育廳長等。[65]
1960 年他仍在法國。[66]郭有守在法時與共產黨人有所聯繫。[67]

　　傅秉常在留法期間仍留心文化發展。1952 年 9 月，法國著
名史學家格羅賽（René Grousset，1885－1952）逝世。傅秉常
和郭有守等在法國向中國人募捐，為格羅賽鑄一銅製頭像。[68]

韓戰的延續、餘波與國共

　　傅秉常寓法期間，韓戰進行得如火如荼。即使生活不如意，
在顛沛流離中傅秉常仍十分關注中國之大事。當然，他所得的資
料大部分來自新聞、報章和雜誌，不是第一手情報。這裏不是考
證傅秉常所記史實之真確與否，而是看重他對時局的看法，以及
他對事情發展的詮釋、對資訊的取捨等。

　　1951 年新曆元旦。他謂：「Ralph Chapman 主張放棄支持台
灣，謂可援〔緩〕和中共，且有可（能）使中共退兵韓國，其思
想幼稚，殊為可笑。」[69]隔了幾天，他在日記中謂「聯軍已放棄
漢城，南韓政府二次遷都」。[70]傅秉常的香港友人、香港著名醫生

65　《中國文化界人物總鑑》，頁 477－478。

66　《稿本日記》，1960 年 6 月 11 日。

67　同上，1962 年 12 月 18 日。

68　〈傅秉常等在法募捐為法國史學家鑄像〉，《華僑日報》，1953 年 12 月 12 日。

69　《稿本日記》，1951 年 1 月 1 日。

70　同上，1951 年 1 月 4 日。

李樹芬（1887－1966）又寫信給傅秉常，問他第三次世界大戰是否會在短期內發生，「又言黃莫京在港告其弟，謂香港較歐洲安全云云，殊屬可笑」。[71] 香港與中國近在咫尺，李樹芬有所憂慮，是可以理解的。魏道明和鄭毓秀也因為害怕第三次世界大戰發生而在烏拉圭定居。[72]

1951 年 1 月 12 日，加拿大外長在聯合國大會之政委會提出韓戰停戰之建議，對中共已作出相當大的讓步。英方贊成，惟蘇聯仍有異議。傅秉常認為，如果中共亦不接受的話，蘇聯「似確不願中共與歐美妥協者也」。[73]

傅秉常批評美國政論家李普曼（Walter Lippmann，1889－1974）對韓戰的分析，指他「對於西歐各國情況相當熟識〔悉〕，對於蘇聯及遠東之知識淺薄，殊足驚人。抑為其年老退步歟？」皆因李普曼主張美軍從韓國撤退，然後與中共進行談判，另一方面則重整日本之軍備，使它之海、陸、空軍能在兩年內達到能夠自衛之程度，並給予五年計劃之經濟援助。同時承認中共，放棄台灣，但要求韓國之獨立和中共不干涉越南之內戰。傅秉常覺得李普曼所論，矛盾甚多，且所想均為願景，都是中共難以做到的事情。又港英政府亦宣佈英籍人士凡滿十六歲以上者，須登記準備服役。[74] 可見李樹芬之憂慮，不為無因。

1 月中，聯合國大會之政委會以五十票對七票，通過韓戰停火之原則五項。其中計有停戰後即行組織委員會（成員包括美

71　同上，1951 年 1 月 10 日。
72　同上，1953 年 9 月 3 日。
73　同上，1951 年 1 月 12 日。
74　同上，1951 年 1 月 13 日。

國、英國、蘇聯和中共）洽商遠東之問題，如台灣問題和中共參加聯合國大會等。傅秉常認為方案已對中共有重大讓步，但蘇方代表仍反對，「足見蘇方不願結束韓戰，則中共對該建議恐不能接受者也」。[75] 言下之意，是當時中共處處聽命於蘇聯。

傅秉常早已料到中共不會接受方案。17 日傅秉常收聽北京電台之廣播，中共答覆聯合國，拒絕停戰之建議，並提出反建議四項。第一，外國軍隊完全從韓國撤退，韓國內政由韓人自理。第二，美國軍隊從台灣和台灣海峽撤退，遠東各事由會議解決。第三，參與會議的國家包括中華人民共和國、蘇聯、英國、美國、法國、印度和埃及。第四，會議在中國舉行。美國國務卿艾奇遜（Dean Acheson，1893－1971）聞訊，即宣佈中共政府已拒絕聯合國之建議。[76] 英國方面對此甚為失望。[77]

中共答覆之後，美方部分輿論一變而為主張美國應援助蔣介石之政府。[78] 傅秉常觀察到，英、美在韓戰處置上開始出現分歧，因為英國首相艾德禮在英國之國會「批評美對中共之提案」，傅秉常有感而發，謂「國際間自私之心理，較私人為甚，道德更談不上」。[79] 美國上議院通過議案，請政府向聯合國提出，不許中共參加等，然而英首相宣佈支持與中共談判。[80] 英國有此舉動，可能與其在華利益有關。美國報章對英、美之分裂感到憂

75   同上，1951 年 1 月 15 日。
76   同上，1951 年 1 月 17 日。
77   同上，1951 年 1 月 18 日。
78   同上，1951 年 1 月 20 日。
79   同上，1951 年 1 月 23 日。
80   同上，1951 年 1 月 24 日。

慮。惟傅秉常「以為英自不能不靠美，對中共問題亦不能堅持到底者也」。[81]

美國方面仍不支持國民黨軍隊之反攻。[82] 美國前總統胡佛主張利用國民黨軍隊對中共作戰，但總統杜魯門不同意。[83]

至於在韓戰方面，聯軍在 2 月中左右已推進至漢城之近郊。[84] 英國首相艾德禮稱，如聯軍越過三八線，要得聯合國之同意。[85] 美政府亦宣稱聯軍越過三八線前，會與各參戰國會商。[86] 史太林則向記者表示，英、美政府如不接受中華人民共和國之提議，「則在高麗必被擊敗」。另外，史太林亦力陳蘇方在減少軍備而非增加。傅秉常認為「斯氏在此時發表此種言論，足證蘇方不願意擴大戰爭之意，與余所料正符」。[87]

傅秉常一直留意事態的發展。此後美國政府考慮加強對台灣方面的援助，同時對中、南亞施予援手。[88] 其實韓戰本身是美、蘇兩方陣營的角力，而這種角力一直延伸至其他層面。5 月，總統杜魯門向國會提出 1952 年美國軍費預算，那是一個天文數字。[89] 惟美國國務卿艾奇遜在演說當中，「反對用國民黨軍隊及轟炸滿州〔洲〕中共基地。又言現尚不適宜於在太平洋成立同

81　同上，1951 年 1 月 29 日。
82　同上，1951 年 2 月 3 日。
83　同上，1951 年 2 月 11 日。
84　同上。
85　同上，1951 年 2 月 12 日。
86　同上，1951 年 2 月 13 日。
87　同上，1951 年 2 月 16 日。
88　同上，1951 年 2 月 23 日。
89　同上，1951 年 5 月 1 日。

盟」。哈里曼亦認為不應擴大韓戰。[90] 麥克亞瑟與杜魯門討論蘇聯
對韓戰可能投入之兵力。麥克亞瑟估計蘇聯空軍在遠東約有一千
多架飛機，且機師質素甚佳，惟沒有陸軍派入韓國參戰。總之，
麥克亞瑟的意見是蘇聯難以派陸軍參與韓戰。[91] 又麥克亞瑟在上
議院外交軍事委員會聯席會議報告，主張在必要時，美國單獨與
中共作戰。他列出各種理由，認為蘇軍不會參加。第一，西伯
利亞鐵路在維持恆常軍隊運輸已感吃力。第二，當時中共海軍
和空軍有待完善。第三，蘇聯雖然有攻擊日本之力量，但海、
空軍事力量不足以佔領日本。第四，蘇聯海軍力量遠遠落後於
美國。其五，蘇聯在遠東軍需補給面對困難。他呼籲美國不用
擔心蘇聯介入韓戰。[92] 麥克亞瑟對韓戰的評估太樂觀，認為美國
不用增兵太多，便可在韓戰勝利。美國報紙亦抨擊英國接濟中
共。傅秉常認為「英國真對同盟不住」。[93] 麥克亞瑟堅信，轟炸
中共和運用國民黨軍隊，不會促使蘇聯在歐洲發動作戰。[94] 杜魯
門則反對麥克亞瑟擴大韓戰和單獨對中共作戰之議，認為此舉
正中蘇聯之圈套，使大量美軍調到東方，蘇聯便可在歐洲為所
欲為。馬歇爾亦不同意麥克亞瑟之意見，認為「麥之建議果實
行，蘇方將參加，而大戰發生，自由陣線將分裂。轟炸中共運
輸線不能結束韓戰」。因此馬歇爾主張仍沿用舊方針。蘇聯方面
亦正式提議蘇聯、美國、英國和中共在 5 至 6 月間舉行會議，

90　同上，1951 年 5 月 2 日。

91　同上，1951 年 5 月 3 日。

92　同上，1951 年 5 月 4 日。

93　同上，1951 年 5 月 5 日。

94　同上，1951 年 5 月 6 日。

討論對日和約。[95]

馬歇爾又指出，如美國戰機轟炸中國東北，蘇聯一定轟炸日本和沖繩以作報復，大戰必不能免。[96]傅秉常與馬歇爾看法一致，即是如美機轟炸東北，蘇聯一定參戰，「是以麥帥此次雖一時受美民眾之熱烈歡迎，但美國人民終必擁護杜、馬之政策。因發動世界大戰及與西歐各國分裂，均所不願者也」。[97]傅秉常亦覺得麥克亞瑟太魯莽，「不體諒自己力量未足，便要求即進，且主單獨進行，自係錯誤」。[98]馬歇爾預期「韓戰將拖延下去，便可似希臘及柏林事件之不了了之，可算西方之勝利」。傅秉常同意馬歇爾之看法。[99]馬歇爾始終反對美機轟炸中國東北，如果實行，「則蘇中同盟關係，蘇方不能不參戰，以免其他附庸視蘇聯之盟約為不可靠」。[100]可見韓戰的影響是有連帶性的。馬歇爾又認為「國民黨失敗係蔣氏之過」，傅秉常認為「其對蔣意見之深可見矣」。另外，在聯合國大會禁運委員會投票當中，美方禁運軍用品和中共案，以十一票對零票大比數通過。傅秉常謂「英、法雖心中不以為然，亦祇能投票贊成」。[101]

孫科在致傅秉常的信中指「台灣方面現仍覺較為安穩」，至於香港方面，「港政府對中共似採較強硬之態度，但商人方面，

95　同上，1951 年 5 月 8 日。

96　同上，1951 年 5 月 9 日。

97　同上。

98　同上，1951 年 5 月 10 日。

99　同上，1951 年 5 月 14 日。

100　同上，1951 年 5 月 15 日。

101　同上。

則仍望繼續與內地通商」。[102] 當時很多上海商人自內地來香港，並帶來大量資金南來。惟英國政府對中共態度漸變強硬，又反對繼續從香港運輸物資給中共。[103]

台灣方面因要依靠美援，故外交部訓令各使館，「對於此次麥帥免職事，不許加以評論」，傅秉常認為「自係最適當之舉」。[104]

美國軍方評估，認為韓戰結束後中共有可能參加越戰。[105] 美國為保軍事優勢，故杜魯門向國會提出天文算字預算，「此係非戰時預算之最大者，國會方面似有不滿」。[106] 美國方面對協助蔣介石反攻，有很大的保留，有人認為「苟蔣打不回時，美國將不能不自己為之」。[107]

即使已沒官一身輕，傅秉常仍然心繫政治，在日記中正文以外，闢出空間摘要記下當時發生的政治大事。如在 1951 年 4 月 20 日記載「西藏代表六人經香港赴北京商討西藏問題」。[108] 27 日記謂：「北韓中共軍正向漢城推進約十英里聯軍再退」。[109] 旁邊都註有 "ND"，證明都是採自印度新德里（New Delhi）廣播。各項記載都簡潔而扼要，不單反映傅秉常語文根柢良好，亦反映他曾在這方面下過一番苦功。

102　同上，1951 年 5 月 8 日。
103　同上，1951 年 5 月 12 日。
104　同上，1951 年 5 月 13 日。
105　同上，1952 年 1 月 14 日。
106　同上，1952 年 1 月 22 日。
107　同上，1952 年 2 月 16 日。
108　《稿本日記》，〈新聞摘要〉，1951 年 4 月 20 日。
109　同上，1951 年 4 月 27 日。

孫科來居

孫科一生的風流韻事頗多。傅秉常謂「彼家事已告一結束，是以欲於本年春、夏間來法，在余家居住，但以分攤家用為條件，並詢余應帶各物」。[110] 這件家事是指嚴靄娟控訴孫科案。[111] 何東（Sir Robert Ho Tung，1862－1956）女婿羅文錦（1893－1959）為孫科辯護律師，最後該案因證據不足，香港法庭予以取消。[112] 不過一直因簽證問題，孫科拖延了很久才到法國。[113] 傅秉坤從香港寫信給其兄，稱孫科太太告訴他，孫科已簽字與藍妮脫離關係，因此用去一大筆錢。孫科周轉有困難，故要請人變賣傢具等及籌得旅費後始能起行。傅秉常覺得「孫先生未必窮至如此」，他猜想是簽證和護照還未辦妥，故以此為藉口。他也不相信孫科真與藍妮分開，認為「我估係騙孫太太而已」。[114]

蔡增基和吳尚鷹均寫信給孫科，勸他到美國活動，蔡「尤主組織第三力量」，但孫科拒絕，認為此舉不切實際。傅秉常亦有同感。[115]

在中國時，孫科曾在傅秉常的仕途上起過重大助力，傅秉常

110　《稿本日記》，1951 年 1 月 22 日。

111　〈嚴靄娟控訴孫科案不能構成表面証據法庭宣告註銷控訴〉，《華僑日報》，1950 年 7 月 23 日。

112　〈嚴靄娟控孫科案法庭昨判撤銷〉，《香港工商日報》，1950 年 7 月 23 日。

113　《稿本日記》，1951 年 5 月 8 日。

114　同上，1951 年 5 月 10 日。

115　同上，1951 年 5 月 12 日。

亦沒有忘本，知道孫科境況不好，力邀孫科赴法居住。[116] 但孫科的簽證一直未能辦妥。傅秉常請陳雄飛向法方交涉。[117] 6 月，傅秉常等替孫科在法國郵船公司之馬賽號預留房間，從香港前往法國。[118]

　　孫科何時開始住在傅秉常的家，日記未有記載。因為 1951 年的日記在 6 月 19 日後便停下來，再有記事已是 12 月 22 日了。[119] 孫科夫婦在 12 月 22 日的記事中出現，是與傅等往意大利旅行的途上。[120] 這個旅程顯然並不愉快。

　　所謂「相見好，同住難」，當大家共居一屋時，磨擦自然出現，而且孫科脾氣一向剛烈。[121] 孫太太亦與傅秉常等弄得很不快。例如在討論旅行使費時，稱「宋子文着其下屬買任何物件均不付款」，暗示傅秉常等應承擔孫科之費用。[122] 孫科在旅程路上發了多次脾氣。[123] 于竣吉因要趕返羅馬，傅秉常「提議再趕一程，俾明日可到羅馬，使謙六（按，于竣吉）不致失約。哲兄（按，孫科）大發脾氣，謂何必趕往陪三數使館職員云云」。傅秉常覺得這樣的說話令人難堪。[124] 翌日，孫科又為瑣事與謝保樵吵嘴，傅秉常謂「在眾前如此，殊不雅觀，但曲在哲，不能怪保樵也」。

116　同上，1951 年 1 月 22 日。
117　同上，1951 年 2 月 12 日。
118　同上，1951 年 6 月 15 日。
119　同上，1951 年 6 月 19 日及 12 月 22 日。
120　同上，1951 年 12 月 22 日。
121　同上，1951 年 12 月 23 日。
122　同上，1951 年 12 月 22 日。
123　同上，1951 年 12 月 22 日及 12 月 23 日。
124　同上，1951 年 12 月 24 日。

謝保樵之汽車迷路，「哲兄不問人而問馬[125]，未免失態也」。[126]

傅秉常在 12 月 31 日旅次中的日記抄錄《摩訶般若波羅密多心經》，可見他心緒並不安寧。[127]

返法國後，孫科交傅秉常 1 月份住在傅家之家用，孫科扣去了在旅程路上七天的費用。傅秉常謂「余自無言，但似太小氣矣」。[128] 2 月，傅秉常聞說孫太太「忽言彼等不久便遷出，不可再僱用廚子云云」，認為是孫科夫婦過不慣平凡的生活，住得不舒適，何燕芳亦與孫太太有誤會，再弄下去，一定不會有好結果，「或至影響與哲兄三十餘年之深交」，[129] 可見他早已預料孫科夫婦待不下去。傅秉常對孫太太不以為然，謂「實則余對於孫太太之為人向不重視，與哲老相交數十年來，無時不避之」。[130] 幾天後，傅秉常預料之事真的發生，何燕芳與孫科發生誤會。[131] 何燕芳很快與孫科和解，「惟對孫太太始終不能釋然」。[132] 3 月中，孫科寫信給身在英國的傅秉常，指會在 3 月 20 日往法國南部、西班牙、葡萄牙等地約二個半月，然後回巴黎，「並決定返後亦暫住巴黎，以減輕余夫婦負擔云云」。[133]

125　指行李。

126　《稿本日記》，1951 年 12 月 25 日。

127　同上，1951 年 12 月 31 日。中國人抄佛經的原因很多，有些人是為了積功德，有些人是為了消災解難，又有些人是為了得到心靈安慰。

128　同上，1952 年 1 月 10 日。

129　同上，1952 年 2 月 18 日。

130　同上，1952 年 2 月 23 日。

131　同上，1952 年 2 月 26 日。

132　同上，1952 年 2 月 27 日。

133　同上，1952 年 3 月 15 日。傅秉常與何燕芳當時在英國短住。

困頓歲月

　　流寓海外的國民政府外交官員，很多景況都很淒涼。1951
年初，錢承庸告訴傅秉常，稱「現款只餘二十元，在此（按，
傅家）居住，每月除鄧秉坤處收入二萬五千法郎以外，不敷幾
達美金壹百元，無法維持」。考慮到自己的經濟情況，錢承庸決
定遷出傅宅。沒有錢搭住的收入，傅秉常只好與妻兒一起省吃儉
用。[134] 傅秉常為節省金錢，數日後「函秉坤停寄《華僑日報》，
因每月需港幣壹百元」。[135] 不過他始終無法忘情政治，即使手頭
拮据，仍花錢從荷蘭購買 Philips 收音機一部，以便收聽新德里
的中文廣播。[136] 錢承庸後來經濟情況略有好轉，可以每月匯款港
幣一百五十元給其父母。[137] 傅秉常初抵法國，沒有工作，生活都
是靠積蓄維持。

　　他也有為兒子出路打算。1951 年 12 月至 1952 年 1 月初，
聯合國在法國舉行會議。傅秉常謂：「熊兒今日開始隨鍇兄
（按，劉鍇）往聯合國大會旁聽學習。」[138]

　　傅秉常密切注意台灣之情況。劉鍇告訴他，「雖有進步，
但遠不如所希望」。[139] 沈昌煥到法國，順道與段觀海等探望傅秉

134　同上，1951 年 1 月 13 日。
135　同上，1951 年 1 月 17 日。
136　同上，1951 年 3 月 2 日。
137　同上，1952 年 3 月 5 日。
138　同上，1952 年 1 月 12 日。
139　同上，1952 年 2 月 9 日。

常。傅秉常從沈昌煥口中得知台灣方面最新的情況:「元老方面完全不得意,鐵城祇仍任國民外交協會事,亮翁亦祇有時因外交事,偶然商之,驤先(按,朱家驊)亦無權。」而張群則仍受重用。蔣介石重用陳誠,因陳誠受少壯派支持,且陳誠實行土改,得到台灣農民支持。陳誠做事亦親力親為,少壯派由其扶持。惟蔣經國之權力不如外傳之大。另外,台灣方面「確有欲將兩陳及孔、宋力量除去之意」,「果夫已故,立夫未離台前確與蔣衝突,不得意而去。所謂『兩陳份子』,現均明白或暗示與之脫離」。台灣方面,在軍事和財政方面都受美國之支配。傅秉常總結與沈昌煥所談,「覺渠果如劉鍇所言,甚有進步」。[140] 可見傅秉常懷有一種「探路」的心態,想從沈昌煥口中了解一下,台灣是否一個可以安居生活的地方。

謝保樵在法國定居,似乎沒有工作。他曾在賭城蒙地卡羅(Monte-Carlo)贏得二十多萬法郎,[141] 亦曾一度搭住在傅秉常家中。[142] 1953 年他仍在法國。[143] 1955 年前後謝保樵在紐約生活和尋找生計。[144] 1959 年初,傅秉常指謝「境況極壞」,[145] 可見謝生活艱難。

傅秉常在法國居留期間心境欠佳,日記時斷時續。1951 年聖誕前夕,傅秉常謂「余近來經濟情況遠不如前」,「余苟非因

140　同上,1952 年 2 月 15 日。
141　同上,1951 年 1 月 14 日。
142　同上,1952 年 2 月 26 日。
143　同上,1953 年 11 月 2 日。
144　同上,1955 年 11 月 6 日。
145　同上,1959 年 1 月 30 日。

目前經濟如此困難，則必表示大方代其夫婦（按，孫科夫婦）負擔，其數亦不過二三百美元而已，何必斤斤計較，但我現在確無力量也」。[146] 1952 年舊曆元旦，他謂「照舊曆算我已五十七矣，回顧去年一年經過，世界大勢，頗有好轉」，「但在我個人方面，則日趨困難，祇望今年運轉而已」。[147] 談到照顧何永德兩個兒子事，傅秉常向親戚指他們夫婦無法全然承擔責任，因為他那時的經濟情況極度惡劣。[148]

他為了改善生計，開始與人合夥經營餐館。錢承庸與傅秉常等合作，承辦「雙龍」，傅秉常佔股本四分之一。傅預期每月可得二萬五千法郎。[149] 不過其經濟情況很差，朋友欲成立公司經營出入口業務，傅秉常謂「余告以我近年來經濟困難情況，恐不能多助」。[150] 1953 年，傅秉常將香港西營盤福壽里 1 號之祖宅抵押。[151] 傅秉坤變賣福壽里 5 號之祖宅，並將美金二千五百元匯給傅秉常，[152] 相信對傅秉常的財政有一定幫助。1953 年，傅秉常將 Sartrouville 自宅租與一位上校，合約維期一年半。[153]

傅秉常在巴黎與人合股開設餐館香港樓。[154] 這間餐館似乎在傅秉常經營前已存在，可能是從他人處承頂回來的。[155] 香港樓是

146　同上，1951 年 12 月 22 日。

147　同上，1952 年 1 月 27 日。按中國舊俗，新年即表示大了一歲。這裏指的是虛齡。

148　同上，1953 年 10 月 24 日。

149　同上，1952 年 2 月 7 日。

150　同上，1952 年 2 月 12 日。

151　同上，1940 年 2 月 16 日、1953 年 9 月 7 日。

152　同上，1953 年 10 月 17 日及 11 月 2 日。

153　同上，1953 年 10 月 31 日。

154　〈永懷傅秉常先生〉。

155　《稿本日記》，1953 年 10 月 21 日。

小餐館，售賣中國食物。[156]

傅秉常 1950 年代的日記時斷時續，正式經營餐館的記載見 1953 年 9 月的日記。傅秉常稱每天上午十一時三十分至下午三時，下午六時三十分至晚上十一時三十分都要留在餐館，原因是何燕芳替代了傅仲熊的位置，在餐館工作，他認為何燕芳有工作是好的，至少有些精神寄託。傅秉常則頗有委屈之感，被困在店子八個多小時。他稱自己三年前已放棄寫日記，因為完全沒有情緒寫。這時他決定繼續，皆因在店中無事可做。[157] 可見經營餐館，非他所願。傅秉常志在千里，餐館只是暫時糊口之地。餐館生意不太忙碌的時間，傅秉常用來看書。他讀完了 Elizabeth Bisland 的 *The Life and Letters of Lafcadio Hearn* 等書。[158]

除了餐館之外，傅秉常也經營其他生意，似乎是與電影有關的。[159] 1955 年 11 月 17 日，傅秉常正式簽字出售 Sartrouville 之屋，「價錢雖不如我所希望之大，但我可清還債務，並可希望與燕妹將款分後可以相安。我年已六十，為日無多，永遠『坐老婆監』，自非辦法，『用錢抵刑』，亦值得者也」。[160] 這直接解釋了何以兩年後傅秉常離法赴台定居的原因。

傅秉常當時的家庭生活並不美滿。在 1955 年聖誕節，傅秉常謂「今日聖誕節全家在飯館午飯，余在小房午睡，不再落地爐

156　〈傅秉常歸國「觀光」〉，《新聞天地》，1957 年 4 月 20 日。
157　《稿本日記》，1953 年 9 月 1 日。
158　同上，1953 年 9 月 2 日。Lafcadio Hearn 即小泉八雲（1850－1904）。
159　同上，1955 年 8 月 26 日及 8 月 27 日。
160　同上，1955 年 11 月 17 日。

（牢）矣」。[161] 聖誕節在西方是大節日，與傅秉常的落寞構成強烈對比。在回覆朋友黃尊生函中，傅秉常不無自嘲地謂：「賤事如恆，在咖啡店讀杜詩，與洋鬼子談《周易》，在小飯館學作文，在廚房底建書庫，境事相違。老友聞之，得無莞爾？」[162] 新年前夕，傅秉常謂：「連日精神昏亂，讀書亦不能專注。病耶？老耶？我之需要休息，恐不能再延矣。」[163]

傅秉常心境之惡劣，可見一斑。

傅秉常這時期在日記中常提到生意。1953 年 9 月 5 日，他謂天氣甚好故生意甚佳。[164] 6 日也不錯。[165] 8 日生意非常好，收入達五萬五千法郎。[166] 12 日是星期六，生意十分好，有逾一百個客人。[167] 10 月 4 日生意不錯，雖然之前數天較淡靜。[168] 1955 年除夕，傅秉常謂「晚上飯館生意尚佳」。[169] 1956 年 1 月初，他謂「天氣甚冷，故生意極壞」。[170] 鄭天錫知道傅秉常將餐館交兒子管理，甚為高興，「因在美同輩對余之開飯店覺係笑話云云」，傅秉常覺得他們的觀念不太正確。他認為自力更新沒甚麼不好。[171] 1956 年 1 月尾，傅秉常謂「兩日來飯館生意甚清淡，但總計本

161　同上，1955 年 12 月 25 日。
162　同上，1955 年 12 月 27 日。
163　同上，1955 年 12 月 29 日。
164　同上，1953 年 9 月 5 日。
165　同上，1953 年 9 月 6 日。
166　同上，1953 年 9 月 8 日。
167　同上，1953 年 9 月 12 日。
168　同上，1953 年 10 月 4 日。
169　同上，1955 年 12 月 31 日。
170　同上，1956 年 1 月 10 日。
171　同上，1956 年 1 月 12 日。

年一月份，較去年已增加 20%。如能繼續如此，則自今年起，生意已安定矣」。[172] 可見他對生意也有一些期望。

1956 年舊曆大除夕，佳節當前，又喚起傅秉常的愁緒。他謂：

> 今日除夕，我邀熟朋輩及家人晚上團聚。王玉光看我掌紋，謂明日起我運氣將好轉。我到此七年來，逆運去〔來〕，不易受，希望其言之準而已。接九弟函，謂其兩子在北平經已立室成家，各有兒女。覺遭此亂離，全家天各一方，未勉〔免〕有感而已。[173]

翌日大年初一，傅秉常的心情仍沒有好轉：

> 我今日起已六十一歲。蘇子瞻（按，即蘇軾，1037－1101）云「[174] 前者皆夢，已後者獨非夢乎？」我亦祇能置之而已。[175]

歲暮天寒，勾起一片愁緒。大節當前，傅秉常感到人生充滿無奈。

172　同上，1956 年 1 月 31 日。
173　同上，1956 年 2 月 11 日。
174　原文多一「已」字。
175　《稿本日記》，1956 年 2 月 12 日。

政治的旁觀者

　　傅秉常一日都不能忘情政治。他在日記中謂，蘇俄政府決定將公務員工作時間定為朝九晚六，午飯時間則為一小時。他認為如果是這樣的話，蘇俄官員不用在辦公室留至午夜，而外交官亦不用凌晨起來赴克里姆林宮與官員議事。[176] 這是經驗之談。又提到蘇聯政府欲提高人民生活水平，傅秉常認為，此事幾年前已應該做。[177] 蘇聯政府亦打算提高農業和消費品的生產。[178] 傅秉常指邱吉爾也認為史太林死後，蘇政府的施政重心從對外侵略一變而為改善內部社會。[179]

　　蔣介石退守台灣初年，政治、經濟各方面情況均很壞。傅秉常從使館職員處得悉「蔣仍如前之衝動，常發脾氣，對美代表亦如此」，「元老方面多已不能問事，且多體弱」。[180] 在法國，傅秉常反思國民政府失敗之原因。他在報章看到美國援助台灣農村改革，及與蔣政府合作的結果，田租減了 30%，佃農地位較穩固，合作社多已組織，稅收增加 10% 至 30%，而美方不過使用二千萬美元而已。傅秉常指出，如果此事能早做的話，國民政府不致一敗塗地。[181] 1955 年，他在日記中提到葉恭綽在北

176　同上，1953 年 9 月 2 日。

177　同上，1953 年 9 月 13 日。

178　同上，1953 年 9 月 16 日。

179　同上，1953 年 11 月 4 日。

180　同上，1952 年 3 月 8 日。

181　同上，1952 年 1 月 17 日。

京任文字改革委員會常務委員。傅秉常記得，早在 1929 年國民黨政治局已經通過文字改革的動議，然而整件事，因戴季陶一人反對而拉倒。他認為戴季陶至少在三方面，對蔣介石為害最深。第一，反對任何改革，例如土改、文字改革等，主要是因為戴季陶常懷偏見，而且極端保守，事事均以古為師。第二，嘗試實行前清之政府制度，完全不切實際。第三，戴季陶奉行反英政策，且愚蠢地支持協助印度脫離英國之統治，然而印度完全不需要中國之幫忙。最後更以自盡了結餘生，傅秉常認為是最懦弱的行為。[182] 可見傅秉常認為蔣介石最後敗走台灣，是欠知人之明。

　　傅秉常一直希望再有報國的機會。他在巴黎告訴陳定他對台灣局勢之看法，沉痛之情溢於言表：

> 　　下午陳靜清來訪，余告以謝然之與余所談經過，並告渠我初本有意回台北，對蔣作一勸告。蓋以我觀察世界大勢，用武力之時期早過，彼等希望世界大戰之夢亦應醒晤〔悟〕。現在台灣維持之軍隊，即以美方所接濟武器而論，業經殘破不堪，直 [183] 不能與蘇聯所予中共者相比。質量如此，數目更不如。戰爭固不可能，即有戰事，亦絕無勝算之希望。且美、蘇平分天下之局已成，彼兩 [184] 大概已覺不能發動戰事，其他弱小附庸，有何話

182　同上，1955 年 8 月 25 日。

183　「直」即是「真」的意思。

184　原文如此。

可說？但以台灣之人力物已〔力〕維持六十萬陳舊武器，而不能任近代戰爭之軍隊，亦絕不可能非靠美國之援助不可，卑躬屈節，受盡恥辱，所得係絕無可用之物，且人民捱饑抵餓，經濟上靠人食飯，前途絕無希望，有如走一死路。是以唯一辦法，係承認事實，向美國表示，台灣亦知不能向大陸用兵，則何必維持如此大量之軍隊？故可將軍備全撤，由美國保證及保護之款，仍然繼續，俾作工業上之發展。如此，則在十數年間，台灣便可在遠東成為一最繁榮之瑞士。此種經濟、政治上之鬥爭，必易成功。在國民黨方面，不能在大陸上實行其國家社會主義（總理主義），在台灣亦可實行。無如，此種主張必不能接受。蔣左右更將謂余別有用心，徒自作無謂之犧牲而已。靜清亦深以為然，且勸余不可嘗試，謂必有危險。[185]

證諸史實，他的看法是相當正確的，可見傅秉常具真知灼見。

傅秉常太了解蔣介石的脾性。他提到蔣介石在聯合國使用否決權一事上，態度頑固，謂「公超與美大使同往日月潭，勸蔣不可堅決使用否決權，蔣未應允。足見此策係蔣自己主張，公超亦未必贊同者也」。[186] 蔣介石一向作風偏執、強硬，傅秉常所言是相當中肯的。蔣介石之堅持，果惹來美國的批評。[187] 傅秉常認

185 《稿本日記》，1955 年 12 月 9 日。
186 同上。
187 同上，1955 年 12 月 19 日。

為國府在聯合國運用否決權上,相當不智,謂「台北當局此舉,我自以為失策。因自己地位已低落」,「竟對於友邦利益不顧,人將視為意氣用事,將何以自存?吾恐被擯出聯合國之期將不遠」。他認為國府的少壯派是累事的禍根。[188]

台灣方面一直努力爭取傅秉常到台灣去。1955 年著名學者陳受頤(1899-1978)在歐洲和遠東遊歷,在台北住了一個半月,「曾與各方談論,覺各方面對我甚好。陳辭修(按,陳誠)着彼到法國時,與我晤談,請我回台北一行,雖不長住亦好云云,又請彼返美時勸哲兄亦返台」。傅秉常告訴陳受頤自己公私方面的困難,陳受頤「亦言在台時岳軍、持修、經國等,均覺不易勸蔣,是以欲余回」。傅秉常回應,謂「我亦有此感覺。亮翁雖係外交前輩,但對於世界大勢之演變,經已脫節,且英、美外交係所專長,蘇方情形向少研究,且年老力衰,又以性情關係,能對蔣有何補助,尚屬疑問」。但他自覺人微言輕,說了沒用,皆因信言不美,蔣介石未必可以聽進耳中。陳受頤亦說在孫科美國之居所甚近,常有晤面,孫科曾與陳受頤談到傅秉常,態度都是正面的。[189]

陳受頤在法期間,曾與傅秉常詳談數次。傅秉常指陳受頤認為陳誠「似較明白大勢,故主張注重經濟建設」,而且傅秉常從談話中亦感到「彼等之盼余回台,似甚誠懇」。傅秉常指出到台灣之困難,特別是宋美齡「倨傲自大之性情」,未必肯聽他人

188 同上,1955 年 12 月 15 日。
189 同上,1955 年 12 月 10 日及 12 月 16 日。

之忠言。[190]

　　傅秉常居法期間，與香港親友仍有密切往還。妹夫龍達善曾寄《熱風》半月刊合訂本給他。他謂：「使流離海外之白頭宮女閒坐說玄宗時，增加不少資料，內有批評我不對之部（分），我亦自承其過。」[191] 傅秉常認真閱讀《熱風》半月刊，認為它是第三黨的出版物。覺得「在日暮途窮時，互相攻擊，有如在地獄油鑊中，尚互相打架，真真可笑」。[192] 可見他並不認同第三黨。

190　同上，1955 年 12 月 16 日。
191　同上，1956 年 1 月 5 日。
192　同上，1956 年 1 月 6 日。

第五章

寶島餘暉

颱風扶瑞達 Freda 幸未侵台，否則不堪設想也。1.
電話與公達商。他仍主張往虎尾，謂該廠已準備一切
云云。2. 九至十二時在院。3. 陳質平來談，言在 Libya
身體不好，本擬退休。但現既派他為駐大使，不得不
往，我告以小心保養，又告以遇事可以與馮執正商
量。萸庭請其帶送我領帶二條。[1]

　　　　　　　　　　傅秉常一生最後的日記，《稿本日記》，
　　　　　　　　　　　　　　　　1965 年 7 月 14 日。

1　《稿本日記》，1965 年 7 月 14 日。這一日還有一些閱讀 *Times* 雜誌
　　的筆記。根據原件，這本日記本剛好用完。按，「但現既派他為駐大
　　使」，原文如此。

定居台灣

　　傅秉常的台灣日記始於 1957 年 4 月 21 日。[2] 傅秉常是在 4 月 12 日自法國取道馬尼拉到台灣。抵台之日，蔣經國在機場歡迎他。[3]

　　當時的報紙謂「然而傅先生這次歸來，卻沒有什麼政治作用，僅僅是觀光一下而已」。[4] 傅秉常這次到台灣，據說是由當時外長葉公超所促成的。[5] 傅秉常在 21 日與劉鍇見面。葉公超託劉鍇探詢傅秉常是否決定留在台灣。如果願意的話，打算在台灣擔任何種工作。傅秉常向劉鍇表示，只願任顧問或研究工作，但「絕不願任何實際行政或外交工作」。[6] 傅秉常老於世故，知道葉公超沒有放棄外交部長一職之打算，謂「鍇以為公超對於外長仍欲續任」。劉鍇覺得傅秉常之回應完全符合葉公超的心意。[7]

　　傅秉常初到台灣，是懷着如履薄冰的心情。他謂「我之不願擔任實際工作，係極端誠懇之言」。[8] 也許他太熟悉國民政府的派系政治，所以當時只表示一種對一切無所求的態度。當他見到葉公超時，葉言張群曾與他商量，擬提名傅秉常任諮政。傅秉常表示「我自然極願接受，祇恐資望未必能及而已」。傅秉常刻意

2　《稿本日記》，1957 年 4 月 21 日。
3　〈圖片說明〉，《工商晚報》，1957 年 4 月 15 日。
4　〈傅秉常歸國「觀光」〉。
5　同上。
6　《稿本日記》，1957 年 4 月 21 日。
7　同上。
8　同上。

保持低調，聯合國大會同志會主任秘書陶振譽邀請傅秉常作一演講，傅秉常婉拒，「謂我已離開外交職務八年，對於蘇聯情況已不認識，至歐美各國，所知亦不過係報紙、新聞，與其他使節有特別報告之事項不同。但如有該會負責同志有研究性之坐談，我可參加。彼亦滿意」。[9] 可見傅秉常處事之圓滑。在台時，傅秉常任司法院副院長兼公務員懲戒委員會委員長。[10]

傅秉常其實已有定居台灣的想法。抵埗未久，他已訂閱了 *New York Times*。[11] 到了 1960 年，即使赴台已有三年時間，傅秉常依然表現低調，不與人爭。傅秉常稱楊公達「勸我不可太消極，實則我覺擔任實際行政或外交不會較別人好，結果自然不滿人意，自己亦問良心覺不好，則我何必擔任？」[12]

相比壯年時所寫的日記，台灣時期的日記，字體明顯比較潦草，有欠工整，或反映他眼睛不好，可能是患有白內障之類的眼病。

這時期傅秉常的日記，依然十分關心世界大事，平時慣以藍筆書寫記錄每一天發生的事，紅筆字則為記錄國際或他認為重要的中國大事。[13] 這時期的日記，記載雖多，但十分瑣碎。如要一一談及，恐不可能，是以筆者選擇若干重要片斷，加以討論。

9　　同上，1957 年 4 月 22 日。

10　《司法院傅故副院長秉常先生紀念集》，頁 4。

11　《稿本日記》，1957 年 4 月 24 日。

12　同上，1960 年 3 月 31 日。

13　如《稿本日記》，1960 年 1 月 21 日及 2 月 27 日。

對蔣介石和陳誠的觀察

蔣介石身必躬親，這是他的優點，也是其缺點。傅秉常從朋友口中得知，國防研究院五十多名學員，全部都由蔣一人提出。[14] 馬超俊曾勸蔣介石「讓人多講話」，蔣介石指「同志甚少講話」，馬超俊一針見血地指出，「此種無聲抗議，比發言批評更壞」，蔣介石相當動容。傅秉常謂「我對星老此言萬分贊同」。[15]

傅秉常在日記談到第三任總統之處甚多。早在 1959 年初，蔣介石的近臣已開始為蔣介石連任第三任總統鋪路，作頗周詳的部署。例如朱家驊言「某方對於老同志近甚注意」，且蔣介石在陳誠以副總統兼任行政院長時，曾向元老請宴兩次。[16] 可見蔣介石與陳誠關係異常密切，蔣介石希望元老能與陳誠通力合作。故陳誠在勸進蔣介石任第三任總統一事上，極度賣力。

3 月，傅秉常從張群處得悉，關於修憲問題，「總統意見仍係照彼所發表所言」，然而關於連任，則為另一問題。張群謂「彼雖欲休息，但如需其繼續負責時，各方面未必許其引退」。[17] 張群似想營造一股社會勸進的風潮出來。傅秉常認為修憲等「完全係視將來情況如何，如有〔由〕總統繼續負責之，必安。無論如何方式，均係適當。蓋苟各方一致，法律上稍為勉強，自無人

14　同上，1959 年 5 月 10 日。

15　同上，1960 年 10 月 17 日。

16　同上，1959 年 3 月 6 日。

17　同上，1959 年 3 月 12 日。

說話」。[18]

　　在某次朋友聚會中，張群又談到他對蔣介石連任的看法。他謂：「飯後閒談，岳軍提出不應退休，因担任工作，不能放棄，似有所指。胡適即不同意，亦似有所指。」[19] 兩人所談，當然與蔣介石該任第三任總統與否有關。

　　1959 年 5 月 2 日，傅秉常等出席小組會，其中討論到第三任總統問題。張群和王世杰均認為可照史尚寬的解釋，由立法院提出較為妥當，惟國大代表對此反對。傅秉常則認為「無一十足合法之辦法，宜由政治不由法律解決」。[20] 傅秉常所提出之原則相當有智慧。張群又指軍人希望蔣介石續任總統。王世杰則認為政治方法無法單獨解決第三任總統問題，其他問題亦應同時解決。[21] 王世杰的說法也有見地。

　　5 月初，美領事館政治參事 Osborn 認為在第三任總統事上，「陳副總統似有繼任之意」。Osborn 謂王世杰亦認為陳副總統應繼任，「任何人領導不如總統」。傅秉常乘機向 Osborn 探詢，外間所傳美方不願支持蔣介石續任第三任總統是否真有其事，Osborn 大力否認。[22] 朱家驊告訴傅秉常，他聞說副總統陳誠將領銜請求蔣介石留任總統。在小組會，張群與王世杰亦討論到這一問題。[23] 傅秉常從謝冠生處，亦得悉副總統對推動蔣介石任

18　同上。

19　同上，1959 年 3 月 29 日。

20　同上，1959 年 5 月 2 日。

21　同上。

22　同上，1959 年 5 月 5 日

23　同上，1959 年 5 月 7 日。

第三任總統一事，相當熱心。陳誠表示「非總統連任不可，不久便可親出領導此次運動」。而據了解，「至於總統本人，據岳軍言，則係不主張修憲，違法選出亦不接受」。[24] 5 月 16 日，傅秉常謂「王秉鈞有一提案，關於修憲及第三任總統事，請我署名，我告以不便署名之故，並勸渠先探總統本人之意見。彼亦以為然」。[25] 蔣介石本人亦關注第三任總統一事，特意邀約謝冠生往談這一事。謝表示從法律觀點而言，應由立法院提案為妥，「但政治上如何則總統自可決定」。蔣介石以吳稚暉（1865－1963）之言「大事小做小事大做」回應，意即簡單處理。傅秉常認為謝應將此事保守秘密，對外不可表示意見。[26]

　　陳誠積極為蔣介石連任爭取支持。在二中前會前，陳誠請與會者吃飯，謂只有蔣介石能肩大任，且公開粉碎他欲取蔣而代之的謠言。[27] 其實第三任總統事確是不易解決的事，因為牽涉到憲法問題。陳誠曾為第三任總統事和修憲事召集會議多次，但都沒有決定。[28] 6 月 23 日，陳誠在賓館宴請國大聯誼會黨團，與他們交流意見，「表示政府不致經立法院修改憲法。此事似可告一段落」。[29] 當時亦有嘗試參考其他國家修憲的成例，傅秉常謂在月會中「曾大法官報告各國修憲規定，甚佳」。[30] 一度有傳于右任可能擔任總統。傅秉常謂「建侯言，監察院友人消息，謂近來總統召

24　同上，1959 年 5 月 11 日。
25　同上，1959 年 5 月 16 日。
26　同上，1959 年 5 月 29 日。
27　同上，1959 年 6 月 8 日。
28　同上，1959 年 6 月 24 日。
29　同上，1959 年 6 月 28 日。
30　同上，1959 年 7 月 15 日。

見于院長商談多次，每次會後于先生面有喜色，故料係關於第三任總統事。總統或將照潘公展所提議，推于先生出任總統，自任副總統兼行政院長云云」。[31] 傅秉常與朋友私下亦有討論第三任總統事，他指馬超俊跟他想法一樣。[32]

1960 年初，馬超俊告訴傅秉常，陶希聖與他談到國大和總統選舉事，表示欲到美國與陳立夫和孫科洽談。[33] 當時胡適（1891－1962）反對蔣介石任第三任總統，傅秉常謂朱家驊「對適之種種甚不以為然」。[34] 1 月初，司法院大法官解釋了行政院提出有關國民大會總額之疑義。[35] 史尚寬在會議上雖然反對，但沒有發言，傅秉常謂「與我及冠生所勸渠應取之態度（同），我再勸渠對此事，以後更不必講話，彼以為然」。[36] 新年時，蔣介石曾往馬超俊處賀年，馬超俊請蔣介石不要修改憲法和續任總統，「總統亦深以為然」。[37] 張惠長與傅秉常談國大事，傅秉常勸他少發言為妙。[38] 傅秉常又接到自朋友方面得來之消息，指副總統連任出現了阻滯。[39] 沈雲龍與謝文孫為近史所口述歷史項目訪問傅秉常。沈雲龍剛好是國大代表，他問傅秉常對這次國大會議的看法，傅秉常謂「我告之。彼言亦主張用國大議決案方式解決第三任問題，

31　同上，1959 年 9 月 8 日。

32　同上，1959 年 10 月 26 日。

33　同上，1960 年 1 月 4 日。

34　同上，1960 年 1 月 5 日。

35　同上，1960 年 1 月 20 日。

36　同上，1960 年 1 月 26 日。

37　同上，1960 年 2 月 2 日。

38　同上，1960 年 2 月 7 日。

39　同上，1960 年 2 月 10 日。

而不主張用解釋名額，尤其不應由大法官解釋。至總統連任，則係環境如此，非渠繼續領導不可，亦係政治問題云云。彼似甚明白」。[40] 張惠長與傅秉常言，國大對黨部相當不滿。[41] 2 月 24 日，陳誠以副總統的身份召集國民黨籍國大代表一千二百餘人，轉達蔣介石之意見，請他們終止提出修憲案和創、複決案。各人激烈發言。朱家驊認為是 CC 系在興風作浪。[42] 何應欽認為陳誠仍會當副總統和行政院長，因為「如有變動則使詞〔辭〕修太過難堪」。[43] 3 月 11 日，國大完成三讀，蔣介石以總統身份頒令動員戡亂時期臨時條款。[44] 傅秉常又從楊公達處得知蔣介石曾與 CC 系的余井塘等會晤，謂：「我對果夫兄弟如是之好，彼等之人應服從我。」余井塘回答，謂「請總裁放心，彼等絕對服從」。余等離開後召集幹部會面，國大會議便平安無事了。[45]

朱家驊又告訴傅秉常，「此次胡適之因病進台大醫院，詞〔辭〕修並未往探視，胡甚不滿，覺不能利用，即棄之不理云云」。[46] 陳誠又對馬超俊表示，CC 系等在政治上的阻力頗大，他沒法再幹下去。[47] 傅秉常亦聞說「監院 CC 份子對於大法官之解釋國大名額問題，甚為不滿。因彼等係反對總統連任」。[48] 1960 年

40　同上，1960 年 2 月 11 日。
41　同上，1960 年 2 月 15 日。
42　同上，1960 年 2 月 25 日。
43　同上，1960 年 3 月 6 日。
44　同上。
45　同上，1960 年 3 月 15 日。
46　同上，1960 年 4 月 16 日。
47　同上，1960 年 4 月 28 日。
48　同上，1960 年 5 月 7 日。

5月20日，蔣介石出席第三任總統就職，陳誠則為副總統。[49]

　　黃克武指出，根據《蔣介石日記》，蔣介石不是一開始便打算連任第三任總統的，而是經過了從不願到同意的思想歷程，此一改變涉及許多問題，如胡適等之態度和陳誠接任等。另外，蔣介石連任總統與拘捕雷震（1897-1979）下獄有直接的關係。[50] 傅秉常的日記也談到這一系列問題。根據傅秉常的記載，蔣介石似乎在1959年左右已立意連任總統，而陳誠更不遺餘力地為蔣介石連任，運動四方。畢竟，蔣介石連任總統，陳誠是直接得益者。陳誠在政治上十分活躍和進取，時有爭取表現之舉。

　　1960年代初，「大躍進」等運動觸發「大饑荒」。1962年，有不少難民逃港。香港當時經濟困難，難以收容，故將他們遣返。[51] 5月，台灣廣東同鄉會欲施予援手，時為副總統的陳誠願提供港幣八十萬元，更同意無限量接收難民。[52] 24日，陳誠更透過葉公超請傅秉常「以私人名義赴港一行」，與香港方面接洽。同日，傅秉常往見陳誠。陳誠指蔣介石身體不適，施了小手術，要休養四十天，故不好打擾他。是以他自己作了決定，救助逃港之中國難民。傅秉常指這是他的「得意之作，最低限度吾輩應盡量表示合作」。最後傅秉常另薦陳劍如赴香港。[53]

49　同上，1960年5月20日。

50　黃克武：〈蔣中正、陳誠與胡適：以「三連任」問題為中心（1956-1960）〉，載黃克武主編：《1960年代的台灣》（台北：中正紀念堂，2017年），頁59-172。

51　《稿本日記》，1962年5月13日。

52　同上，1962年5月23日。

53　同上，1962年5月24日。

　　陳誠因有蔣介石之信任，政治上野心不少。他對司法獨立並
不尊重，如曾不斷干涉黃顯灝案。[54] 又謂「黃工作之好，懲戒過
當」[55]、「懲戒會有人操縱，並另有政治作用」。[56] 傅秉常稱，馬超
俊亦覺陳誠不夠量度。[57] 為了這一案件，陳誠又透過行政院「請
轉請總統暫緩執行」。[58] 可說是無所不用其極。司法院院長謝冠生
（1897－1971）等認為陳誠為了黃顯灝，「硬要護短」。[59] 楊幼炯
（1901－1973）告訴傅秉常，「詞〔辭〕修對我（按，傅秉常）確
有不滿」。[60] 陳誠脾氣亦很剛烈。朱家驊告訴傅秉常，陳誠在立法
院大發雷霆，謂如果不通過預算案，「此次將係其最後到立法院
云云，言後即離去。立法院方面極為惡劣」。[61]

　　直至 1963 年陳誠依然對黃顯灝一案很介懷。7 月 19 日，傅
秉常與謝冠生「往陽明山見副總統問疾，他精神仍似欠佳。據
言晚上仍不能睡」。陳誠又借題發揮，謂立法院處處與他作對，
「如表示欲特任官員，每月增加津貼三千元，目前政府財政狀
況，安能辦到？監察院亦然。並舉黃顯灝為例，謂黃對某等官員
不遷就，便提出彈劾，公務員懲戒委員會將其停職兩年，但黃為
人操守品格能力均佳，美國欲聘往工作，亦辭不往。此種好人，
竟受不平之打擊。依照目前憲法，行政工作已無法進行，且美援

54　同上，1960 年 3 月 11 日。
55　同上，1960 年 1 月 13 日。
56　同上，1960 年 2 月 1 日。
57　同上，1960 年 2 月 2 日。
58　同上，1960 年 2 月 15 日。
59　同上，1960 年 3 月 4 日。
60　同上，1960 年 5 月 27 日。
61　同上，1960 年 6 月 13 日。

減少，更加困難，是以不能不退讓賢路云云」。[62]

到了台灣，傅秉常仍關注台灣政府的人才問題。他認為人才凋零，責在陳果夫和戴季陶兩人，「一為陳果夫派系之見太深」，「二為戴季陶仿效滿清之官制，規定銓敘，深較清為嚴」，致令有為青年無法上進。[63] 不過蔣介石仍希望陳立夫到台灣去。朱家驊謂，當國大開會時，蔣經國奉命寫信，請陳立夫到台，陳回信拒絕但要求資助，結果匯了五千美元給陳立夫。[64]

9 月 4 日，雷震被捕，傅秉常認為「雷震等近來之言行確屬不當」。[65] 朱家驊等亦覺雷震不對。[66] 雷震妻子向台北地方法院請求審訊其夫，被地方法院駁回。[67] 雷震被捕之原因，主要是批評蔣介石。

美國輿論認為台灣政府拘捕雷震是不智之舉動。傅秉常覺得是「技術上差。因照昨日詞〔辭〕修先生所言，則劉案早已查釋，故應以劉案為主，雷案為輔」。[68] 傅秉常在寫給錢泰信中指「雷震反對國父以前聯俄容共政策，及罵總裁調張學良軍隊入關、扣留胡漢民等等，其居心不問可知。適之替其講話，殊為可惜」。[69] 成舍我（1898－1991）、胡秋原就雷震案批評政府，傅秉常「以為未免因私忘公，此種所謂文人，我真看不起」。蔣介石回答來自美國西岸訪台之記者，指出逮捕雷震有法理依據，與籌

62　同上，1963 年 7 月 19 日。
63　同上，1960 年 8 月 25 日。
64　同上，1960 年 9 月 3 日。
65　同上，1960 年 9 月 4 日。
66　同上，1960 年 9 月 5 日。
67　同上，1960 年 9 月 7 日。
68　同上，1960 年 9 月 12 日。
69　同上，1960 年 9 月 13 日。

組反對黨無關。[70] 其昔日駐蘇大使館下屬唐盛鎬往訪傅秉常,「又詢及雷震案,我告以雷種種不當情形,並為適之可惜」。[71] 10 月 8 日,雷震被判監十年。傅秉常謂「公達前以為處罰必輕,我不以為然,現可證明我之看法不錯」。[72] 朱家驊與王雲五談到雷震之判刑,「以為判刑太重」,傅秉常「亦有此感」。[73]

老病纏身

傅秉常身患糖尿病,需打胰島素針。[74] 當時人對糖尿病認識不深,沒有清楚的飲食宜忌概念,傅秉常抵台時還吃了不少西瓜。[75] 其友黃光普「勸我不可多食西瓜」。[76] 傅秉常平日飲食不是太節制,朋友請他吃蛇狸宴,他也參加。[77]

傅秉常在 1962 年身體顯著轉壞。8 月 19 日「晚上胸部甚痛,將兩小時候始止」。延醫到診,只說他是感冒。[78] 顯然就是心絞痛的病狀,可能是糖尿病誘發的。

70　同上,1960 年 9 月 14 日。

71　同上,1960 年 9 月 15 日。

72　同上,1960 年 10 月 9 日。

73　同上,1960 年 10 月 16 日。

74　同上,1958 年 9 月 22 日;1959 年 1 月 6 日及 1 月 9 日。

75　同上,1957 年 6 月 3 日。

76　同上,1963 年 6 月 20 日。

77　同上,1960 年 1 月 22 日。

78　同上,1962 年 8 月 19 日。

　　20 日，傅秉常勉強返司法院上班。傅秉常身體感不適，「回家已覺疲倦矣」。傅秉常感到胸部有痛楚，故延醫到寓，醫生仍以為是感冒，打針服藥，但他感到全身痛楚，另外還有發燒。[79] 21 日傅秉常仍感胸痛甚烈，延醫治理，發燒至 39.5 度，醫生認為不是普通感冒而是肝臟病，主張他往台大醫院治理。傅秉常找來另一位醫生問症，該醫生亦認為傅秉常應該入院。[80] 22 日上午，傅秉常住進 623 號房。內科主任陳萬裕親自替他看病。謝冠生和謝瀛洲夫婦等往病房探望。[81] 23 日轉往特 2 號房。謝冠生、謝瀛洲、黃光普等探望傅秉常。當日傅秉常尚能閱報。[82] 他一直在醫院留醫。25 日，葉公超、馬超俊、謝冠生、謝瀛洲、朱家驊等往醫院探望傅秉常。[83] 26 日，黃光普夫婦等探望他。[84] 27 日照肝及膽 X 光二次，「成績均不好」。朱家驊往探望傅秉常，傅謂：「他身體甚弱，步行不便，我請其不必客氣。」[85] 可見兩人身體也欠佳。馬超俊等亦來訪。[86] 28 日，再照 X 光二次，「成績仍不佳，恐須抽胆汁及胃酸」。杜世珍、鄺宗源等往醫院探望傅秉常。[87] 29 日，「今早試抽胃酸及胆汁，但皮管不下，故又須明早另想辦法矣」，「腳忽痛，即關節炎復發，夜不能睡」。[88] 可見傅

79　同上，1962 年 8 月 20 日。
80　同上，1962 年 8 月 21 日。
81　同上，1962 年 8 月 22 日。
82　同上，1962 年 8 月 23 日。
83　同上，1962 年 8 月 25 日。
84　同上，1962 年 8 月 26 日。
85　同上，1962 年 8 月 27 日。
86　同上。
87　同上，1962 年 8 月 28 日。
88　同上，1962 年 8 月 29 日。

秉常百病纏身。30 日，「今早先打針，再照 X 光五次，成績仍不如理想」，不過經醫生診斷，他的肝臟已恢復正常，膽亦未有結石，惟膽確有一些問題，請傅秉常注意一下。[89] 其實醫生也查不出他有甚麼毛病。8 月 31 至 9 月 5 日，傅秉常仍住院。[90] 9 月 6 日出院，即返家。[91] 出院後，傅秉常腳痛，沒有上班，另外還有便秘。[92] 9 月 10 日始能上班。[93]

傅秉常身體看來有頗多毛病，1963 年 7 月 5 日，傅秉常又感到身體不適。傅秉常謂：「下午忽覺胸部甚痛，甚似去年八月情形。即請高醫生來，他認為係胃病而非肝臟病，與我打針及服他藥。後痛已止，但他言我眼有些小〔少〕黃色，故着我明早將小便送往檢驗。我痛雖止但覺身體甚弱。」[94] 傅秉常感到胸痛，明顯就是心絞痛。他看的醫生似乎醫術並不高明，延誤了醫治的黃金時間。當時傅金城和何燕芳先後去世，大概是傷心過度，觸發了舊患。翌日，傅秉常如常上班，又再感到不適，故提早回家。驗尿結果是肝腎均有問題，「糖尿則甚輕」，醫生給他處方藥物。[95]

傅秉常在晚年亦有學太極，跟從鄭允征學習。其女兒亦有同學。[96] 傅秉常對內功亦有所注意。自美回台後，他着劉鋤強寄所著

89　同上，1962 年 8 月 30 日。
90　同上，1962 年 8 月 31 日至 9 月 5 日。
91　同上，1962 年 9 月 6 日。
92　同上，1962 年 9 月 7 日至 9 月 8 日。
93　同上，1962 年 9 月 10 日。
94　同上，1963 年 7 月 5 日。
95　同上，1963 年 7 月 6 日。
96　同上，1965 年 3 月 7 日及 4 月 25 日。

之《科學內功》予顧維鈞、劉鍇、胡世澤（1894－1972）、梁龍和張謙。[97] 證明傅秉常在美時曾與顧維鈞等談到這種內功。

傷逝

踏入 1950 年代末，傅秉常的兒女漸長成。他為女婿鄭斌在英國研究航空太空法卓然有成，感到驕傲。[98] 傅仲熊亦在英國空軍覓得教官一職。[99] 1962 年初，傅錦涂已在台灣。[100] 9 月 14 日，傅錦煊亦「自香港乘四川輪到」。[101]

但是生老病死，在所難免。1963 年對傅秉常來說是傷悲的一年，他的好友和三位至親先後離世。

先是老友朱家驊在 1 月初去世。據朱家驊朋友向傅秉常透露，當日下午四時朱家驊精神仍不錯，在按摩後尚可自行往洗手間，但出來之後卻突然倒下，不夠十分鐘便氣絕而亡。醫生斷定朱家驊死於心臟病。傅秉常謂「我六年前返國，朋友中過從最密者係他。今竟長逝，我晚上終夕不安，異常難過」。[102] 雖然傅秉常年青時曾批評過朱家驊，[103] 但他與朱認識多年，感情甚好。傅

97　同上，1964 年 12 月 22 日。

98　同上，1960 年 1 月 14 日。

99　同上，1959 年 10 月 28 日。

100　同上，1962 年 1 月 2 日。

101　同上，1962 年 9 月 14 日。

102　同上，1963 年 1 月 3 日。

103　〈二月八日總理紀念週傅秉常先生報告財政外交概況〉。

秉常赴蘇前夕，朱家驊也有為他餞行。[104] 在法國時期仍與朱家驊有書信往來。[105]

朱家驊身體早已出現病狀，惟總是找不出原因。[106]

朱家驊出殯之日，原定由鄧家彥（1883–1966）、馬超俊、張群和顧祝同為棺木蓋黨旗，但鄧家彥突然流鼻血不止，於是由傅秉常臨時替代鄧家彥。傅秉常謂「最後仍能為好友做此一事，似為註定」。[107]

與傅秉常甚友好的許丙（1891–1963）則在 5 月去世。[108] 許丙字芷英，是台灣一個傳奇人物，生於台灣淡水，早年畢業於滬尾公學校及總督府國語學校（按，國語是指日語），精通日文，畢業後進林本源總事務所，任板橋鉅賈林熊徵（1888–1946）的翻譯秘書。許丙長於理財，經商致富，與日本有千絲萬縷的關係，曾任滿洲國宮內府顧問等，亦曾在東京和滿洲等地投資，獲巨利。抗戰勝利後以通敵罪在台灣下獄，1948 年出獄。[109] 傅秉常何時認識許丙未詳，但可以肯定的是，1957 年傅秉常到台時，已與許丙有所往來。[110]

傅秉常初來台灣時，主要是看是否可在台灣待下去，同時也

104　《日記》，1943 年 1 月 21 日。

105　《稿本日記》，1952 年 2 月 8 日。

106　同上，1962 年 9 月 19 日。

107　同上，1963 年 1 月 9 日。

108　同上，1963 年 5 月 20 日。

109　許丙、許伯埏原著，許雪姬監修，蔡啟恆、川島真日本語編集，傅奕銘中文提要：《許丙‧許伯埏回想錄》（台北：中央研究院近代史研究所，1996 年），頁183–185。

110　《稿本日記》，1957 年 5 月 27 日。

尋找商機。原來傅秉常曾是三菱（Mitsubishi）和三井（Mitsui）代理。[111] 他與許丙合作，在北非代理三菱和三井的產品。[112] 考慮到許丙的背景，這些日本生意應是由他穿針引線的。許丙曾在其北投公館接待三菱商事株式會社台北支店大串隆作和其支店長佐南正司，傅秉常亦有出席。佐南正司表示日本總公司覆電，同意他們與傅秉常等合作。[113] 許丙曾送贈一盆珍貴蘭花名曰「百拜歲」予傅秉常，據說台灣只有幾盆。[114] 可見兩人交情不淺。

傅秉常談到許丙，謂「他多年來與我過從甚密，對人極具熱情，台灣人對他極好。惜行政當局未能盡量利用，為可惜耳」。[115] 主要的原因，就是蔣介石始終不太信任本省人。

2 月 12 日，傅秉常接其姪傅德輝之電報，稱傅秉坤在凌晨 3 時去世。傅秉常聞訊後十分悲傷，謂「我兩人幼年喪父，相依為命，我對他情感有逾長兄，他對我愛情亦篤。我在外任事，他在家待奉母親，為我代勞，且人甚忠誠，為人所愛戴」。傅秉坤生前知道傅秉常未便返港，特遠赴台灣與傅秉常同住數月，當時傅秉常已覺傅秉坤身體欠妥，「有不能再見之感」。1960 年傅秉坤患腦充血，後來病雖復元但身體已甚弱。傅秉常一念及此，不禁悲從中來。當時傅秉坤兒子傅德輝結婚在即，傅秉常主張婚事繼續進行，「因香港例不能久停不葬，而德輝婚事拖長三年亦非秉坤所願，且我國禮俗亦有此辦法」。[116]

111　同上，1957 年 6 月 8 日。
112　同上，1957 年 5 月 29 日。
113　同上，1957 年 6 月 15 日。
114　同上，1961 年 2 月 16 日。
115　同上，1963 年 5 月 20 日。
116　同上，1963 年 2 月 12 日。

　　然後是傅金城。宋瓊芳在香港寫信給傅秉常，指「金城病狀不佳」，情況相當嚴重。[117] 後曾經稍有好轉。[118] 5 月，宋瓊芳在信中謂「金城已入養和園，醫生已決定他係患癌症，已不能開刀，祇能打針減輕其痛苦而已云云」。[119] 傅金城在生命的盡頭時尚欲詢問宋瓊芳的生活費用應作如何安排。[120] 當時傅金城沉痾難起，「已無希望」。[121] 6 月 27 日，傅金城離世，傅秉常感到十分傷心。[122] 傅金城待傅秉常極好，他代傅秉常墊支家用予在香港生活的宋瓊芳。[123] 傅秉常請人代擬輓傅金城聯云：「連枝同氣，友愛最深，序齒忝居先，方期他日言旋，花前萼樓前重聚首。香島台垣，海天久潤，關心時在念，忍聽一朝永訣，鶺鴒原上痛招魂。」[124]

　　何燕芳患的也是癌症，是乳癌轉移為肺癌。[125] 1962 年 5 月，何燕芳在醫院送行手術，割去胸部腫瘤，「經過雖甚危險，三日便可起牀。留院一個月，現已出院」。[126] 何燕芳在出院休養期間，仍惦記着傅秉常。傅秉常謂「燕妹將我的 vacuna 晨衣寄到，並寄來新鞋一双，情意可感」。[127] 當時，傅鏹華與何燕芳同

117　同上，1963 年 2 月 22 日。
118　同上，1963 年 3 月 24 日。
119　《稿本日記》，1963 年 5 月 24 日。
120　同上，1963 年 6 月 14 日。
121　同上，1963 年 6 月 15 日。
122　同上，1963 年 6 月 27 日。
123　同上，1959 年 1 月 3 日。
124　同上，1963 年 7 月 2 日。
125　此據傅鏹華博士所言。
126　《稿本日記》，1962 年 5 月 17 日。
127　同上，1962 年 7 月 27 日。

住。傅錡華謂「燕妹身體尚未回復」，傅秉常感到憂慮。[128] 10 月
1 日，傅秉常收到何燕芳的信，謂「身體仍差，請我寄西洋參與
她」。[129] 傅秉常請其姪傅鐄自香港寄西洋參給何燕芳。[130] 19 日，
傅秉常接何燕芳信，「主張我往倫敦開刀，取出胆石，並言我決
定後，她即寄飛機票來，並準備醫生等」。[131] 26 日，傅秉常回覆
何燕芳，指自己的病未嚴重至開刀治理[132] 何燕芳仍不放心，着傅
秉常一二月內赴英或美接受手術。[133]

何燕芳的病一直也沒有多大起色。傅秉常謂「燕妹身體欠
佳，開刀後危險雖過，但未完全復原〔元〕」。[134] 1963 年春，何
燕芳身體情況似乎不算太壞，尚可寫信。[135] 5 月，傅秉常收到女
婿司徒灼輝的信，謂「燕妹恐須再開刀」。[136] 何燕芳的情況一直
在惡化，6 月 28 日，傅秉常收到司徒灼輝和傅慧明的電話，謂
接倫敦來電，指何燕芳病情嚴重「已不能言，醫生斷其最多尚有
三四天」。傅慧明夫婦打算即時辦手續赴倫敦，惟怕不及見何燕
芳最後一面。傅秉常謂，如真的趕不及就不用去了。他自己也無
法前往。傅仲熊已通知傅秉常親家鄭天錫一同往律師樓商量何燕
芳的遺產等安排。傅秉常立時發電報給鄭天錫，謂「我妻重病請

128　同上，1962 年 8 月 6 日。
129　同上，1962 年 10 月 1 日。
130　同上，1962 年 10 月 4 日。
131　同上，1962 年 10 月 19 日。
132　同上，1962 年 10 月 26 日。
133　同上，1962 年 11 月 4 日。
134　同上，1963 年 1 月 1 日。
135　同上，1963 年 3 月 19 日。
136　同上，1963 年 5 月 28 日。

助仲熊」（My wife seriously ill please help Chunghung）。[137] 翌
日，傅秉常與傅德輝、顧建侯和黃光普討論何燕芳的身後事，
「覺異常難過」。同日傅秉常收到何燕芳 6 月 26 日回覆他的信，
何燕芳自知生命走到盡頭，故作遺產之安排。傅秉常「完全同
意，並函知仲熊及莘庭（按，鄭天錫）親家。我執筆時覺數十年
夫妻，將死亦不能相見，甚為悲傷，不覺淚隨筆下。錦煊在側我
亦不能自已矣」。[138] 6 月 30 日，傅秉常收到傅仲熊之電報，謂何
燕芳已在 6 月 29 日英國時間早上七時安詳離世。傅秉常悲從中
來：「燕妹去世，雖係早料，但數十年夫妻，她最後欲定遺囑，
仍函詢我之同意。又前年聞我病，函勸我退休赴倫敦，並擬將巴
黎飯館數年來未曾支用之溢利，在倫敦坿郊，為我購買一有花園
之小屋，俾我居讀。而今竟不能再見，思之哭不成聲。」[139] 一直
以來，何燕芳希望傅秉常能到英國與她一同生活，「倫敦房子收
入足以維持生活，我回倫敦亦可足用。她寄我衣料」。[140] 可見何
燕芳對傅秉常的愛是真摯而深刻的。

　　傅秉常又寫信給傅仲熊，談到何燕芳的身後事安排。鄭天
錫等傳來唁電。[141] 7 月 1 日，謝冠生等均來致唁。傅秉常與傅
德輝、黃光普等「商定訃文稿」，並決定於在 14 日上午在台北
善導寺舉行誦經儀式。姪兒傅錞和姪女傅錦屏等以電話致唁。[142]

137　同上，1963 年 6 月 28 日。
138　同上，1963 年 6 月 29 日。
139　同上，1963 年 6 月 30 日。
140　同上，1960 年 10 月 11 日。
141　同上，1963 年 6 月 30 日。
142　同上，1963 年 7 月 1 日。

2日,謝瀛洲夫婦均來致唁,馬超俊夫婦亦到傅秉常的家,葉公超則致電傅秉常慰問。傅秉常請人代擬輓何燕芳聯。聯云:「卅七年艱苦相依,撫茲兒女長成,避亂滯歐西,七載分襟空有夢。幾千里海天遠隔,詎料河山待復,訃音傳台北,滿腔熱淚痛無涯。」又傅秉常收司徒灼輝函,謂何燕芳臨死前已不能寫字,口授曹善允(1868-1953)之女代筆。[143] 3日,收到伍朝樞兒子伍繼先等之唁電。[144] 5日,傅娀才之信寄到,附有帛金二十美元。[144] 傅秉常收到姪兒傅德燊之信,「謂已從四家處查出燕妹係生於戊戌年(即光緒廿四年)六月十一日,即新曆一八九八年七月廿九日」。[145] 8日,收女婿鄭斌函,談何燕芳的病狀。[146] 9日,蔣介石致唁。[147] 14日,傅秉常為何燕芳在台北善導寺舉行誦經儀式,「錦涂、錦煊穿大孝在孝幃,我與德輝在靈前站立,答謝人致祭」。很多人出席儀式,「來賓多向我表示慰唁,葉公超更行古禮上香,情均可感。燕妹地下有知,當可稍慰也」。[148]

傅秉常在 1964 年舊曆大除夕謂,「回顧去年一年所遭(遇),異常不幸。我妻去世,秉坤六弟、金城四弟亦逝,均係我最親之人,真使我痛不欲生」。[149] 傷痛之情,不言而喻。他憂慮到錦涂和錦煊將來的教育經費。[150] 又怕自己時日無多,兩個女

143　同上,1963 年 7 月 2 日。
144　同上,1963 年 7 月 3 日。
145　同上,1963 年 7 月 7 日。
146　同上,1963 年 7 月 8 日。
147　同上,1963 年 7 月 8 日。
148　同上,1963 年 7 月 14 日。
149　同上,1964 年 2 月 12 日。
150　同上。

兒無依無靠。5 月中，他與劉鍇談，「託他將來幫忙錦涂等。他答應盡力」。[151]

傅秉常當時也很苦惱。他將來退休後，沒法前往歐洲，在台灣工作不太順遂，如果退休，又有經濟困難，返香港亦不行。他曾經一度希望託其十妹請求傅金城的兒子等將他按與傅金城的玉剖開，「照以前的估計，應可得款不少，如幸成功，則一切均可解決」。[152] 可見他當時的經濟壓力真的很大。

出訪秘魯和墨西哥和預立遺囑

1964 年 10 月 16 日，外交部長沈昌煥致電傅秉常，請他以特使身份，代表政府往智利出席總統 Eduardo Frei Montalva 的就職典禮。傅秉常初拒絕接受，因自己對外交事務已脫節，又不諳西斑牙語，加上路途遙遠，年老不耐長途跋涉。沈昌煥則謂，根據湯武大使言，智利新總統之選出，對南美和台灣均有重要關係，因此湯武大使認為要派出一要人前往。沈昌煥與張群等商量過後，覺得「除我以外，實無其他適當人選。探其語氣，似已報告總統同意」。而且此次出席典禮，沒有其他任務，嗣後之報告會由湯武處理，而且會安排一可靠之人，沿途照料。沈昌煥很希望傅秉常能答應，所以開出的條件都很優厚，甚至還同意傅秉

151　同上，1964 年 5 月 13 日。
152　同上，1964 年 2 月 29 日。

常在出訪時多往數個國家亦可。傅秉常表示希望能到紐約和洛杉磯去，而這兩個地方都是赴智利途中必經之地，他希望到洛杉磯探望孫科。[153] 翌日，沈昌煥跟傅秉常說，已決定派他往智利當特使，又提到經費等事。同一日，傅秉常致電傅德輝，與他商量預立遺囑一事。他又立即對智利作了一番簡單之研究。[154] 18 日，傅德輝與傅秉常商量遺囑之處理事，「由我自書一份存家，另一份存劉灼熙律師處」。[155] 郭德權借禮服等用品給傅秉常。[156] 22 日，傅秉常向謝冠生報告，將代表政府出席智利新總統就職典禮。[157] 外交部司長桂宗堯隨行。[158] 27 日，傅秉常往總統府與秘書長張群見面，就在此時，蔣介石致電張群，相信是有關出使智利之指令和安排。張群向傅秉常提出一些指示，都是與孫科有關的。主要是暫時無法協助孫科之財困及歡迎孫科到台，惟張群指「但此兩事，如哲老不提則我（按，傅秉常）不必提及」。[159] 可見此時蔣介石不急於拉攏孫科。同日下午，傅秉常往見行政院院長嚴家淦（1905－1993）。嚴與他討論紐約最新情況，「又言我此次赴智利係岳軍先生提出」。傅秉常又往賓館與沈昌煥見面，沈昌煥謂「我此次所需經費，因主計處甚嚴，是以他特別安排另一千元，由我支配」。晚上十一時，傅秉常收到總統府待從室之電話告訴

153　同上，1964 年 10 月 16 日。

154　同上，1964 年 10 月 17 日。

155　同上，1964 年 10 月 18 日。

156　同上，1964 年 10 月 21 日。

157　同上，1964 年 10 月 22 日。

158　同上，1964 年 10 月 26 日。

159　同上，1964 年 10 月 27 日。

傅秉常，謂蔣介石擬在 28 日早上在桃園大溪別墅召見他。[160] 28 日，蔣介石改在中央黨部召見傅秉常，約談二十分鐘。十二時三十分赴機場，下午一時四十分起飛，先抵沖繩，在該處稍停。五時二十分抵東京，住丸之內酒店（Marunouchi Hotel），又訪銀座大街。[161] 29 日，傅秉常在高島屋百貨公司（Takashimaya Department Store）購買禮服、襯衫、黑白領、白手套和吊帶等。又到三越百貨（Mitsukoshi Department Store）購買禮帽及帽子。魏道明在日本告訴傅秉常，駐日智利大使稱，此次新總統就職，對於各國所派之代表，相當重視，其中計有元首或首相等，「伯聰告以我之地位係在部長以上，是以他表示甚為滿意云云」。[162] 30 日，傅秉常在東京各處遊覽。下午乘飛機赴美。30 日（美國時間）上午十時二十分抵西雅圖。轉機往洛杉磯，再轉機往巴拿馬。[163] 傅秉常等在巴拿馬乘搭飛機往秘魯首都利馬，然後轉機往聖地牙哥。[164] 31 日抵智利，先與湯武大使乘搭智利外交部為他準備的車往中國大使館。舟車勞頓，傅秉常感到很倦，他謂「我因在途中連日未能睡，是以甚為疲倦，三時客散後，我即入房休息，三至五時始起牀」。[165]

　　以下是行程概略。11 月 1 日，傅秉常與湯武大使等遊覽智

160　同上。
161　同上，1964 年 10 月 28 日。
162　同上，1964 年 10 月 29 日。
163　同上。
164　同上，1964 年 10 月 31 日。
165　同上。

利首都各處。[166] 2 日，傅秉常與湯武大使等往拜訪智利前總統。[167]
3 日，傅秉常參加智利新總統就職典禮。[168] 4 日參觀閱兵及出席
智利總統晚宴等。[169] 5 日，與智利新總統會晤。[170] 6 日，傅秉常
與湯武大使等參觀智利著名景區 Viña del Mar 等。晚上在使館
宴請客人。[171] 7 日，離開智利首都。[172] 8 日，抵巴拿馬，然後轉
機，下午到紐約，傅慧明和劉鍇等接機，入住 Croydon 酒店，
「與劉鍇住處甚近」。[173] 9 日，與傅慧明和司徒灼輝一同往 Macy
買東西給傅錦涂和傅錦煊等。劉鍇請傅秉常到劉正埔所開之飯
店晚飯。飯後，劉鍇與他在時代廣場散步。[174] 10 日，宋子文請
傅秉常在其家午飯。兩人談了良久。宋子文「表示消極，言已
七十二歲，生活尚可安適，自應退休，不與人爭云云」。晚上梁
龍、陳慶雲和錢泰夫人請他在會賓樓晚飯。此日，傅秉常接外交
部電，派他為特使，出席墨西哥新總統 Gustavo Díaz Ordaz 在
12 月 1 日舉行之就職典禮。傅秉常可在美逗留，至 11 月 26 日
前到達墨西哥首都，惟桂宗堯司長需先返台。桂宗堯擔心傅秉
常一人在外，劉鍇即慷慨謂「他有老秘書在此，何必掛慮？」[175]
11 日，桂宗堯陪同傅秉常一同到劉鍇處早餐，然後到他的辦事

166　同上，1964 年 11 月 1 日。
167　同上，1964 年 11 月 2 日。
168　同上，1964 年 11 月 3 日。
169　同上，1964 年 11 月 4 日。
170　同上，1964 年 11 月 5 日。
171　同上，1964 年 11 月 6 日。
172　同上，1964 年 11 月 7 日。
173　同上，1964 年 11 月 8 日。
174　同上，1964 年 11 月 9 日。
175　同上，1964 年 11 月 10 日。

處接洽往墨西哥和變更行程事宜。中午，顧維鈞請他在 Seafare
午飯，「因他言知我喜食海鮮」，胡世澤、梁龍、劉鍇等亦有出
席。[176] 12 日，與傅慧明和司徒灼輝同往司徒灼輝叔父所開之陶
陶酒店，「其叔父司徒堯年已七十餘歲，能做詩，與鄭苿庭交情
甚深，與孫哲生、劉鍇亦好，且與朱執信亦認識」。晚上到波士
頓，司徒灼輝父母和華僑多人在車站迎迓，一同前往司徒灼輝
所開之天輝公司，傅秉常謂「規模雖不大，在大地酒家之旁，
但尚佳」。[177] 13 日，傅慧明和司徒灼輝帶傅秉常到波士頓各處
旅遊。[178] 14 日回紐約。[179] 15 日遊新澤西（New Jersey）。傅秉
常致電陳立夫，欲與劉鍇往探望他。陳立夫回答謂，11 月 21 日
將赴有事情往紐約辦理，故約定傅秉常在所住酒店會晤。[180] 16
日，傅秉常接到有關墨西哥新總統就職典禮之節目，及部電匯
他往墨西哥的經費。劉鍇請傅秉常到 Lotos Club 晚飯。劉鍇是
該會之會員。傅秉常謂「伍老先生庭 [廷] 芳亦係該會會員，是
以尚有他的照片及親自簽者在該餐廳之中。我睹物思人，覺無
限感慨也」。[181] 當時距伍廷芳逝世已有四十二年了。17 日，傅秉
常得悉陳誠病危，子女均已返台灣。傅秉常又與梁龍和顧維鈞
等聚餐。[182] 18 日，傅秉常與陳慶雲同遊帝國大廈。[183] 19 日，與

176　同上，1964 年 11 月 11 日。
177　同上，1964 年 11 月 12 日。
178　同上，1964 年 11 月 13 日。
179　同上，1964 年 11 月 14 日。
180　同上，1964 年 11 月 15 日。
181　同上，1964 年 11 月 16 日。
182　同上，1964 年 11 月 17 日。
183　同上，1964 年 11 月 18 日。

昔日外交部和莫斯科同僚在頤和園晚餐，共有三桌三十多人參加。[184] 20 日，馮彤芳與丈夫俞爾戩陪傅秉常參觀俞所工作之 Bell Company 實驗室。晚上又到兩人家中晚飯。[185] 21 日，陳立夫依約往訪傅秉常。傅秉常從劉鍇處已知陳立夫之想法，故「多聽少講」。[186] 22 日前，他與劉鍇談台灣情況和台灣政府在聯合國之地位，劉鍇不太感樂觀。[187] 23 日起程往華盛頓機場。抵華盛頓後，馬超俊子馬紹棠等請他在月宮酒家晚飯。[188] 24 日，蔣廷黻大使與他一同赴前美國駐蘇大使哈里曼之午餐。[189] 25 日，馬紹棠陪傅秉常參觀白宮和五角大廈等。馬告訴傅秉常，葉公超在美國時與美國政府關係甚好，「他能隨時以電話與美副總統及任何人談話，以小名對答」，蔣廷黻則「人甚冷酷，並無朋友」。蔣廷黻在雙橡園（Twin Oaks）為傅秉常舉行午宴。[190] 26 日，從華盛頓搭飛機往墨西哥。何鳳山和馮執正等在機場接機。傅秉常入住 Maria Isabel 酒店，他覺頭暈心跳，「大約係因此地距離海面逾七千四百五十六尺，太高之故」。[191] 27 日，何鳳山夫婦為傅秉常安排午宴。傅秉常「仍覺頭暈心跳，異常難過」。何鳳山太太找來醫生。醫生指傅秉常水土不服，開了藥給他。又馮執正與傅

184　同上，1964 年 11 月 19 日。

185　同上，1964 年 11 月 20 日。

186　同上，1964 年 11 月 21 日。

187　同上，1964 年 11 月 22 日。

188　同上，1964 年 11 月 23 日及 25 日。

189　同上，1964 年 11 月 24 日。

190　同上，1964 年 11 月 25 日。

191　同上，1964 年 11 月 26 日。

秉常談，「他似不以鳳山為然。以為他對館員太過刻薄」。[192] 28
日，傅秉常仍覺不適，但他出席了墨西哥首都市長之午宴。[193] 29
日與馮執正夫婦同遊 Cuernavaca 等。[194] 30 日到墨西哥總統府與
墨西哥即將卸任之總統會晤。[195]

　　12 月 1 日，傅秉常等出席新總統就職典禮。[196] 2 日，晉見墨
西哥首新總統。[197] 4 日至 10 日是沒有日記的。11 日，傅秉常從
日本返台北。下午他與馬超俊談到孫科的情況。[198] 傅秉常肯定在
這段時曾與孫科見面，但他刻意不作任何記錄，相信是談到很多
敏感的話題。

　　孫科在海外生活不佳。舊部一直想勸他到台灣去。1959 年
5 月，傅秉常與戴德撫談到孫科，戴認為此時孫科不宜赴台。[199]
孫科太太曾表示赴台之願，但希望得到比較好的待遇，曾謂：
「總理留下之同志不少，哲生舊部眾多，在國內時其家食飯之人
共開十三棹〔桌〕。」[200] 傅秉常也透過李祿超（1890－1986）勸
孫科赴台，因傅秉常知道孫科「在外苦悶」，「但切不可有任何
要求」。[201] 1960 年 10 月，馬超俊與傅秉常談到孫科赴台事。馬
超俊坦白地指出「在目前環境，哲回於時局無補，反將增加種種

192　同上，1964 年 11 月 27 日。
193　同上，1964 年 11 月 28 日。
194　同上，1964 年 11 月 29 日。
195　同上，1964 年 11 月 30 日。
196　同上，1964 年 12 月 1 日。
197　同上，1964 年 12 月 2 日。
198　同上，1964 年 12 月 11 日。
199　同上，1959 年 5 月 21 日。
200　同上，1960 年 3 月 19 日。
201　同上，1960 年 3 月 24 日。

之困難，因哲修養不夠，說話過於爽直，意之所到，未計後果云云」。[202] 1962 年 8 月，馬潤庠赴美國，順道與孫科見面。傅秉常請馬轉告孫科台灣之情況。[203] 可見傅秉常一直也與孫科保持聯絡。

這一次旅程太勞累，令傅秉常的身體負荷不了。而且他見到一眾久違的友人，心情難免激動，故甫回台灣，便覺胸部不適。[204] 這似乎是 1965 年 7 月他猝死之遠因。

傅秉常回台以後，孫科寫了一封信給他，是 12 月 11 日發出的。我們大概可以由此推測兩人見面時說過甚麼：

> 秉翁老弟：
>
> 　　日昨承萬里專訪，暢聚數日，實生平快慰，莫可言宣。祇惜時日短促，所談未盡。吾等年來屢有返國之想，但以宿債未清，莫能脫身。除昨談及，幸承港方舊友息借美金五萬元，暫解倒懸外，至今仍函須〔亟需〕清理者，尚有積欠銀行、律師等，暨此間戚友纍年債款十五萬元，還可待將來，但欠息迭次展期積壓，以致超過五萬餘元，函〔亟〕需清理。茲又屆年關，一時尚無辦法解決。至希老弟於返國後，力為設法。短期內倘得美滙五萬元之數，當可以應付再渡難關，而賤恙高血壓亦可勿藥，未悉有否希望？日前承大使館轉來台北各界紀念國父誕辰通知，列名籌備名譽委員，則明年秋間必須返國參加。能否如願，

202　同上，1960 年 10 月 17 日。

203　同上，1962 年 8 月 6 日。

204　同上，1964 年 12 月 12 日。

當亦視未了之事。能否了之，惟老弟是賴矣。專託，順候時祺。友好統此致意。

哲生手啟。十二月十一日。[205]

　　孫科陷入很深的財困。傅秉常與馬超俊商量如何協助孫科。馬超俊同意傅秉常跟張群談。馬又與梁寒操簽呈蔣介石。蔣介石接見馬超俊，馬與他談到孫科的生活問題。馬認為有望解決。[206] 19 日，傅秉常再收到孫科 14 日的英文信，談其欠債情況。[207] 26 日，又接孫科來信，謂「過（去）兩年係在離華十五年來最困難者」，以借貸度日，又蝕讓土地還債。[208] 傅秉常請林柏壽（1895－1986）到香港後為孫科向陳光甫（1881－1976）等請求還款延期。[209]

　　1965 年 1 月 5 日，傅秉常往見嚴家淦。傅秉常順道請他為孫科提供幫忙。[210] 15 日，張群致電傅秉常，稱尚未想到辦法，又稱將與蔣介石談召見傅秉常一事。[211] 2 月 4 日，蔣介石召見傅秉常。傅秉常先談到出訪智利和墨西哥事，然後談到在洛杉磯與孫科夫婦「敘談三日」，又談到孫科陷於財困。蔣介石稱他可考慮，「口氣甚佳」。蔣介石又問到伍朝樞兒子的情況，傅秉常

205　同上，1964 年 12 月 17 日。
206　同上，1964 年 12 月 17 日。
207　同上，1964 年 12 月 19 日。
208　同上，1964 年 12 月 26 日。
209　同上，1964 年 12 月 30 日。
210　同上，1965 年 1 月 5 日。
211　同上，1965 年 1 月 15 日。

謂：「競仁現況尚佳，慶培亦好，將由加拿大往美國，繼先在香港做生意，亦好。」張群認為以借款方式較佳，「以免別人藉口及批評」，「到還款期時延期或不追還便可」，又問到孫科是否可以出席孫中山百年壽辰紀念。[212] 可見蔣介石希望孫科能出席，故願意協助孫科。林柏壽通知傅秉常，陳光甫方面表示可以通融。[213] 不久，蔣介石果然為孫科提供資助，傅秉常告訴孫科，蔣介石會「由中央黨部直接送我公兩萬美元」，陳光甫方面亦可延期還款，請孫科逕自致函陳光甫。[214] 2 月 23 日，馬超俊通知傅秉常，款項已滙出。[215] 3 月 2 日，傅秉常收孫科函，說已收到匯款。[216] 蔣介石的資助，令孫科的財困暫時得到紓緩。

一去仙台

1965 年 7 月 29 日，傅秉常因心臟病發，與世長辭，享年六十九歲。[217] 巧合的是，新曆 7 月 29 日也是何燕芳的生忌。[218] 政府為他舉行隆重喪禮。[219]

212　同上，1965 年 2 月 4 日。
213　同上，1965 年 2 月 13 日。
214　同上，1965 年 2 月 21 日。
215　同上，1965 年 2 月 23 日。
216　同上，1965 年 3 月 2 日。
217　《司法院傅故副院長秉常先生紀念集》，頁 4－5。
218　《稿本日記》，1963 年 7 月 7 日。
219　《司法院傅故副院長秉常先生紀念集》，頁 3－5。

太子派人物如伍朝樞、陳策、吳鐵城等在傅秉常去世前已相繼謝世，紛紛走進歷史之中，太子派早已風流雲散。孫科從海外致輓詞云：「仲熊、慧明、錦培、錦涂、錦煊世兄妹：頃接星老（按，馬超俊）、寒兄（按，梁寒操）七月三十一日來函，驚悉尊公於七月二十九日晨，急症仙逝，感念交期，至為痛悼。道遠未及親奠，特函馳唁。盼曲承長上，盡禮節哀。善完後事，至所企荷。耑唁並候孝履。孫科、孫陳淑英同啟。八月六日。」[220]豈料1964年傅秉常與孫科在洛杉磯見面[221]，一別便成永訣。

1965年8月5日，傅秉常棺木蓋黨旗，大殮火葬。喪禮極備哀榮。[222]一代外交偉人，從此長歸淨土。

結語

香港大學創立之旨是「為中國而立」。傅秉常一生的事業正好體現了這一點。[223]傅秉常在英國殖民地之香港長大，又是香港大學畢業生，故他在政治傾向上，一向親英。他在香港生活，得享中西文化薈萃之優點，視野廣闊，加上他中、英文均好，令他

---

220 同上，頁103。

221 《稿本日記》，1965年2月4日。

222 《司法院傅故副院長秉常先生紀念集》，頁3–5。

223 劉蜀永主編：《一枝一葉總關情》（增訂版）（香港：香港大學出版社，1999年），〈增訂版序〉，頁 xi-xii；*A History of the University of Hong Kong. Volume 1, 1911-1945*, pp. 240-241.

可以自由徜徉於中國和國際舞台。

　　傅秉常早年的際遇比較順遂，在事業上得到許多助力。

　　甫畢業，傅秉常便離開香港，北上生活和工作，命運安排他走上從政之路。傅秉常的政治生涯分為兩部分，第一部分是從 1918 至 1949 年，這時期他積極參與政治，見證中國民族主義的冒起，由最初的邊緣小角色，一步一步，憑着堅毅、奮鬥和機遇，走向政治舞台的中心。1957 至 1965 年時，傅秉常回歸官場，不過他這時已是閒角，不再與聞高端政治。

　　在傅秉常一生中，有幾個人對他最有影響。第一個是何啟。雖然傅秉常與何啟接觸的機會不多，但通過與何啟女兒結婚，傅秉常得到了步入政壇之資本。另外一個是伍廷芳。他是傅秉常之親戚和長輩，是傅秉常的人生導師。傅秉常跟從他時，年紀尚輕，人生閱歷不多。伍廷芳與他都自香港出身，又有戚誼，自然投契。伍廷芳教曉他如何撰寫官場應對文書和法律知識，對他以後投身宦海，受用無窮。伍廷芳引領傅秉常走上外交之途。

　　伍朝樞和孫科也對傅秉常的仕途起着重要的作用，伍朝樞英年早逝，故兩人之中孫科對之影響較大。因為孫科是孫中山之哲嗣，故在國民黨乃至國府迭次政爭中，均能安然度過。雖然傅秉常和孫科有許多恩恩怨怨，但孫科對傅秉常提攜有加，傅秉常得以長期留在立法院，孫科功不可沒。傅秉常亦一度與胡漢民十分接近。

　　傅秉常的早期政治生涯，主要以輔助伍朝樞和孫科為主，是太子派重要一員。伍朝樞死後，他與孫科合作無間。在離華赴俄任駐蘇大使前，他一直在外交部擔任支援的角色，是外交部的中堅份子。在駐蘇大使任內之最大成就，是代表中國簽署《四國宣

言》。在蘇聯辦外交，障礙重重，蘇俄政府亦不重視與國府之外交。傅秉常駐蘇六年，艱苦經營館務，沒有過人的毅力和靈活的外交手腕，是沒法幹下去的。他深知國民政府亟需進行政治改革，可惜國民政府派系鬥爭嚴重，改革裹足不前，傅秉常看在眼裏，只有無盡唏噓和無奈。

1949 年，傅秉常舉家遷往法國，開展新生活。他的政治生涯正式結束。

留法八年，傅秉常過着清苦的生活，是他人生中最倒楣的歲月。他一度對國民黨十分失望，不過始終未有忘情政治，對時局仍表極度關注。1957 年，經過一番思想掙扎後，毅然赴台。之後的八年時間，他的經濟情況稍有改善，惟擔任的都是有位無權的閒職。

傅秉常的政治生涯剛好見證了中國近代史上最動盪的數十年。傅秉常經歷了省港大罷工、日軍侵華、八年抗戰，以及國府退守台灣等。他一生寫日記不輟，翔實地為我們留下豐碩的第一手材料。

記得方德萬教授多年前曾經跟筆者說過，傅秉常是中國近代史上一個被遺忘的名字，因為種種原因，沒有得到應得的重視。他鼓勵筆者研究傅秉常。

此書是筆者對傅秉常這位港大早期傑出校友的致敬。希望透過這本書，能讓廣大讀者認識傅秉常不平凡的一生。

參考文獻

一、中文（按筆劃順序排列）

政府檔案

中央研究院近代史研究所檔案館藏《北洋政府外交部檔》及《國民政府外
　　交部檔》（archives.sinica.edu.tw/）

陸軍編選：〈傅秉常致伍朝樞函一組〉（1927 年 5 月 20 日～5 月 31 日），
　　《民國檔案》,〈檔案史料〉,頁 4–8。

傅秉常：〈二月八日總理紀念週傅秉常先生報告財政外交概況〉,《中國國民
　　黨中央執行委員會西南執行部黨務年刊》,1932 年,頁 14–18。

私人檔藏

《傅錡華藏傅秉常檔案》
《楊永安藏傅秉常文獻》

日記

王世杰著,林美莉編輯校訂：《王世杰日記》（台北：中央研究院近代史研
　　究所,2012 年）。

王業晉主編,黃健敏、李寧整理：《李仙根日記·詩集》,北京：文物出版
　　社,2006 年。

金問泗著,張力編輯校訂,沈呂巡序：《金問泗日記》下冊,台北：中央研
　　究院近代史研究所,2016 年。

翁文灝;李學通、劉萍、翁心鈞整理：《翁文灝日記》,北京：中華書局,
　　2010 年。

陳克文撰,陳方正編輯、校訂：《陳克文日記：1937–1952》,台北：中
　　央研究院近代史研究所,2012 年。

傅秉常：《稿本日記》,1932 年、1939–1941 年、1947–1953 年、
　　1955–1965 年。

＿＿＿＿著，傅錡華、張力校註：《傅秉常日記：民國三十二年（1943）》，
　　台北：中央研究院近代史研究所，2012 年。

＿＿＿＿著，傅錡華、張力校註：《傅秉常日記：民國三十三年（1944）》，
　　台北：中央研究院近代史研究所，2014 年。

＿＿＿＿著，傅錡華、張力校註：《傅秉常日記：民國三十四年（1945）》，
　　台北：中央研究院近代史研究所，2014 年。

＿＿＿＿著，傅錡華、張力校註：《傅秉常日記：民國三十五年（1946）》，
　　台北：中央研究院近代史研究所，2016 年。

自傳、自述、回憶錄

王棠原著，王頌威、黃振威主編：《革命與我》，香港：商務印書館（香港）
　　有限公司，2015 年。

吳鐵城：《吳鐵城回憶錄》，台北：三民書局，1971 年。

周德偉、周德偉先生回憶錄編輯小組編：《落筆驚風雨：我的一生與國民黨
　　的點滴》，台北：遠流出版事業股份有限公司，2011 年。

張發奎口述，夏連蔭訪談，胡志偉校注：《張發奎口述自傳：中華民國第四
　　任陸軍總司令回憶錄》，台北：亞太政治哲學文化，2017 年。

許丙、許伯埏原著，許雪姬監修，蔡啟恆、川島真日本語編集，傅奕銘中
　　文提要：《許丙・許伯埏回想錄》，台北：中央研究院近代史研究所，
　　1996 年。

郭廷以校閱，沈雲龍訪問，謝文孫記錄：《傅秉常先生訪問紀錄》，台北：
　　中央研究院近代史研究所，1993 年。

陳銘樞：《陳銘樞回憶錄》，北京：中國文史出版社，1997 年。

陶履謙編：《伍梯雲博士哀思錄》（缺出版地及出版社，1935 年）。

劉禺生撰，錢實甫點校：《世載堂雜憶》，北京：中華書局，1960 年。

劉澤榮：《旅俄回憶錄》（油印本），出版資料不詳。

簡又文：《西北從軍記》，台北：傳記文學出版社，1982 年。

年譜、族譜

《佛山傅氏族譜》，出版資料不詳。

汪兆鏞：《清汪微尚老人兆鏞自訂年譜》，台北：台北商務印書館，1980
　　年，頁 26。

鳳岡及門弟子（岑學呂）編：《民國梁燕孫先生士詒年譜》，台北：台灣商
　　務印書館，1978 年。

報章

《大公報》

《工商晚報》

《香港工商日報》

《香港華字日報》

《華僑日報》

《新聞天地》

專著（原始資料）

王寵惠：〈廢除不平等條約之回顧與前瞻〉，載王寵惠：《王寵惠遺作》，台
　　北：雲天出版社，1970 年，頁 151－164。

司法院傅故副院長治喪委員會：《司法院傅故副院長秉常先生紀念集》，台
　　北：司法院傅故副院長治喪委員會，1965 年。

《伍秩庸博士哀思錄》，缺出版地及出版社，1923 年。

何炳棣：《讀史閱世六十年》，香港：商務印書館（香港）有限公司，
　　1994 年。

吳述彭：〈我所知道的傅秉常〉，載林亞杰主編：《廣東文史資料存稿選
　　編》，第 5 卷，廣州：廣東人民出版社，2005 年，頁 74－77。

宋蘅之：〈港大中文學會紀事〉，載香港大學中文學會編：《中文學會輯識》，
　　1932 年第 1 卷第 1 號，無頁數。

沈仲強、吳述彭：〈大元帥大本營時期的財政情況〉，載中國人民政治協商
　　會議全國委員會文史資料委員會編：《文史資料存稿選編》，〈東征北
　　伐〉，北京：中國文史出版社，2002 年，頁 578－580。

徐友春主編：《民國人物大辭典》，石家莊市：河北人民出版社，2007 年。

陳策將軍追悼大會撰：《陳策將軍事略》，香港：陳策將軍追悼大會，
　　1949 年。

《傅母李太夫人哀思錄》，香港：缺出版社，1929 年。

廣州市政協文史資料研究委員會編：《南天歲月：陳濟棠主粵時期見聞實錄》，廣東：廣東人民出版社，1987 年。

關文清：《中國銀壇外史》，香港：廣角鏡出版社有限公司，1976 年。

專著

中國近代口述史學會編輯委員會編：《唐德剛與口述歷史：唐德剛教授逝世周年紀念文集》，台北：遠流出版事業股份有限公司，2010 年。

中華民國各界紀念國父百年誕辰籌備委員會學術論著編纂委員會主編：《國父年譜》，台北：中華民國各界紀念國父百年誕辰籌備委員會，1965 年。

井振武著，天津市口述史研究會編：《留美幼童與天津》，天津：天津人民出版社，2016 年。

王紹堉著，謝政諭主編：〈王寵惠先生大事年表〉，載《碩學豐功：王寵惠先生資料展暨紀念專刊》，台北：五南圖書出版股份有限公司，2015 年，頁 171-175。

呂芳上：〈廣東革命政府的關餘交涉（一九一八～一九二四）〉，載呂芳上：《民國史論》，台北：台灣商務印書館股份有限公司，2013 年，頁 716-752。

李北濤等著，蔡登山主編：《民初銀行大亨》，台北：獨立作家，2015 年。

李恩涵：《北伐前後的「革命外交」，1925-1931》，台北：中央研究院近代史研究所，1993 年。

孫修福編譯：《中國近代海關高級職員年表》，北京：中國海關出版社，2004 年。

高華：《多變的孫科》，香港：香港中和出版有限公司，2012 年。

張瑞德：《無聲的要角：蔣介石的侍從室與戰時中國》，台灣：台灣商務印書館股份有限公司，2017 年。

梁敬錞：《史迪威事件》，台北：台灣商務印書館，1982 年。

郭大江：《百年檔案藏一代風流：香港大學早年工學士的故事》，香港：牛津大學出版社，2012 年。

郭廷以編：《中華民國史事日誌》第一冊，台北：中央研究院近代史研究所，1979 年。

郭岱君主編:《重探抗戰史（一）──從抗日大戰略的形成到武漢會戰（1931－1938）》，台北:聯經出版事業股份有限公司，2005 年。

陳紅民:《函電裏的人際關係與政治:讀哈佛燕京圖書館藏「胡漢民往來函電稿」》，北京:生活・讀書・新知三聯書店有限公司，2003 年。

陳煒舜:《被誤認的老照片》，香港:香港中和出版有限公司，2017 年。

閔傑編著:《晚清七百名人圖鑒》，上海:上海書店出版社，2007 年。

黃克武:〈蔣中正、陳誠與胡適:以「三連任」問題為中心（1956－1960）〉，載黃克武主編:《1960 年代的台灣》，台北:中正紀念堂，2017 年，頁 59－172。

黃義:〈李錦綸牧師事略（一八八四─一九五六）〉，載劉瑞滔編:《港粵澳名牧生平》第一集，香港:中華基督徒送書會，1975 年，頁 69－71

賈逸君:《民國名人傳》，長沙:岳麓書社，1993 年。

劉蜀永:《簡明香港史（新版）》，香港:三聯書店（香港）有限公司，2009 年。

鄭逸梅:《逸梅小品續集》，上海:中孚書局，1934 年。

羅香林:《傅秉常與近代中國》，香港:中國學社，1973 年。

期刊文章（原始資料）

〈太子派的離異與失勢〉，《中國新聞》，1948 年第 1 卷 12 期，頁 7。

〈令委任傅秉坤任電話所所長由〉，《廣州市市政公報》，1925 年第 199 期，頁 559－560。

〈孫科太子派的成長史〉，《新聞雜誌》，1949 年第 92 期，頁 3 及頁 15。

梁鋆立:〈國民政府外交史的一頁──悼伍梯雲先生〉，《東方雜誌》，1934 第 31 卷，第 3 號，頁 31－35。

傅秉坤:〈在摩洛哥法國人及外國人私法上地位法（一九一三年八月十二日公佈〉，《中華法學雜誌》，1930 年第 1 卷第 2 期，頁 103－105。

〈傅秉常未見過史丹林?〉，《珠江報》，1949 年 4 月 7 日。

〈傅秉常的外交路線〉，《中外新聞》，1949 年 4 卷 4 期，頁 4。

〈黃莫京將軍自述〉，《大成》雜誌，1979 年 6 月至 9 月號。

〈讀者問題:孫科與太子派〉，《現代週刊》，1947 年復版第 54 期，頁 14。

期刊文章

尤淑君：〈傅秉常日記裏的民國外交〉，《中華讀書報》，2017 年 9 月 20 日 9 版。

〈尹正樞全身上下充滿活力〉，《今週刊》，2001 年。

左雙文：〈傅秉常外交活動及外交思想述論〉，《華南師範大學學報（社會科學版）》，2012 年 12 月，第 6 期，頁 109−119。

石源華：〈傅秉常：執掌蔣介石私章的外交部次長〉，《世界知識》，2008 年第 12 期，頁 58−59。

二、英文（按字母順序排列）

政府檔案

CO129

報章

The North-China Daily News

The Yellow Dragon

專著（原始資料）

List of Subscription to the Endowment Fund. Hong Kong: Noronha, 1911.

University of Hong Kong. *The University of Hong Kong, 1912-1933:A Souvenir*. Hong Kong: Newspaper Enterprise Ltd., 1933, pp. 32.

專著

Braisted, William Reynolds. *Diplomats in Blue*: *U.S. Naval Officers in China, 1922-1933*. Gainesville: University Press of Florida, 2009.

Brunero, Donna. *Britain's Imperial Cornerstone in China*: *The Chinese Maritime Customs Service, 1854-1949*. London: Routledge, 2006.

Chan Lau, Kit-ching. *China, Britain and Hong Kong, 1895-1945*. Hong Kong: Chinese University Press, 1990.

Cunich, Peter. *A History of the University of Hong Kong. Volume 1, 1911-1945*. Hong Kong: Hong Kong University Press, 2012.

Foo, Yee Wah. *Chiang Kaishek's Last Ambassador to Moscow*: *The Wartime Diaries of Fu Bingchang*. Basingstoke: Palgrave Macmillan, 2011.

Hendriksen, Hans. *Himachali Studies*: *Vocabulary*. Denmark: Det Kongelige Danske Videnskabernes Selskab, 1976.

Huff, Greff. "Finance of War in Asia and Its Aftermath." In Michael Geyer and Adam Tooze (eds), *The Cambridge History of the Second World War*. Volume III. Cambridge : Cambridge University Press, 2015, pp. 56-93.

Tuchman, Barbara W. *Stilwell and the American Experience in China,1911-1945*. New York: Random House, 2017.

van de Ven, Hans. *China at War: Triumph and Tragedy in the Emergence of the New China 1937-1952*. London: Profile Books, 2017.

期刊文章

Chan, Gilbert F. L. "An Alternative to Kuomintang-Communist Collaboration: Sun Yatsen and Hong Kong, January-June 1923." *Modern Asian Studies*, 13:1 (1979), pp. 127-139.

學位論文

Wong, Chun Wai. "Hong Kong Merchants and the Chinese Nationalists-The Prince's Clique and Hong Kong Merchants,1918-1927." Unpublished M.Phil Thesis, University of Cambridge, 2005.

三、日文（按筆劃順序排列）

專著（原始資料）

外務省情報部編：《現代中華民國滿洲國人名鑑》，東京：東亞同文會調查編纂部，1932 年。

東京朝日新聞東亞問題調查會編：《最新支那要人傳》，東京：朝日新聞社，1941 年。

浜田峰太郎：《現代支那の政治機構とその構成分子》，東京：學藝社，1936 年。

野田豐：《支那！危局下の蔣政権と北支・蒙古の動向》，東京：野田經濟研究所，1935 年。

鈴木一馬：《最近の支那事情》，大阪：大阪實業協會出版部，1925 年。

橋川時雄編：《中國文化界人物總鑑》，北京：中華法令編印館，1940 年。

專著

天児慧等編：《岩波現代中国事典》，東京：岩波書店，1999 年。

□ 責任編輯：吳黎純
□ 裝幀設計：高　林
□ 排　版：賴艷萍
□ 印　務：劉漢舉

傅秉常傳
從香港大學到莫斯科中國大使館

□
著者
黃振威

□
出版
中華書局（香港）有限公司
香港北角英皇道 499 號北角工業大廈一樓 B
電話：(852) 2137 2338　傳真：(852) 2713 8202
電子郵件：info@chunghwabook.com.hk
網址：http://www.chunghwabook.com.hk

□
發行
香港聯合書刊物流有限公司
香港新界大埔汀麗路 36 號
中華商務印刷大廈 3 字樓
電話：(852) 2150 2100　傳真：(852) 2407 3062
電子郵件：info@suplogistics.com.hk

□
印刷
美雅印刷製本有限公司
香港觀塘榮業街 6 號 海濱工業大廈 4 樓 A 室

□
版次
2018 年 7 月初版
© 2018 中華書局（香港）有限公司

□
規格
16 開（230 mm×170 mm）

□
ISBN：978-988-8513-25-3